Reihe Rechtswissenschaft
Band 183

Arbeits- und sozialrechtliche Beurteilung der stufenweisen Wiedereingliederung in das Erwerbsleben gem. § 74 SGB V

Isabell Becker

Centaurus Verlag & Media UG 1995

Die Deutsche Bibliothek – CIP-Einheitsaufnahme

Becker, Isabell:
Arbeits- und sozialrechtliche Beurteilung der
stufenweisen Wiedereingliederung in das Erwerbsleben
gem. § 74 SGB V / Isabell Becker. –
Pfaffenweiler : Centaurus Verl.-Ges., 1995
(Reihe Rechtswissenschaft ; 183)
Zugl.: Freiburg (Breisgau), Univ., Diss., 1994
ISBN 978-3-8255-0065-8 ISBN 978-3-86226-288-5 (eBook)
DOI 10.1007/978-3-86226-288-5
NE: GT

ISSN 0177-2805

Satz: Vorlage der Autorin

Danksagung

Die Arbeit hat der Rechtswissenschaftlichen Fakultät der Albert-Ludwigs-Universität Freiburg im Herbst 1994 als Dissertation vorgelegen.
Herzlicher Dank gilt daher meinem Doktorvater, Herrn Professor Dr. Manfred Löwisch, der mir die Promotionsmöglichkeit trotz seiner Rektorentätigkeit eröffnet hat.
Ich danke Frau Professor Dr. Köbl für ihre Bereitschaft, die Zweitkorrektur zu übernehmen.

Das "Werk" konnte nur aufgrund der Unterstützung und Geduld meiner Familie, meiner Freundinnen und Freunde gelingen.
Ganz besonderen Dank schulde ich Gudrun, Hans-Dieter und Sabine Becker sowie Julia Kürz.
Ihnen möchte ich die Arbeit widmen.

Isabell Becker

7. Kapitel: Sozialrechtliche Folgen 187

ABKÜRZUNGSVERZEICHNIS [1]

a.A.	anderer Ansicht
AFG	Arbeitsförderungsgesetz
AN	Amtliche Nachrichten für Reichsversicherung
ArbKrankhG	Gesetz zur Verbesserung der wirtschaftlichen Sicherung der Arbeiter im Krankheitsfalle
ASiG	Gesetz über Betriebsärzte, Sicherheitsingenieure und andere Fachkräfte für Arbeitssicherheit
ASPmed	Arbeits-, Sozial-, Präventivmedizin
ASUmed	Arbeits-, Sozial-, Umweltmedizin
AÜG	Gesetz zur Regelung der gewerbsmäßigen Arbeitnehmerüberlassung (Arbeitnehmerüberlassungsgesetz)
AZO	Arbeitszeitordnung
BAG	Bundesarbeitsgericht
BBiG	Berufsbildungsgesetz
BetrAVG	Gesetz zur Verbesserung der betrieblichen Altersversorgung
BetrVG	Betriebsverfassungsgesetz
BGB	Bürgerliches Gesetzbuch
BKK	Betriebskrankenkasse
BSG	Bundessozialgericht
BSHG	Bundessozialhilfegesetz
bzgl.	bezüglich
bzw.	beziehungsweise
ca.	circa
d.h.	das heißt
EFZG	Entgeltfortzahlungsgesetz
gem.	gemäß
GG	Grundgesetz für die Bundesrepublik Deutschland
GewO	Gewerbeordnung
GKV	Gesetzliche Krankenversicherung
GRG	Gesundheitsreformgesetz
GRV	Gesetzliche Rentenversicherung
GUV	Gesetzliche Unfallversicherung
Hg	Herausgeber
HGB	Handelsgesetzbuch
h.L.	herrschende Lehre
h.M.	herrschende Meinung
i.e.S.	im engeren Sinne
i.S.d.	im Sinne der/des
i.V.m.	in Verbindung mit
i.w.S.	im weiteren Sinne

---

1 für die verbreiteten Abkürzungen von Zeitschriften sei auf die gängigen Abkürzungsverzeichnisse verwiesen

KSchG	Kündigungsschutzgesetz
LohnFG	Gesetz über die Fortzahlung des Arbeitsentgelts im Krankheitsfalle (Lohnfortzahlungsgesetz)
MDK	Medizinischer Dienst der Krankenversicherung
MedSach	Der Medizinische Sachverständige
ÖffGesWes	Das Öffentliche Gesundheitswesen
RehaAnglG	Gesetz über die Angleichung der Leistungen zur Rehabilitation
RVO	Reichsversicherungsordnung
SchwbG	Gesetz zur Sicherung der Eingliederung Schwerbehinderter in Arbeit, Beruf und Gesellschaft (Schwerbehindertengesetz)
SGB	Sozialgesetzbuch
sog.	sogenannte/r/s
SprAuG	Gesetz über Sprecherausschüsse der leitenden Angestellten (Sprecherausschußgesetz)
TVG	Tarifvertragsgesetz
vgl.	vergleiche
z.B.	zum Beispiel
ZDG	Gesetz über den Zivildienst der Kriegsdienstverweigerer (Zivildienstgesetz)

Einleitung

§ 74 SGB V Stufenweise Wiedereingliederung

"Können arbeitsunfähige Versicherte nach ärztlicher Feststellung ihre bisherige Tätigkeit teilweise verrichten und können sie durch eine stufenweise Wiederaufnahme ihrer Tätigkeit voraussichtlich besser wieder in das Erwerbsleben eingegliedert werden, soll der Arzt auf der Bescheinigung über die Arbeitsunfähigkeit Art und Umfang der möglichen Tätigkeiten angeben und dabei in geeigneten Fällen die Stellungnahme des Betriebsarztes oder mit Zustimmung der Krankenkasse die Stellungnahme des Medizinischen Dienstes (§ 275) einholen."

Langdauernde Erkrankungen mit entsprechender Arbeitsunfähigkeit bedeuten für einen Arbeitnehmer immer einen schweren Eingriff in sein Leben, insbesondere auch in sein Berufsleben.
Anders als bei akuten Krankheiten und rasch heilenden Verletzungen kehrt der Arbeitnehmer nicht nach einigen Tagen oder wenigen Wochen nahezu nahtlos an seinen alten Arbeitsplatz zurück. Vielmehr ist seine Rückkehr, zumindest bei sofortiger voller Belastung bei der Arbeit, durch die wochen- oder gar monatelange währende Zäsur deutlich erschwert.

Mit der Verabschiedung des Gesundheitsreformgesetzes am 20.12.1988 hat der Gesetzgeber durch § 74 SGB V im gesetzlichen Krankenversicherungsrecht eine Vorschrift geschaffen, die es arbeitsunfähigen Arbeitnehmern ermöglicht, in langsamen, nach medizinischen, arbeitsphysiologischen und psychologischen Maßstäben ausgerichteten Schritten in den Arbeitsprozeß zurückzukehren.

Die Idee der allmählichen Zurückführung in das Erwerbsleben ist kein Novum. Sie wurde schon seit vielen Jahren in der Praxis durchgeführt und beruhte, mangels gesetzlicher Grundlage, auf der freiwilligen Vereinbarung zwischen betroffenem Arbeitnehmer, seinem Arbeitgeber und seiner Krankenkasse.

§ 74 SGB V gibt der Praxis nun eine gesetzliche Basis. Doch: die Regelung mutet als "lex imperfecta" an. Ihr dürftiger Regelungsinhalt schafft zahlreiche rechtliche Probleme, die sich nicht zuletzt aus der engen Verknüpfung von Arbeits- und Sozialrecht bei der Durchführung einer stufenweisen Wiedereingliederung ergeben:
Auf welchen Rechtsgrundlagen und mit welchem konkreten Inhalt wird die allmähliche Arbeitsaufnahme im Betrieb durchgeführt?
In welchem Verhältnis steht die Wiedereingliederung zum Arbeitsvertrag des kranken Arbeitnehmers?
Warum ist § 74 SGB V im Kassenarztrecht und nicht im Leistungsrecht geregelt?
Welche sozialrechtlichen Folgen sind zu bedenken?
Und nicht zuletzt: Wer trägt die Kosten?
So lauten einige der dringlichsten Fragen.

Sie zu beantworten, ist Aufgabe der vorliegenden Arbeit, die hierzu folgendermaßen verfährt:
Nach einem Überblick über die Regelung des § 74 SGB V soll der Rechtscharakter einer stufenweisen Wiedereingliederung arbeits- und sozialrechtlich bestimmt werden.
Sodann wird auf die rechtlichen Möglichkeiten eingegangen, den arbeitsunfähigen Arbeitnehmer zur Teilnahme an bzw. den Arbeitgeber zum Angebot einer Wiedereingliederung zu verpflichten.
Es folgen Ausführungen zum Inhalt des Wiedereingliederungsverhältnisses in Hinblick auf die Entgeltlichkeit einer Wiedereingliederung, Nebenpflichten, ein Weisungsrecht im Wiedereingliederungsverhältnis, Haftungsfragen, geringfügige Leistungsverhinderungen, Urlaub und in Hinblick auf die Beendigung der Wiedereingliederung.
Sind die kollektivarbeitsrechtlichen Aspekte einer allmählichen Arbeitsaufnahme im Rahmen des TVG, BetrVG und SprAuG erörtert, geht es schließlich um die wichtigsten sozialrechtlichen Folgen von § 74 SGB V für das Krankengeld, den sozialversicherungsrechtlichen Status des Versicherten und für die Sozialhilfe.

1. Kapitel : Die stufenweise Wiedereingliederung in der Praxis

§ 1 Gegenstand

Die stufenweise Wiedereingliederung gem. § 74 SGB V ist nicht nur eine neue, abstrakte Rechtsnorm. Vielmehr wurden im Laufe der Jahre, in denen die Wiedereingliederung ohne gesetzliche Grundlage praktiziert wurde, hinreichend viele Erfahrungen gewonnen, die es erlauben, auf ein allgemeines Profil des Adressatenkreises und einen typischen Ablauf des Wiedereingliederungsverfahrens zu schließen, wie auch schon jetzt eine Erfolgsprognose für Rehabilitanden erstellt werden kann.

I. Adressatenkreis

1.) Bestimmung des Adressatenkreises in rechtlicher Hinsicht

Wiedereingliederungswillige Versicherte sind im allgemeinen in einem privaten Betrieb schon jahrelang beschäftigte Arbeitnehmer, deren Arbeitsvertrag trotz ihrer Arbeitsunfähigkeit ungekündigt fortbesteht.
Sie sind in der gesetzlichen Krankenversicherung (GKV) gem. § 5 I Nr. 1 SGB V pflichtversichert und lassen sich wegen einer zur Arbeitsunfähigkeit führenden Krankheit bei einem zugelassenen Kassenarzt behandeln.
Ihre Wiedereingliederung erfolgt gem. § 74 SGB V im Rahmen der gesetzlichen Krankenversicherung; Maßnahmen der gesetzlichen Unfallversicherung (GUV) und der gesetzlichen Rentenversicherung (GRV) bleiben außer Betracht [2].

Von der stufenweisen Wiedereingliederung nach § 74 SGB V abzugrenzen ist eine Wiedereingliederung auf einem anderen Arbeitsplatz, an dem der Versicherte nicht seine bisherige Tätigkeit teilweise wieder ausführt, sondern in einem anderen Bereich tätig wird.
§ 74 SGB V unterscheidet sich ebenfalls von anderen möglichen Vertragsgestaltungen: nämlich der der vorübergehenden Abänderung des ursprünglichen Arbeitsvertrages, der kurzzeitig in einen Arbeitsvertrag mit verkürzter Arbeitszeit und/oder mit verändertem Vertragsgegenstand umgewandelt wird [3].
Ebensowenig geht es um den Fall, daß neben das in seinen Hauptpflichten ruhende ursprüngliche Arbeitsverhältnis ein weiteres, befristetes Arbeitsverhältnis mit zeitlicher und/oder inhaltlicher Änderung hinzutritt.

2 vgl. hierzu: Institut für Empirische Soziologie, S. 63-66.
3 vgl. hierzu: BAG AP Nr. 42, 52 zu § 616 BGB.

Schließlich handelt es sich bei § 74 SGB V auch nicht um die teilweise Erfüllung der Arbeitsleistung durch den Arbeitnehmer (§§ 611, 323 I HS 2 BGB), bei der der Arbeitnehmer die vertraglich geschuldete Arbeit nur in einem zeitlich verringerten Umfang als vereinbart erbringt [4].

2.) Bestimmung des Adressatenkreises in tatsächlicher Hinsicht

In § 74 SGB V ist die stufenweise Wiedereingliederung für arbeitsunfähige Versicherte vorgesehen, die nach ärztlicher Feststellung ihre bisherige Tätigkeit teilweise verrichten können, ohne daß jedoch die in tatsächlicher Hinsicht geeigneten Adressaten näher bezeichnet sind.
Da die Wiedereingliederung den Versicherten wieder in das Erwerbsleben integrieren soll - so § 74 SGB V -, handelt es sich einerseits um Fälle einer länger dauernden, schwerwiegenden Erkrankung mit entsprechend längerer Arbeitsunfähigkeit, die die Rückkehr an den Arbeitsplatz für den Betroffenen schwierig macht [5].
Andererseits muß das Krankheitsbild erwarten lassen, daß die volle Arbeitsfähigkeit überhaupt, und wenn möglich in naher Zukunft wieder erreicht werden kann.

a) Schwer und chronisch Kranke

Grundsätzlich kommen alle schweren oder chronischen Erkrankungen in Betracht, ohne daß medizinische Ein- oder Ausschlußkriterien zu beachten wären.
Indiziert ist eine Wiedereingliederung insbesondere bei Krankheiten des Herzens und der Gefäße, bei rheumatischen Erkrankungen, Krankheiten und Operationen des Bewegungsapparats, der Verdauungsorgane, der Nieren und ableitenden Harnwege, der Atmungsorgane sowie bei Stoffwechsel-, neurologischen, Krebs- und psychischen Erkrankungen[6].

Die klassische Diagnose für eine allmähliche Arbeitsaufnahme ist der Herzinfarkt; Arbeitnehmer mit Herz-Kreislauf-Krankheiten sind auch am häufigsten in Wiedereingliederungsverfahren vertreten [7].

---

4 hierzu: Boemke, Anmerkung zu BAG, AR-Blattei, ES, Krankheit des Arbeitnehmers, Entscheidung Nr. 186.

5 Maaßen, Schermer, Wiegand, Zipperer-Wiegand, § 74 SGB V, Rr. 1.

6 Bundesarbeitsgemeinschaft für Rehabilitation, Arbeitshilfe, S. 12; Institut für Empirische Soziologie, S. 54f., 118f., 126; Vetter, BKK 1989, 676, 678; Köhn, Moch, BKK 1990, 485, 487; Köhn, Müller, BKK 1990, 700, 701; Eissenhauer, MedSach, 1989, 78, 79; Voß, BKK-Service, 3/1993, S. 99, 100.

7 z.B. Angaben des Instituts für Empirische Soziologie, S. 118f.: 32%, danach Bewegungsapparat: 26%, psychische Erkrankungen: 11%;
Untersuchung der Techniker-Krankenkasse 1975-1977, in: Brost, Krasemann, Stolley, Rehabilitation 1982, 45, 48:42%;

b) Geschlecht und Alter

Für die Teilnahme an einer stufenweisen Wiedereingliederung scheint das Geschlecht keine ausschlaggebende Bedeutung zu haben; allenfalls läßt sich feststellen, daß jüngere Frauen der Wiedereingliederung gegenüber besonders aufgeschlossen sind [8].

Dagegen wird dem Alter eine wichtigere Bedeutung zugeschrieben. Die meisten Rehabilitanden sind zwischen 45 und 55 Jahren; ältere Arbeitnehmer sind oft nicht mehr dazu bereit - mangels Motivation oder aufgrund von Versagensängsten - oder sie ziehen eine vorzeitige Berentung vor. Ebenso sind jüngere Arbeitnehmer oft zurückhaltend, unter anderem wegen der Möglichkeit beruflicher Umschulung [9].

c) Arbeiter und Angestellte

Die Aussage, daß mehr Angestellte als Arbeiter sich gem. § 74 SGB V wiedereingliedern lassen, ist bisher nicht nachzuweisen [10]. Relevant ist vielmehr, inwieweit sich die stufenweise Wiedereingliederung in den betrieblichen Arbeitsablauf und die Arbeitsorganisation integrieren läßt. Grundsätzlich ist dies eher bei einfachen und mittleren Angestelltentätigkeiten, gerade in Handel und Verwaltung, sowie bei leichten bis mittelschweren gewerblichen Arbeiten gegeben als bei leitenden Angestellten- und schweren gewerblichen Tätigkeiten [11].

Ebenso sind größere und große, hinreichend differenziert strukturierte Unternehmen für eine allmähliche Arbeitsaufnahme eher geeignet als kleinere Betriebe und Handwerksbetriebe.
Dies liegt nicht nur daran, daß sie im allgemeinen bessere Möglichkeiten besitzen, die Wiedereingliederung organisatorisch in den betrieblichen Ablauf zu integrieren und teilweise Arbeitsausfälle zu überbrücken. Dies ist auch auf die entsprechende Initiative von Betriebsärzten und Betriebskrankenkassen, die überwiegend in größeren Betrieben operieren, zurückzuführen [12].

Auskunft der Firma Karl Mayer GmbH, Obertshausen, vom 8.12.1993: 50%; danach Bewegungsapparat: 33%.

8 Institut für Empirische Soziologie, S. 118, 128.

9 Institut für Empirische Soziologie, S. 118, 128f.; Vetter, Zober, ASUmed 1993, 383, 384; Auskunft der Firma Karl Mayer GmbH, Obertshausen, vom 8.12.1993 für das Jahr 1993: 5 im Alter zwischen 45 und 55, 1 zwischen 55 und 60.

10 Institut für Empirische Soziologie, S. 117, 129f.; Vetter, Zober, ASUmed 1993, 383, 384.

11 Institut für Empirische Soziologie, S. 110, 135f., 138f..

12 Institut für Empirische Soziologie, S. 114, 135, 138.

Schließlich ist erkennbar, daß Mitglieder von größeren Krankenkassen, zumindest von größeren Betriebskrankenkassen, häufiger an Wiedereingliederungsverfahren teilnehmen als solche von kleineren Kassen [13].
Eine Erklärung hierfür ist sicherlich, daß der Bekanntheitsgrad des § 74 SGB V und eine entsprechende Wiedereingliederungserfahrung in diesen Krankenkassen größer ist.

d) Mögliche Krankengeschichte

Ein Rehabilitand könnte folgende Krankengeschichte aufweisen [14] :

(1) Herr A., 50 Jahre alt, Facharbeiter als Dreher;
Zustand nach Hinterwandinfarkt, coronare Herzkrankheit, Hyperventilationsneigung;
1 Woche Intensivstation, 6 Wochen stationäre Behandlung, 6 Wochen medizinische Rehabilitation (Anschlußheilbehandlung)

(2) Frau B., 35 Jahre alt, Verkäuferin;
Zustand nach lumbalem Bandscheibenvorfall, mikrochirurgische Nukleotomie;
3 Wochen stationäre Behandlung, keine Anschlußheilbehandlung

(3) Herr C., 36 Jahre alt, angelernter Arbeiter;
Schizoaffektive Psychose, starke Depressionen und Antriebsstörungen;
insgesamt zwölfmonatige stationäre Behandlung in psychiatrischem Krankenhaus, zweimalige kurze Unterbrechung durch Arbeitsversuche.

3.) Statistische Aussagen

Über den quantitativen Umfang von Wiedereingliederungsverfahren insgesamt besteht keine statistische Erhebung. Es liegen nur wenige Zahlen vor, so z.B.

- Umfrage des Empirischen Instituts für Soziologie bei einigen ausgewählten Allgemeinen Ortskrankenkassen:
  AOK Berlin.........................20 Fälle im 4.Quartal 1989
  AOK Düsseldorf..................35 Fälle im Jahr 1989

---

13 Institut für Empirische Soziologie, S. 113f..
14 vgl. die Fallbeispiele in: Bundesarbeitsgemeinschaft für Rehabilitation, Arbeitshilfe, S. 65ff.; Mooswald, S. 4f.; Römer, Deutsches Ärzteblatt 1975, 2765, 2767; Schmidt, SiemensWelt 1993, 28, 29.

AOK Hannover....................216 Fälle von 1984 bis 1989

AOK Herford.......................16 Fälle im Jahr 1989

AOK für das Saarland..........15 Fälle im Jahr 1989

AOK Stuttgart ....150 bis 200 Fälle pro Jahr

- oder bei repräsentativen Betriebskrankenkassen, die 1989 zu ca. 72% eine stufenweise Wiedereingliederung durchführten; 66% davon gelegentlich, 30% regelmäßig [15];
bei diesen Betriebskrankenkassen wurde im allgemeinen schon "seit Jahren" reintegriert, die Wiedereingliederungshäufigkeit wuchs Mitte der siebziger Jahre erheblich, ein zweiter Sprung erfolgte Anfang der achtziger Jahre; seither ist von einem kontinuierlichen Anstieg auszugehen[16]

- bei der BASF AG wurden zwischen 1983 und 1989 400 Arbeitnehmer erfolgreich eingegliedert [17]

- die AOK Heidelberg betreute zwischen 1981 und 1986 4,2% ihrer Herzinfarktpatienten (9 Versicherte) bei einer schrittweisen Rückführung in das Arbeitsleben, 1992 waren es rund 70 Wiedereingliederungen bei unterschiedlichen medizinischen Indikationen [18]

- die Siemens AG führte 1980 140 Wiedereingliederungen (52 männliche und 18 weibliche Angestellte, 48 Arbeiter, 22 Arbeiterinnen) durch, 1991 650 Verfahren [19];
die Siemens-Betriebskrankenkasse kam 1988 auf 480 Wiedereingliederungsverfahren [20], was 5,09% der Langzeiterkrankungsfälle über 42 Arbeitsunfähigkeits-Tage darstellte;
die Zahl der Wiedereingliederungen konnte von 1988 auf 1989 um ca. 17% gesteigert werden, was sogar eine Verdoppelung im Vergleich zu 1986 bedeutete

- mit Hilfe der Techniker-Krankenkasse wurden 1975 bis 1977 181 Versicherte einem Wiedereingliederungsverfahren zugeführt [21]

- schließlich gliederte die MTU Friedrichshafen GmbH im Jahre 1993 16 Mitarbeiter (je zur Hälfte Angestellte und Arbeiter) ein [22],

---

15 Institut für Empirische Soziologie, S. 107f..
16 Institut für Empirische Soziologie, S. 109f..
17 Vetter, BKK 1989, 676.
18 Moswald, DOK 1993, 567.
19 Schmidt, SiemensWelt 1993, S. 28.
20 Köhn, Müller, BKK 1990, 700, 703.
21 Brost, Krasemann, Stolley, Rehabilitation 1982, 45, 47.
22 entspr. Auskunft der Firma vom 13.12.1993.

die Firma Karl Mayer GmbH, Obertshausen nahm 1993 6 Wiedereingliederungen vor (4 Arbeiter, 2 männliche Angestellte) [23]

Insgesamt läßt sich bei vorsichtiger Schätzung, unter Zugrundelegung der empirischen Studie des Instituts für Empirische Soziologie, zumindest im Bereich der Betriebskrankenkassen auf etwa ein bis zwei Verfahren zur schrittweisen Arbeitsaufnahme pro 1000 Mitglieder schließen[24].

II. Ablauf eines Wiedereingliederungsverfahrens

1.) Anregung und Einleitung der stufenweisen Wiedereingliederung

a) Mögliche Initiatoren

Grundsätzlich können alle mit einem Wiedereingliederungsverfahren gem. § 74 SGB V befaßten Personen und Institutionen eine schrittweise Arbeitsaufnahme anregen:
So der arbeitsunfähige Versicherte selbst, sein behandelnder Arzt, Ärzte in stationären Einrichtungen, Betriebsärzte, die gesetzlichen Krankenkasse oder Betriebskrankenkassen, der Medizinische Dienst der Krankenversicherung (MDK) und im Betrieb der Arbeitgeber, die Personalabteilung, Vorgesetzte oder Arbeitskollegen, der Betriebsrat, der Sprecherausschuß für leitende Angestellte [25] , betriebliche Sozialdienste, Fachkräfte für Arbeitssicherheit oder Schwerbehindertenvertretungen [26].

Bei der vom Institut für Empirische Soziologie vorgenommenen Untersuchung bezeichneten sich als Initiatoren - bei der Möglichkeit bis zu drei Mehrfachnennungen - die Betriebskrankenkassen in 74% der Wiedereingliederungsfällen, der MDK in 54%, der behandelnde Arzt in 53%, der Betriebsarzt in 25%, der Versicherte selbst in 18%, sonstige Personen und Institutionen in 6% [27].

Für die einzelnen Initiatoren gilt folgendes:

---

23 entspr. Auskunft der Firma vom 8.12.1993.

24 Faßmann, Oertel, Wasilewski, ÖffGesWes 1991, 115, 116.

25 Da die Wiedereingliederung für leitende Angestellte zahlenmäßig keine große Rolle spielt, wird in der Folge nur noch der Betriebsrat erwähnt werden; die Beteiligung des Sprecherausschusses für leitende Angestellte ist gedanklich jeweils zu ergänzen.

26 Bundesarbeitsgemeinschaft für Rehabilitation, Arbeitshilfe, S. 23f.; Institut für Empirische Soziologie, S. 114f., 147-149; Vetter, BKK 1989, 676, 677; Köhn, Moch, BKK 1990, 485, 487.

27 Institut für Empirische Soziologie, S. 115.

- Wird der Versicherte nicht von sich aus initiativ, so empfiehlt es sich, daß am Anfang aller Bemühungen das Gespräch mit dem Versicherten steht: nur wenn er von der stufenweisen Wiedereingliederung überzeugt ist, kann das Verfahren eingeleitet werden und erfolgreich sein.

- Prädestiniert für die Anregung einer stufenweisen Wiedereingliederung ist eigentlich der behandelnde Arzt, schon weil in § 74 SGB V speziell er zur Initiative aufgerufen ist.
Das Engagement der behandelnden Ärzte ist jedoch eher gering, was nicht nur auf einen mangelhaften Informationsstand und ein unzureichendes Problembewußtsein zurückzuführen ist, sondern auch auf ungenügende arbeitsmedizinische Kenntnisse [28].

- Betriebsärzte haben nur selten die Gelegenheit, eine Wiedereingliederung anzuregen, denn aus Datenschutzgründen können sie über die Arbeitsunfähigkeit des erkrankten Arbeitnehmers ohne dessen Zustimmung kaum etwas erfahren.
Anderes gilt nur für Betriebe, in denen Wiedereingliederungs-Richtlinien bestehen oder Richtlinien, die den Betriebsarzt zu routinemäßigen Untersuchungen von Langzeitkranken verpflichten [29].

- Die Anregung zu einer Wiedereingliederung erfolgt oft durch die Krankenkasse, insbesondere im Rahmen der Kontakte zum Versicherten, die z.B. wegen der Krankengeldzahlung oder bei Rehabilitations-Beratungsgesprächen bestehen. Teilweise erfolgen entsprechende "Impulsgespräche" auch systematisch, etwa bei Arbeitsunfähigkeits- oder Krankengeldfällen ab einer bestimmten Dauer [30].

- Der MDK wird im allgemeinen erst dann tätig, wenn ihm konkrete Informationen über den potentiellen Rehabilitanden - meist durch die Krankenkasse - zur Verfügung gestellt werden. Selbst kann er jedoch aktiv werden, wenn er längerfristig Arbeitsunfähige begutachtet oder rehabilitativ orientierte Gutachten oder Empfehlungen ausstellt [31].

- Schließlich werden sonstige betriebliche Stellen vor allem dann initiativ, wenn im jeweiligen Betrieb schon Wiedereingliederungen vorgenommen worden sind oder entsprechende Vereinbarungen, insbesondere Wiedereingliederungs-Richtlinien oder

---

28 Moswald, S. 12; Institut für Empirische Soziologie, S. 150f.; Bundesarbeitsgemeinschaft für Rehabilitation, Arbeitshilfe, S. 31.

29 Bundesarbeitsgemeinschaft für Rehabilitation, Arbeitshilfe, S. 40; Institut für Empirische Soziologie, S. 154.

30 Bundesarbeitsgemeinschaft für Rehabilitation, Arbeitshilfe, S. 48; Institut für Empirische Soziologie, S. 148.

31 Bundesarbeitsgemeinschaft für Rehabilitation, Arbeitshilfe, S. 54; Institut für Empirische Soziologie, S. 157.

Vereinbarungen zwischen dem Betrieb und der jeweiligen Betriebskrankenkasse oder anderen Krankenkassen bestehen.

Einem dieser Initiatoren formal Vorrang einzuräumen, ist nicht sinnvoll; auch die bisher gewonnenen praktischen Erfahrungen fordern keine solchen Prioritäten. Vielmehr ist es wichtig, die stufenweise Wiedereingliederung zu einem frühstmöglichen Zeitpunkt in die Wege zu leiten; alle Beteiligten sollten umfassend informiert sein und in enger Kooperation und effektiver Koordinierung vertrauensvoll zusammenarbeiten. Hierzu sollten auch informelle Wege beschritten werden [32].

Unabhängig von der Frage nach dem Initiator einer stufenweisen Wiedereingliederung kann man in der Praxis davon ausgehen, daß der Krankenkasse eine zentrale Aufgabe im Rahmen von § 74 SGB V zukommt im Hinblick auf Information, Beratung, Organisation und Koordination des Wiedereingliederungsverfahrens [33].

b) Aufgaben bei der Anregung und Einleitung einer Wiedereingliederung

Um die Regelung des § 74 SGB V nun im Betrieb umzusetzen, schlägt der jeweilige Initiator ein Wiedereingliederungsverfahren vor und informiert über dessen Zweck, Vorteile, mögliche Risiken und Durchführung. Er bittet den Versicherten um eine grundsätzliche Zustimmung zur Einleitung einer Wiedereingliederung und zur begrenzten Weiterleitung personenbezogener Daten an andere Beteiligte (vgl. § 67 SGB X). Hiernach hält er eine erste Rücksprache mit allen anderen am Wiedereingliederungsverfahren Beteiligten.

In einem zweiten Schritt wird der sog. Stufenplan - das betriebliche Rehabilitationsprogramm - erarbeitet und die Finanzierung abgeklärt.
Je nach Bedarf sind die genannten Initiatoren an der Erstellung des Stufenplanes beteiligt. Zweckmäßigerweise sollten behandelnder Arzt und Betriebsarzt immer direkt miteinander in Kontakt treten und die medizinischen Aspekte der Wiedereingliederung mit den betrieblichen Möglichkeiten abstimmen [34].

---

32 Bundesarbeitsgemeinschaft für Rehabilitation, Arbeitshilfe, S. 19; Institut für Empirische Soziologie, S. 94f., 162-164; Vetter, BKK 1989, 676.

33 Bundesarbeitsgemeinschaft für Rehabilitation, Arbeitshilfe, S. 47; Moswald, S. 15; Institut für Empirische Soziologie, S. 162.

34 Moswald, S. 14; Bundesverband der BKK, Reha-Arbeitshilfe I. 5.4; Bundesarbeitsgemeinschaft für Rehabilitation, Arbeitshilfe, S. 33; Köhn, Moch, BKK 1990, 485, 488; Köhn, Müller, BKK 1990, 700, 701; Voß, BKK-Service 3/93, S. 99, 100;
Wiedereingliederungs-Richtlinien der Siemens AG, ZP Rundschreiben 10/90 vom 2.1.1009, Nr.2.1.

Für die Erstellung des Stufenplans ist primär erforderlich, das Fähigkeits- und Anforderungsprofil des Versicherten zu ermitteln, d.h. einerseits die Feststellung seiner Funktionseinschränkungen und seiner vorhandenen Fähigkeiten (negatives und positives Leistungsbild), andererseits die Abklärung der konkreten Anforderungen und Belastungen am Arbeitsplatz (Arbeitsaufgabe und Arbeitsumgebung) sowie die Möglichkeiten einer allmählichen Arbeitsaufnahme im Betrieb [35].

Der daraus resultierende Stufenplan konkretisiert den Verlauf der Wiedereingliederungsphasen vor dem Hintergrund der bestehenden krankheitsbedingten Einschränkungen der Leistungsfähigkeit des Versicherten und seiner zu erwartenden gesundheitlichen und leistungsmäßigen Fortschritte.

Er enthält Angaben über die zeitliche Abstufung und Ausdehnung des Wiedereingliederungsverfahrens, über die geeigneten Arbeitszeitformen [36], die notwendige Vermeidung bestimmter arbeitsbedingter Belastungen und nicht geeigneter Tätigkeiten sowie flankierender Maßnahmen wie technische Hilfen am Arbeitsplatz [37].

Im allgemeinen beträgt die Dauer einer stufenweisen Wiedereingliederung zwischen 6 Wochen und 6 Monaten, in Ausnahmefällen bis zu 12 Monate oder länger [38].

Die generell vorgesehene Regeldauer wird mit 3 bis 6 Monaten veranschlagt, am weitesten verbreitet ist eine Grenzdauer von 12 Wochen.

Unbestritten ist, daß die zeitliche Ausdehnung begrenzt sein muß, schon um Mißbrauchsfälle zu vermeiden [39].

Geregelt werden muß daneben auch die Frage der Finanzierung der stufenweisen Wiedereingliederung, also die Frage, ob, ab welchem Zeitpunkt und in welcher Höhe der Arbeitgeber die Wiedereingliederungstätigkeit vergütet, oder ob ausschließlich die Krankenkasse Krankengeld gewährt.

---

35 Bundesarbeitsgemeinschaft für Rehabilitation, Arbeitshilfe, S. 42.

36 hierzu insb.: Vetter, Zober, ASUmed 1993, 383, 384-386.

37 Bundesarbeitsgemeinschaft für Rehabilitation, Arbeitshilfe, S. 43.

38 Bundesarbeirsgemeinschaft für Rehabilitation, Arbeitshilfe, S. 18; Institut für Empirische Soziologie, S. 79, 116; Bundesverband der BKK, Reha-Arbeitshilfe I. 5.4; Köhn, Moch, BKK 1990, 485, 488; Voß, BKK-Service 3/93, S. 99; Vetter, BKK 1989, 676; Vetter, Zober, ASUmed 1993, 383; Eissenhauer, MedSach 1989, 78, 79;
Vereinbarung MTU Friedrichshafen GmbH mit dem Betriebsrat vom 23.6.1986, Nr.5; Merkblatt der Firma Schmidt+Clemens GmbH+Co, Lindlar, vom 28.4.1986; Vereinbarung Rodenstock, München und der BKK vom 28.10.1983, Nr.1; Wiedereingliederungsrichtlinien der Siemens AG, ZR-Rundschreiben 10/90 vom 2.1.1990, Nr.1 und 15/93 vom 12.3.1993, Nr.1; Auskunft der Firma Karl Mayer GmbH, Obertshausen, vom 8.12.1993.

39 SG Magdeburg, SGb 1993, 492, 493 mit Anmerkung Kärcher; er möchte stufenweise Wiedereingliederungen auf die Zeit des Krankengeldbezugs begrenzen; hierzu gibt es jedoch keinerlei rechtliche Begründung.

Zum Stufenplan und zur Finanzierung der Wiedereingliederung müssen schließlich der Versicherte und der Arbeitgeber zustimmen, nur zum Stufenplan der behandelnde Arzt.
Sofern die allmähliche Arbeitsaufnahme an Arbeitsplätzen erfolgt, für die arbeitsmedizinische Vorsorgeuntersuchungen nach berufsgenossenschaftlichen Grundsätzen erforderlich sind, ist grundsätzlich auch die Zustimmung des Betriebsarztes zwingend.
Das Einverständnis der übrigen Beteiligten muß nicht unbedingt gegeben sein, sollte aber im Interesse einer effektiven Reintegration in das Arbeitsleben ebenfalls vorliegen.

c) Möglicher Stufenplan

Konkret könnte ein Stufenplan folgendermaßen aussehen [40]:

(1) 2 Wochen täglich 3 Stunden
3 5
2 7

oder

(2) 2 Wochen täglich 2 1/2 Stunden
4 4
8 6,

jeweils unter Ausgrenzung gesundheitsgefährdender Tätigkeiten und unter Angabe begleitender Maßnahmen.

2.) Durchführung der stufenweisen Wiedereingliederung

a) Vorgaben des Stufenplans

Liegen die erforderlichen Zustimmungen vor, erfolgt die konkrete Abwicklung der schrittweisen Arbeitsaufnahme nach den im Stufenplan enthaltenen Vorgaben. Sie bedarf der vertrauensvollen Zusammenarbeit aller an der Wiedereingliederung Beteiligten und hat die Umstände des Einzelfalles angemessen zu berücksichtigen.

Da die stufenweise Wiedereingliederung der Rekonvaleszenz und dem Leistungsvermögen des arbeitsunfähigen Arbeitnehmers optimal Rechnung tragen soll, ist er in regelmäßigen

---

40 vgl. Institut für Empirische Soziologie, S. 78; Bundesarbeitsgemeinschaft für Rehabilitation, Arbeitshilfe, S. 68, 72, 75; Vetter, Zober, ASUmed 1993, 383;
Vereinbarung Rodenstock, München, mit der BKK vom 28.10.1983, Nr. 2; Wiedereingliederungsrichtlinien der Siemens AG, ZP-Rundschreiben 10/90 vom 2.1.1990, Nr. 2.1.

Abständen vom behandelnden Arzt auf seinen Gesundheitszustand und die gesundheitlichen Auswirkungen der allmählichen Reintegration hin zu untersuchen [41].
Die Abstände zwischen diesen Untersuchungen sollten 10 Tage nicht übersteigen; auf jeden Fall sollte vor jeder (quantitativen oder qualitativen) Höherstufung im Rahmen des Stufenplans und bei auftretenden Beschwerden der Arzt konsultiert werden.

Auch während der Durchführungsphase ist es angeraten, daß behandelnder Arzt und Betriebsarzt eng zusammenarbeiten; der Betriebsarzt übernimmt die ärztliche Betreuung des Rehabilitanden im Betrieb [42].
Bei Bedarf kann sich der MDK einschalten.

b) Anpassung des Stufenplans

Die stufenweise Wiedereingliederung kann nur auf der Grundlage hoher Flexibilität und rascher Anpassung nach medizinischen Kriterien und betrieblichen Möglichkeiten erfolgen.
Denn stellt sich im Laufe des Wiedereingliederungsverfahrens heraus, daß der Stufenplan der Genesung des arbeitsunfähigen Arbeitnehmers nicht gerecht wird, vor allem weil sich nachteilige gesundheitliche Folgen zeitigen, muß der Stufenplan angepaßt werden, sei es dadurch daß der zeitliche Umfang insgesamt ausgedehnt oder verkürzt, die Abfolge und die Dauer der jeweiligen Stufen modifiziert wird, oder sei es dadurch daß die Tätigkeit qualitativ, insbesondere in Hinblick auf die körperliche Belastung oder Streßbelastung, angepaßt wird.
Eine Anpassung des Stufenplans kann desweiteren erforderlich werden, wenn die betrieblichen Gegebenheiten die weitere Durchführung des bisherigen Stufenplans nicht/nicht mehr zulassen, weil es beispielsweise zu Störungen des Arbeitsablaufs kommt.

In beiden Fällen sind die hieraufhin vorgenommenen Modifikationen des Wiedereingliederungsverfahrens durch den behandelnden Arzt zu attestieren; die Beteiligten des Wiedereingliederungsverfahrens sollten informiert werden; neben dem behandelnden Arzt müssen auf jeden Fall der arbeitsunfähige Arbeitnehmer und der Arbeitgeber ihre Zustimmung zu dem neuen Stufenplan erteilen [43].

---

41 Institut für Empirische Soziologie, S. 77; Bundesarbeitsgemeinschaft für Rehabilitation, Arbeitshilfe, S. 35; Vetter, Zober, ASUmed 1993, 383; Vetter, BKK 1989, 676; Compensis, NZA 1992, 631, 633.

42 Bundesarbeitsgemeinschaft für Rehabilitation, Arbeitshilfe, S. 45; Bundesverband der BKK, Reha-Arbeitshilfe, I. 5.4; Siemens, 75 Jahre, S. 62; Voß, BKK-Sevice 3/93, S. 99; Wiedereingliederungsrichtlinien der Siemens AG, ZP-Rundschreiben 19/90 vom 2.1.1990, Nr. 2.3 und 15/93 vom 12.3.1993, Nr. 2.3.

43 Institut für Empirische Soziologie, S. 77; Bundesarbeitsgemeinschaft für Rehabilitation, Arbeitshilfe, S. 45.

Der Finanzierungsplan ist entsprechend anzugleichen.

c) Einbeziehung von Personen und Institutionen im Betrieb

Es empfiehlt sich, bei der Durchführung einer schrittweisen Rückführung an den Arbeitsplatz neben dem Betriebsarzt auch sonstige Personen und Institutionen des Unternehmens, insbesondere Betriebsrat, Personalabteilung, Vorgesetzte und Kollegen angemessen in das Verfahren einzubeziehen. Denn nur wenn das unmittelbare soziale Umfeld des arbeitsunfähigen Arbeitnehmers im Betrieb ausreichend Verständnis entwickelt, läßt sich die Wiedereingliederung erfolgreich verwirklichen [44].

d) Ende der stufenweisen Wiedereingliederung

Die stufenweise Wiedereingliederung endet, wenn sie zum Erfolg führt [45];
wenn sie aus vom behandelnden Arzt bescheinigten gesundheitlichen Gründen abgebrochen werden muß;
oder wenn Arbeitgeber oder Arbeitnehmer zur Durchführung nicht länger bereit sind.

Scheitert ein Reintegrationsverfahren, können eventuell Maßnahmen der medizinischen oder beruflichen Rehabilitation eingeleitet oder eine Berufs- oder Erwerbsunfähigkeitsrente beantragt werden. Hiervon soll in der vorliegenden Arbeit jedoch nicht die Rede sein.

III. Erfolgsanalyse der stufenweisen Wiedereingliederung

Aufgrund der bisher ausgewerteten Wiedereingliederungsverfahren kann der Rehabilitand damit rechnen, daß sich eine schrittweise Arbeitsaufnahme in den meisten Fällen positiv für ihn auswirken wird.

1.) Erfolgsquote

Ausschlaggebend für einen Verfahrenserfolg ist für die Beteiligten im allgemeinen die volle berufliche Wiedereingliederung, d.h. die Aufnahme der arbeitsvertraglich vereinbarten

---

44 Institut für Empirische Soziologie, S. 179; Bundesarbeitsgemeinschaft für Rehabilitation, Arbeitshilfe, S. 58, 62f..

45 vgl. sogleich III..

Tätigkeit am alten Arbeitsplatz oder an einem im Rahmen des urspünglichen Arbeitsvertrages möglichen alternativen Arbeitsplatz [46].

Die vom Institut für Empirische Soziologie befragten Betriebskrankenkassen gaben im Jahr 1989 eine Erfolgsquote von 88% bei Wiedereingliederungen an, die Techniker Krankenkasse für das Jahr 1983 eine Quote von 80,6% [47].
Die BASF BKK geht für den Zeitraum 1986 bis 1990 von 92% gelungenen Wiedereingliederungen aus [48], für die Reintegration bei Herzinfarkt-Patienten zwischen 1983 und 1989 von 71% [49].
Die in den Jahren 1975 bis 1977 beobachteten Rehabilitanden der Techniker Krankenkasse erreichten zu 82% die volle Arbeitsfähigkeit wieder, während eine Vergleichsgruppe, die die Möglichkeiten einer stufenweisen Wiedereingliederung nicht wahrnahm, nur zu 74% wieder arbeitsfähig wurde [50].
Auch die von der Siemens-BKK zwischen 1984 und 1988 betreuten Stufenpläne waren in rund 85% der Fälle erfolgreich [51], für das Jahr 1988 in 90,4% [52].
Schließlich gibt die Firma Karl Mayer GmbH, Obertshausen, ihre Erfolgsquote für 1993 mit 83% an [53].
Schon anhand dieser wenigen Fallzahlen kann man damit von "überaus günstigen Ergebnisse[n]" [54] der stufenweisen Wiedereingliederung sprechen.

2.) Die Ergebnisse im einzelnen

Im einzelnen kommt es mit Hilfe einer allmählichen Arbeitsaufnahme zu diversen beruflichen, medizinischen und psychosozialen Erfolgen:

a) Berufliche und medizinische Erfolge

Eine dauerhafte Rückkehr an den Arbeitsplatz gelingt besser als ohne ein Wiedereingliederungsverfahren;
die endgültige Arbeitsfähigkeit tritt früher ein als sonst;

46 Institut für Empirische Soziologie, S. 185.
47 Institut für Empirische Soziologie, S. 123 und 104.
48 Vetter, Zober, ASUmed 1993, 383, 387.
49 Vetter, BKK 1989, 676, 678.
50 Brost, Krasemann, Stolley, Rehabilitation 1982, 45, 48.
51 Köhn, Moch, BKK 1990, 485, 489.
52 Köhn, Müller, BKK 1990, 700, 703.
53 entspr. Auskunft vom 8.12.1993.
54 Institut für Empirische Soziologie, S. 123.

mißglückte Arbeitsversuche sind wesentlich seltener;
die Zahl der Frührenten wird reduziert;
kostenintensive berufsfördernde Maßnahmen (z.B. Umschulungen) oder medizinische Rehabilitationsmaßnahmen werden häufig nicht notwendig [55].

b) Psychosoziale Erfolge

Das psychosoziale Wohlbefinden der arbeitsunfähigen Arbeitnehmer wird durch eine stufenweise Wiedereingliederung positiv beeinflußt, z.B. im Hinblick auf das Selbstwertgefühl, die Arbeitszufriedenheit, die psychosoziale Stabilisierung, auch im familiären Bereich, ihre Integration in den Betrieb, positive Reaktionen von Arbeitskollegen und Vorgesetzten, Angstabbau und psychische Entlastung, wie auch im Hinblick auf ihre generelle Aktivierung[56].

c) Abklärung der Leistungsfähigkeit

Als Nebenziel kann die Abklärung der Leistungsfähigkeit des Rehabilitanden gesehen werden, vor allem im Hinblick auf die Durchführung (späterer) medizinischer/beruflicher Rehabilitationsmaßnahmen, die Notwendigkeit einer Umsetzung oder einer vorzeitigen Berentung [57].

d) Kostenwirksamkeit

Unklar bleibt jedoch nach dem Stand der bisherigen Empirie die Kostenwirksamkeit der Wiedereingliederungen. Hierzu liegen keine Untersuchungen vor [58].

---

55 Institut für Empirische Soziologie, S. 186f.; Bundesverband der BKK, Reha-Arbeitshilfe, I.5.2.; Schaaf, SGb 1993, 506, 507; Brost, Krasemann, Stolley, Rehabilitation 1982, 45, 48f.; Köhn, Müller, BKK 1990, 700, 704; Köhn, Moch, BKK 1990, 485, 486; Römer, Deutsches Ärzteblatt 1975, 2765, 2767; Voß, BKK-Service 3/93, S. 99, 101; Segin, Kemmerer, ASPmed 1989, 226, 231.

56 Institut für Empirische Soziologie, S. 186; Römer, Deutsches Ärzteblatt 1975, 2765, 2767; Köhn, BKK 1990, 485, 486; Köhn, BKK 1990. 700, 704; Brost, Rehabilitation 1982, 45, 50; Segin, ASPmed 1989, 226, 231.

57 Institut für Empirische Soziologie, S. 186.

58 Institut für Empirische Soziologie, S. 101.

§ 2 Modelle der stufenweisen Wiedereingliederung bis zum Gesundheitsreformgesetz vom 20.12.1988

Um das Verfahren der stufenweisen Wiedereingliederung noch anschaulicher zu machen, sollen die wichtigsten in der Praxis gängigen (Finanzierungs-) Modelle anhand der Rechtslage bis zur Kodifizierung der Wiedereingliederung im Gesundheitsreformgesetz skizziert werden. Die Verfahren waren und sind jedoch für die Durchführung einer schrittweisen Rückführung in das Erwerbsleben nicht verbindlich; vielmehr hängt die Durchführung immer von Verhandlungen zwischen Arbeitgeber und Arbeitnehmer und im allgemeinen der betroffenen Krankenkasse ab.

Die Schaffung solcher Modelle beruhte auf der Überlegung, sozialversicherungsrechtliche, insbesondere rentenrechtliche Nachteile einer stufenweisen Wiedereingliederung zu vermeiden[59]; auch sollte die Problematik der Krankengeldhöchstbezugsdauer [60] umgangen werden [61].

Daneben lag den Modellen der Gedanke der Verwaltungsvereinfachung zugrunde, insbesondere der Vermeidung einer aufwendigen Doppelerfassung der vergüteten Wiedereingliederungszeiten bei gleichzeitigem Krankengeldbezug bei den Rentenversicherungsträgern [62].

Mit manchen Modellen konnten finanzielle Anreize für die Teilnahme an einer stufenweisen Wiedereingliederung geschaffen werden [63].

Und schließlich wurde der bis zur Einführung des § 74 SGB V im weitgehend rechtsfreien Raum praktizierten stufenweisen Wiedereingliederung eine - wenn auch nur freiwillige und vertragliche - Rechtsgrundlage gegeben [64].

59 vgl. § 21 II.
60 vgl. § 20 II.
61 Institut für Empirische Soziologie, S. 73f.; Bundesverband der BKK, Reha-Arbeitshilfe, I.5.5; Köhn, Moch, BKK 1990. 485, 487.
62 Bundesarbeitsgemeinschaft für Rehabilitation, Arbeitshilfe, S. 20; Institut für Empirische Soziologie, S. 82, 165; Bundesverband der BKK, Reha-Arbeitshilfe, I.5.5; Köhn, Moch, BKK 1990, 485, 487.
63 Institut für Empirische Soziologie, S. 82, 165; Bundesarbeitsgemeinschaft für Rehabilitation, Arbeitshilfe, S. 20; Köhn, Moch, BKK 1990, 485, 488.
64 Segin, Kemmerer, ASPmed 1989, 226, 230.

I. Hamburger Modell / Modell der Spitzenverbände

Als Hintergrund der Kodifizierung der stufenweisen Wiedereingliederung in § 74 SGB V wird im allgemeinen das Anfang der siebziger Jahre praktizierte Hamburger Modell gesehen [65].

Herzinfarkt- oder Herzoperation-Patienten kehrten etwa 4 Monate nach dem Infarkt oder der Operation in den Betrieb zurück, zunächst 4 Stunden täglich, nach ca. 10 Wochen für 6 Stunden, um dann allmählich innerhalb eines Zeitraums von insgesamt maximal 3 Monaten wieder vollzeitig tätig zu werden.
Die Rehabilitanden wurden als arbeitsunfähig behandelt und bezogen weiterhin Krankengeld. Vom Arbeitgeber vergütet wurde die Wiedereingliederungstätigkeit, sobald sie als Arbeit mit wirtschaftlichem Wert betrachtet werden konnte; die Wiedereingliederungsvergütung war beitragspflichtig und wurde auf das Krankengeld angerechnet.
Die Zeit der vergüteten Wiedereingliederung wurde rentenrechtlich als Beitrags- und Ausfallzeit erfaßt; bei der späteren Rentenberechnung fand ein Günstigkeitsvergleich zwischen Ausfall- und Beitragszeit statt [66].

II. Lohnersatz-Modell

Beim Lohnersatz-Modell erhielt der Rehabilitand ausschließlich Krankengeld. Der Arbeitgeber gewährte unter Hinweis auf die fortdauernde Arbeitsunfähigkeit keine Wiedereingliederungsvergütung. Die gesamte Zeit der Wiedereingliederung wurde auf die Krankengeldhöchstbezugsdauer angerechnet [67].

---

65 Institut für Empirische Soziologie, S. 84, 87; Moswald, S. 4; Brocke, SGb 1990, 45; Römer, Deutsches Ärzteblatt 1975, 2765, 2766; Gunder, ErsK 1992, 136; Compensis, NZA 1992, 631, 632; Schlather, NZA 1989, 825, 828.

66 Spitzenverbände der Krankenkassen vom 21./22.2.1972, BKK 1972, 193, 195 und vom 30./31.8.1972, BKK 1973, 16, 17f. und vom 10./11.11. und 28.11.1977, BKK 1978, 107;
auch Vereinbarung MTU Friedrichshafen GmbH mit dem Betriebsrat und der BKK vom 23.6.1986; Merkblatt der Firma Schmidt+Clemens GmbH+Co, Lindlar, vom 28.4.1986; Vereinbarung Rodenstock, München, mit der BKK vom 28.10.1983, Nr. 4, 5.

67 Institut für Empirische Soziologie, S. 85f.;
auch Buderus Guß GmbH, Wetzlar, Auskunft vom 30.12.1993; jetzt auch Wiedereingliederungs-Richtlinies der Siemens AG, ZP-Rundschreiben 15/93 vom 12.3.1993, Nr. 4.1.

III. Siemens-Modell

Nach der Grundform des Siemens-Modells, das im allgemeinen längstens auf 6 Monate angelegt war, erhielt der Rehabilitand ausschließlich Krankengeld, solange die wöchentliche Betätigungszeit während der stufenweisen Wiedereingliederung 20 Stunden bzw. die tägliche Betätigungszeit 4 Stunden nicht erreichte [68].

Überschritt die Betätigungszeit diese Grenzen, wurden dem wiedereinzugliedernden Arbeitnehmer die arbeitsvertraglich vereinbarten Bezüge gewährt, obwohl wegen der weiter bestehenden Arbeitsunfähigkeit kein Anspruch auf volles Entgelt bestand. Während dieser Zeit ruhte das Krankengeld.

Die gesamte Zeit der Wiedereingliederung wurde auf die Krankengeldhöchstbezugsdauer angerechnet.

Da Krankengeld und Wiedereingliederungsvergütung nicht zeitgleich gezahlt wurden, entfielen differenzierte Meldungen durch die Krankenkasse wie auch ein späterer Günstigkeitsvergleich für die Rentenberechnung [69].

IV. Genesendengeld-Modell

Das Genesendengeld-Modell basierte auf dem Grundmodell der Spitzenverbände (vgl. soeben I.).

Anders als dieses wurde dem Arbeitnehmer jedoch kein Krankengeld, sondern Genesendengeld gewährt. Die Gewährung von Genesendengeld erfolgte als ergänzende Leistung gem. § 193 Nr.2 RVO i.V.m. den Versicherungsbedingungen der jeweiligen Krankenkasse, die unter Berücksichtigung von Art und Schwere der Behinderung erforderlich war, um das Ziel der Rehabilitation zu erreichen.

Im Umfang entsprach es dem Krankengeld; jedoch war es auf die Krankengeldhöchstbezugsdauer nicht anzurechnen, weil es kein Krankengeld, sondern Genesendengeld war.

Gleichzeitig zahlte der Arbeitgeber Teilvergütung für die während der Zeit der Wiedereingliederung geleistete Arbeit von wirtschaftlichem Wert. Diese wurde entsprechend den für das Krankengeld geltenden Vorschriften auf das Genesendengeld angerechnet [70].

---

68 aufgrund der Arbeitszeitverkürzung der letzten Jahre wurde die Grenze auf 19/18,5 Wochenstunden bzw. 3,7/3,5 Stunden täglich herabgesetzt.

69 Institut für Empirische Soziologie, S. 84, 89f.; Bundesarbeitsgemeinschaft für Rehabilitation, Arbeitshilfe, S. 21;
auch Köhn, Müller, BKK 1990, 700, 703; Köhn, Moch, BKK 1990, 485, 488; Wiedereingliederungs-Richtlinien der Siemens AG, ZP-Rundschreiben 10/90 vom 2.1.1990; REWE BKK, Frankfurt, Informationsschrift zur Wiedereingliederung; Hüls BKK, Auskunft vom 8.12.1993, Firma Karl Mayer GmbH, Obertshausen, Auskunft vom 8.12.1993.

V. Mischformen

a) Beim Mischmodell Genesendengeld- und Siemens-Modell erhielt der Rekonvaleszent während der ersten Wiedereingliederungsphase des Siemens-Modells Genesendengeld statt Krankengeld (vgl.IV.) [71].

b) Bei Mischmodellen mit Elementen aus Lohnersatz-, Spitzenverbands- und Siemens-Modell wurde ihm bis zu einer täglichen Betätigungszeit von 4 Stunden volles Krankengeld gewährt; bei täglich 5 bis 6 Stunden erhielt er eine entsprechende Wiedereingliederungsvergütung, die auf das Krankengeld angerechnet wurde; bei einer täglichen Betätigungszeit von mehr als 6 Stunden entsprach die Wiedereingliederungsvergütung dem vollen arbeitsvertraglichen Arbeitsentgelt [72].

VI. Rheinisches Modell

In dieser Modellvariante zahlte der Arbeitgeber während der ganzen Dauer der Wiedereingliederung volles Arbeitsentgelt; teilweise galt der Arbeitnehmer als arbeitsunfähig, teilweise als arbeitsfähig.
Soweit der Rehabilitand keine Arbeit von wirtschaftlichem Wert leistete, erstattete die Krankenkasse dem Arbeitgeber finanziellen Ausgleich für nicht geleistete Arbeit zuzüglich der darauf entfallenden Sozialversicherungsbeiträge des Arbeitgebers als ergänzende Leistung zur Rehabilitation gem. § 192 Nr.2 RVO.
Da kein Krankengeld gewährt wurde, war die Zeit der Wiedereingliederung auf die Krankengeldhöchstbezugsdauer nicht anzurechnen [73].

VII. Modelle mit Zusatzleistungen

1.) Zuschüsse

Zusätzlich zu den genannten Modellen, insbesondere dem Spitzenverbands-Modell, gewährten manche Krankenkassen Zuschüsse als ergänzende Leistungen zur Rehabilitation

70 Institut für Empirische Soziologie, S. 84, 87f.; Brost, Krasemann, Stolley, Rehabilitation 1982, 45, 45f..
71 Institut für Empirische Soziologie, S. 85, 92.
72 Institut für Empirische Soziologie, S. 85, 92.
73 Institut für Empirische Soziologie, S. 85, 90f..

gem. § 193 Nr.2 RVO, die neben dem durch die Wiedereingliederung gekürzten Krankengeld gezahlt wurden, in aller Regel bis zur Höhe des Nettoentgelts i.S.d. § 182 I RVO [74].

2.) Erstattung von Mehraufwand

Schließlich erstatteten Arbeitgeber oder Krankenkasse mitunter Mehraufwendungen, die dem Rehabilitanden im Zusammenhang mit der Wiedereingliederungstätigkeit entstanden, z.B. Fahrtkosten zum Betrieb oder Verpflegung.
Dies beruhte auf der Überlegung, daß einem Rehabilitanden, der sich zu einer stufenweisen Wiedereingliederung bereit erklärt, derartige Auslagen entstehen, während derjenige Rekonvaleszent, der arbeitsunfähig zu Hause bleibt, solche Auslagen nicht zu tragen hat [75].

74 Institut für Empirische Soziologie, S. 84, 93; Bundesarbeitsgemeinschaft für Rehabilitation, Arbeitshilfe, S. 21f.;
auch: Vereinbarung Rodenstock, München mit der BKK vom 28.10.1983, Nr. 4; Wiedereingliederungsrichtlinien der Siemens AG, ZP-Rundschreiben 10/90 vom 2.1.1990, Nr. 4.2 und 15/93 vom 12.3.1993, nr. 4.2.

75 Bundesarbeitsgemeinschaft für Rehabilitation, Arbeitshilfe, S. 22; Institut für Empirische Soziologie, S. 93f..

§ 4 Die Regelung des § 74 SGB V

I. Arbeitsunfähigkeit als Voraussetzung des § 74 SGB V

1.) Arbeitsunfähigkeit i.S.d. gesetzlichen Krankenversicherung

Eine gesetzliche Definition der Arbeitsunfähigkeit i.S.d. GKV existiert nicht; nach der sozialrechtlichen Rechtsprechung und Lehre ist ein Versicherter jedoch arbeitsunfähig, wenn er wegen einer Krankheit nicht oder nur auf die Gefahr hin, seinen Zustand zu verschlimmern, fähig ist, seiner bisher ausgeübten Erwerbstätigkeit nachzugehen [76] (vgl. auch die Arbeitsunfähigkeits-Richtlinien Nr. 1, 2, 11) [77].

a) Begriff der Krankheit

Unter dem Begriff der Krankheit, der auch im GRG keine gesetzgeberische Definition erfahren hat, weil sein Inhalt ständigen Änderungen unterliegt [78], versteht die Rechtsprechung und Lehre einen am Leitbild des gesunden Menschen orientierten, regelwidrigen Körper- oder Geisteszustand, der der ärztlichen Behandlung bedarf oder - und nur dies ist im Rahmen von § 74 SGB V relevant - Arbeitsunfähigkeit zur Folge hat [79].

---

76 BSGE 5,283,288; 57,227,228 f.; KassKom-Höfler, § 44 SGB V, Rr. 10; Krauskopf, § 44 SGB V, Rr. 13; Schmatz, Fischwasser, § 44 SGB V, Rr. 16; Liebold, Zalewski, § 74 SGB V, C 74-1; Dalichau-Schiwy, zu § 44 SGB V; Brackmann, Handbuch, S. 390c, d; Peters, Handbuch, § 182 RVO, Anm. 10a; Fuchs, SozFort 1984, 254, 258; Krasney, ZSR 1976, 411, 412f; Töns, DOK 1968, 347, 352; Heinze, DAngVers 1981, 385, 391.

77 Bei den Arbeitsunfähigkeitsrichtlinien handelt es sich um vom Bundesausschuß der Ärzte und Krankenkassen gem. § 92 SGB V erlassene Vorschriften, die der Konkretisierung des Wirtschaftlichkeitsgebots für den Bereich der kassenärztlichen, vertragsärztlichen und knappschaftlichen Versorgung (§§ 12, 70 I, 72 II SGB V) dienen. Sie sind keine Rechtsnormen, sondern enthalten Erfahrungssätze, die generalisierende Aussagen über die Beurteilung der Arbeitsunfähigkeit und der stufenweisen Wiedereingliederung machen (BSGE 63, 102, 104f. und 163, 166; 64, 154, 155; Krauskopf, § 92 SGB V, Rr. 5; KassKom, § 92 SGB V, Rr. 2f.; Jahn-Limpinsel, § 92 SGB V, Rr. 2; Hauck, § 92 SGB V, Rr. 3; Siewert, Kassenarztrecht, S. 69f.; Jörg, Kassenarztrecht, Rr. 91f.; Baader, JZ 1990, 409, 410).
Ihre Verbindlichkeit ergibt sich daraus, daß sie gem. § 92 VII SGB V Bestandteil des Bundesmantelvertrages für die kassenärztliche Versorgung und der Verträge nach § 83 III, IV SGB V sind. Damit sind sie für alle Kassenarten und kassenärztlichen Vereinigungen und über deren Satzung für alle an der kassenärztlichen, vertragsärztlichen und knappschaftlichen Versorgung teilnehmenden Ärzte bindend (§§ 81 III Nr. 2, 210 II SGB V) (KassKom § 92 SGB V, Rr. 2, 14; Jahn, § 92 SGB V, Rr. 15; von Maydell, GK-SGB V, § 92, Rr. 9; Jörg, Kassenarztrecht,Rr. 94; Wiegand, Kassenarztrecht, § 92 SGB V, Rr. 4).

78 Regierungsbegründung zum Gesetzentwurf zum GRG, BT-Drucks. 11/2237, zu § 1, S. 157, zu § 27, S. 170.

79 BSGE 35, 10,12; 59, 119, 121; KassKom-Höfler, § 44 SGB V, Rr. 9; § 27 SGB V, Rr. 9, 12; Schmatz, Fischwasser, § 44 SGB V, Rr. 17; Liebold, Zalewski, § 74 SGB V, C 74-1; Hauck, § 44 SGB V, Rr. 21;MK -Schaub, § 616, Rr. 40; Schulte-Mimberg, Sabel, Rechtsprechung, S. 94; Bley, Kreikebohm, Sozialrecht, Rr. 480; Gitter, Sozialrecht, S.82; Fuchs, SozFort 1984, 254.

b) Bezugspunkt der Arbeitsunfähigkeit

Problematisch ist der Bezugspunkt der Arbeitsunfähigkeit. Ist es die Unfähigkeit des Versicherten, seine Arbeit zu verrichten, d.h. die zuletzt vor Eintritt der Arbeitsunfähigkeit ausgeübte Erwerbstätigkeit, oder ist der Kreis der in Betracht zu ziehenden Tätigkeiten auf ähnliche, gleichgeartete Tätigkeiten zu erweitern?

(1) Historisch betrachtet entwickelte sich der Begriff der Arbeitsunfähigkeit im Zusammenhang mit der Gewährung von Krankengeld. Zweck des Krankengeldes ist einerseits, den vor Eintritt der Arbeitsunfähigkeit bestehenden Lebensstandard des Betroffenen zu sichern, d.h. als Lohnersatzfunktion den krankheitsbedingten Verlust von Arbeitsentgelt auszugleichen [80].
Andererseits soll es den Versicherten davor bewahren, das bisherige Arbeitsverhältnis zu beenden, um sich eine andere, seinem reduzierten Leistungsvermögen angepaßte Erwerbstätigkeit zu suchen [81].

Mit diesem Zweck des Krankengeldes steht es im Einklang, wenn diejenige Tätigkeit den wirtschaftlichen Bezugspunkt bildet, die der Versicherte vor Eintritt der Arbeitunfähigkeit zuletzt ausgeübt hatte. Die zuletzt ausgeübte Tätigkeit ist dabei die arbeitsrechtlich geschuldete Leistung, die sich aus dem Arbeitsverhältnis ergibt. Sie ist nicht immer im strengen Sinne eine bestimmte Arbeit oder ein bestimmter Arbeitsplatz, vielmehr ist sie diejenige Arbeit, zu der der Versicherte durch Arbeitsvertrag oder kraft konkreter Direktive des Arbeitgebers, d.h. bei ausgeübtem Weisungsrecht, verpflichtet ist [82].

---

80 BSGE 5, 283, 287; 69, 180, 183; KassKom-Höfler, § 44 SGB V, Rr. 2, 11; Krauskopf, § 44 SGB V, Rr. 2; Bley, Gitter, § 44 SGB V, Anm. 3; Hauck, § 44 SGB V, Rr. 9; Jahn-Balzer, § 44 SGB V, Rr. 9; Peters, Handbuch, § 182 RVO, Anm. 8; Brackmann, Handbuch, S. 388b I; Schulin, Sozialrecht, Rr.259; Steinwedel, SozVers 1988,151,156.

81 BSG ErsK 1988,397; Brackmann, Handbuch, S. 390d; Schulin, Sozialrecht, Rr. 259; May, SGb 1988, 477,478; Marschner, SozVers 1992, 45, 47f.; Geschwinder, Anmerkung zu BSG vom 15.11.1984-3 RK 21/83, SGb 1985, 469.

82 BSGE 5, 283, 287 f.; 26, 288,290; 69, 180,186; Hauck, § 44 SGB V, Rr. 40, 43 f., 46 f.; Krauskopf, § 44 SGB V, Rr. 10; KassKom-Höfler, § 44 SGB V, Rr. 10 f., 14; Liebold, Zalewski, § 74 SGB V, C 74-1; Schmatz, Fischwasser, § 44 SGB V, Rr. 22; Peters, Handbuch, § 182 RVO, Anm. 10a; Brackmann, Handbuch, S.390e; May, SGb 1988, 477,479; Gerlach, WzS 1988, 158, 159; Brocke, SGb 1990, 45, 48; Töns, DOK 1968, 347, 358; Steinwedel, SozVers 1988, 151, 155;
vgl. Begründung zum Entwurf der RVO, Drucks. Nr. 340 des Reichstags, 12. Legislaturperiode, II. Session 1909/10, S.22, 155f..

Im übrigen ist genau diese Tätigkeit Grundlage des Versicherungsverhältnisses gem. § 5 I Nr. 1 SGB V und daher Bezugspunkt des Versicherungsfalles der Arbeitsunfähigkeit[83].

(2) Über diesen Bezugspunkt der Arbeitsunfähigkeit hinaus ist zu fragen, ob das Sozialrecht die Verweisung auf eine ähnliche, gleichgeartete Erwerbstätigkeit des Versicherten zuläßt, um dessen Arbeitsunfähigkeit zu vermeiden.

Einigkeit besteht innerhalb der h.M. darüber, daß, sofern das Arbeitsverhältnis beendet ist, keine Arbeitsunfähigkeit vorliegt, wenn der Versicherte andere Tätigkeiten verrichten kann, die seiner bisherigen Erwerbstätigkeit nach Art und Entgelt entsprechen [84], schon weil es nach Beendigung des Arbeitsverhältnisses an einem konkreten Bezugspunkt der im einzelnen verrichteten Arbeit mangelt, und die Rückkehrerwartung an den bisherigen Arbeitsplatz nicht mehr besteht.

Einigkeit besteht auch darüber, daß es eine allgemeine Verweisbarkeit des Versicherten nicht gibt. Die Arbeitsunfähigkeit wird also nicht durch die Möglichkeit ausgeschlossen, zu einer anderen Berufstätigkeit überzugehen, auch wenn eine solche Tätigkeit den Kräften und Fähigkeiten des Versicherten entspräche und ihm zugemutet werden könnte[85].

Schließlich besteht Einigkeit darüber, daß eine Verweisung nach außerhalb des Betriebes nicht möglich ist. Denn jedenfalls solange das Arbeitsverhältnis besteht, muß der Betrieb Bezugsfeld einer potentiellen Verweisung sein [86].

Kann jedoch während eines bestehenden Arbeitsverhältnisses die Verweisung auf ähnliche oder gleichgeartete Tätigkeiten im Betrieb zulässig sein [87] ?

---

83 May, SGb 1988, 477, 479; Brocke, SGb 1990, 45, 48.

84 BSG BKK 1971, 206, 207; BSGE 61, 66, 71-73; LSG Niedersachsen Breith. 1983, 948, 949f. und ZfS 1990, 243, 243f.; Krauskopf, § 44 SGB V, Rr. 11; KassKom-Höfler, § 44 SGB V, Rr. 15f.; Hauck, Haines, § 44 SGB V, Rr. 49f.; Marburger, Handbuch des Leistungswesens, Arbeitsunfähigkeit C 4/1.1, S. 13; Mrozynski, Rehabilitationsrecht, Rr.140; Binder in Tomandl (Hg), Minderung, S. 1, 14f.; Schulte-Mimberg, Sabel, Rechtsprechung, S. 105; May, SGb 1988, 477, 480; Steinwedel, SozVers 1988, 151, 156; Geschwinder, Anmerkung zu BSG vom 15.11.1984-3 RK 21/83, SGb 1985, 469, 470; Gehrke, Schardt, WzS 1987, 221, 223f.; Töns, DOK 1968, 347, 356, 359; Gerlach, WzS 1988, 158, 160.

85 Begründung zum Entwurf der RVO, Drucks. Nr. 340 des Reichstags, 12. Legislaturperiode, II. Session 1909/10, S. 22, 155f.; BSGE 26, 288, 292; 57, 227, 229; 69, 180, 182f; KassKom, § 44 SGB V, Rr. 13f.; Schmatz, Fischwasser, § 44 SGB V, Rr. 21; Peters, Handbuch, § 182 RVO, Anm. 10a; Brackmann, Handbuch, S. 390d, e.; Raatz, Entgeltfortzahlung, S. 98; Heinze, DAngVers 1981, 385, 391; Steinwedel, SozVers 1988, 151, 155.

86 BSGE 69, 180, 183; Geschwinder, Anmerkung zu BSG vom 15.11.1984-3 RK 21/83, SGb 1985, 469, 470; Krauskopf, § 44 SGB V, Rr. 10.

Hierfür könnte sprechen, daß - insbesondere im Hinblick auf das ansatzweise im Krankenversicherungsrecht verankerte Solidaritäts- und Subsidiaritätsprinzip[88] - keine Gründe dafür ersichtlich sind, warum der Versicherte keine andere, zumutbare, gleichgeartete Tätigkeit ausführen soll [89].
Und hierfür könnte sprechen, daß der Funktion des Berufsschutzes, d.h. der Art der Tätigkeit, im Recht der Arbeitsunfähigkeit große Bedeutung beigemessen wird und weniger der im einzelnen und konkret ausgeübten Tätigkeit [90].

Die historische Entwicklung des Begriffs der Arbeitsunfähigkeit zeigt, daß der Gesetzgeber in der RVO den Bezug zur konkreten, bisher ausgeübten Erwerbstätigkeit herstellte[91] , während die Rechtsprechung des Reichsversicherungsamtes in mehreren Entscheidungen ähnlich geartete (leichtere) Tätigkeiten erfaßte [92].
Allerdings erläutert Thielmann, Senatspräsident des Reichversicherungsamtes, zu der Entscheidung vom 3.3.1932, AN 1932, 176, daß es bzgl. des Arbeitsunfähigkeitsbegriffs zu Mißverständnissen gekommen sei. Hierunter sei nicht Berufsunfähigkeit i.S.d. Angestellten- und Knappschaftsversicherung zu verstehen, die eine Verweisung innerhalb der Berufsgruppe zuließe. Vielmehr ginge es nur um diejenigen Tätigkeiten, die "ohne eine wesentliche Änderung der Arbeitsbedingungen verrichtet werden können"[93] . Dies erinnert an die zulässige Ausübung des Direktionsrechts.
Die frühe Rechtsprechung des BSG hat sodann, unter Berufung auf die ständige Rechtsprechung des Reichsversicherungsamtes, auf die unmittelbar vorher geleistete Tätigkeit abgestellt [94], während später - wiederum unter (unreflektierter) Berufung auf das Reichsversicherungsamt - ähnlich geartete Tätigkeiten miterfaßt wurden [95].
In seinen neuesten Entscheidungen läßt das BSG die Frage der Verweisbarkeit bei Fortbestand des Arbeitsverhältnisses ausdrücklich offen [96].

Gegen eine solche Verweisung kann kaum die Argumentation genügen, daß dies unbillig sei [97] oder an mangelnder Praktizierbarkeit scheitere [98].

---

87 so die ständige Rechtsprechung des BSG, BSGE 26, 288, 290; 41, 201, 203; 53, 22, 24; 57, 227, 229; 61, 66, 71; 69, 180, 182; und die Spitzenverbände der Krankenkassen vom 23./24.5.1972, BKK 1972, 234, 235.

88 vgl. § 5 III.

89 Krauskopf, § 44 SGB V, Rr. 10; Schulin, SGb 1984, 285, 291.

90 RVA, AN 1932, 176; 1933, 308; BSG BKK 1971, 206, 207; LSG Niedersachsen, WzS 1982, 150; Schulin, SGb 1984, 285, 287; Knoll SGb 1957, 321, 322.

91 Begründung zur RVO, Drucks. Nr. 430 des Reichstags, 12. Legislaturperiode, II. Session, S. 22, 155f.

92 RVA, AN 1932, 176; 1935, 308; EuM Bd 30, 143; Bd 51, 73, 74; Deutsche Krankenkasse 1931, Spalte 871, 872.

93 Thielmann, Die Arbeiter-Versorgung 1932, 529, 531.

94 BSGE 5, 283, 288; 19, 179, 181.

95 BSGE 26, 288, 290; BKK 1971, 206, 207; BSGE 53, 22, 24; 57, 227, 229; 61, 66, 70f.; 69; 180, 182.

96 insb. BSGE 61, 66, 70; 69, 180, 182.

Daneben wird angeführt, daß sich die Arbeitsunfähigkeit im Krankenversicherungsrecht gerade durch die fehlende Verweisungsmöglichkeit von der Berufsunfähigkeit im Rentenversicherungsrecht unterscheide [99].
Auch müsse das soziale Versicherungsrisiko fest umgrenzt sein, was nicht der Fall wäre, wenn der Eintritt der Arbeitsunfähigkeit davon abhängig gemacht würde, ob der Arbeitgeber dem Versicherten eine entsprechende betriebliche Arbeitstätigkeit anböte; im übrigen sei der Arbeitgeber nicht verpflichtet - schon aufgrund seiner fehlenden Parteistellung im sozialversicherungsrechtlichen Leistungsverhältnis - dergestalt für die Krankenkasse kostenmindernd zu wirken [100].

Ausschlaggebend für die Ablehnung einer Verweisungsmöglichkeit, die weiter reicht als der Arbeitsvertrag und das Direktionsrecht des Arbeitgebers, sind jedoch dieselben Argumente, die der Rechtfertigung des Bezugspunktes der Arbeitsunfähigkeit dienen[101]. Schon wegen der Lohnersatzfunktion des Krankengeldes ist Bezugspunkt das Arbeitsverhältnis und keine darüber hinausgehende ähnlich geartete Tätigkeit [102], wie sich dies auch aus der Funktion des Krankengeldes ergibt, den Versicherten davor zu bewahren, (vorschnell) seinen Arbeitsplatz aufzugeben, um sich um einen neuen, seinem derzeitigen Gesundheitszustand angemessenen Arbeitsplatz zu bemühen.
Die Arbeitsunfähigkeit, vom Gesetzgeber als **vorübergehendes** Leistungshindernis angesehen [103], soll den arbeitsvertraglichen Status des Versicherten während der Krankheit unberührt lassen.

Es ist zu erwarten, daß sich die Tendenz, die Arbeitsfähigkeit auf die dem Arbeitsvertrag entsprechenden Tätigkeiten zu begrenzen, auch in der Rechtsprechung des BSG fortsetzt. Denn seit BSGE 57, 227, 229 beschränkt das Gericht den Rahmen der ähnlichen Tätigkeiten auf eine "gleichgeartete" Erwerbstätigkeit, um anzudeuten, daß der Kreis der Verweisungstätigkeit sehr eng ist [104].

---

97 Binder, in: Tomandl (Hg), Minderung, S. 1, 10.
98 Binder, in: Tomandl (Hg), Minderung, S. 1, 10; Knoll, SGb 1957,321.
99 BSGE GS 53, 22, 27f; 69, 180, 184; Geschwinder, Anmerkung zu BSG vom 15.11.1984-3 RK 21/83 SGb 1985, 469, 469f..
100 Binder, in: Tomandl (Hg), Minderung, S. 1, 11.
101 vgl. § 4 I 1.b (1).
102 BSGE 5, 283, 288; 69, 180. 183; May, SGb 1988, 477, 478; Brocke, SGb 1990, 45, 48; Marschner, SozVers 1992, 45, 47; Töns, DOK 1968, 347, 354.
103 BSGE 69, 180, 183; KassKom-Höfler, § 44 SGB V, Rr. 14; Brackmann, Handbuch, S. 390d; Geschwinder, Anmerkung zu BSG vom 15.11.1984-3 RK 21/83, SGb 1985, 469; Bley, Anmerkung zu BSG GS vom 16.12.1981-GS 3/78 und 4/78 , SGb 1983, 115, 116.
104 BSGE 69, 180, 184; vgl. KassKom-Höfler, § 44 SGB V, Rr. 10.

2.) Arbeitsunfähigkeit i.S.d. Arbeitsrechts

Kann die nun sozialrechtlich definierte Arbeitsunfähigkeit auch der arbeitsrechtlichen Beurteilung der stufenweisen Wiedereingliederung gem. § 74 SGB V zugrunde gelegt werden, oder verlangt das Arbeitsrecht eine selbständige Begriffsbestimmung?

a) Arbeitsrechtlicher Begriff

Auch für das Arbeitsrecht gibt es keine gesetzliche Definition des Begriffs der Arbeitsunfähigkeit. Nach der arbeitsrechtlichen Rechtsprechung und Literatur liegt Arbeitsunfähigkeit vor, wenn der Arbeitnehmer infolge Krankheit daran gehindert ist, die ihm nach dem Inhalt des Arbeitsvertrages obliegende Beschäftigung zu verrichten, oder wenn er sie nur unter der Gefahr, seinen Zustand in absehbar naher Zeit zu verschlimmern, fortsetzen könnte [105].

Dieses Verständnis der Arbeitsunfähigkeit, entwickelt für die bisher im LohnFG, BGB, HGB und in der GewO differenzierte Entgeltfortzahlung im Krankheitsfalle, gilt für das am 1.6.1994 inkraft getretene Entgeltfortzahlungsgesetz weiter. Es stellt die Entgeltfortzahlung für alle Arbeitnehmer auf eine einheitliche Grundlage und übernimmt hierzu weitgehend die Vorschriften des LohnFG; der Rückgriff auf bisherige Rechtsprechung und Literatur ist dadurch gerechtfertigt [106].

b) Argumente gegen eine Begriffsidentität

Gegen eine Begriffsidentität im Sozial- und Arbeitsrecht spricht, daß es sich im Arbeitsrecht um eine Anspruchsvoraussetzung für die Entgeltfortzahlung handelt, und dieser Anspruch ein rein arbeitsrechtlicher Tatbestand ist; wie im übrigen schon die Gesetzesmaterialien zum LohnFG, das jetzt durch das EFZG fortgeführt wird, davon ausgehen, daß der Begriff der Arbeitsunfähigkeit unter arbeitsrechtlichen Gesichtspunkten auszulegen sei [107].

Daneben könnte man, im Unterschied noch zum ArbKrankhG, seit dem LohnFG, also auch im EFZG, von eigenständigen arbeitsrechtlichen Tatbestandsvoraussetzungen

---

105 BAG AP Nr. 12, 63 zu § 1 LohnFG; AP Nr. 42, 52 zu § 616 BGB; LAG Rheinland-Pfalz NZA 1992, 169, 170; Schmatz, Fischwasser, § 1 LFZG, Rr. 46; Palandt-Putzo, § 616, Rr. 13; MK-Schaub, § 616, Rr. 42; Bürger, Oehmann, HdwB AR, "Entgeltfortzahlung im Krankheitsfalle", S. 3f.; May, SGb 1988, 477, 479; abweichend: Marienhagen, § 1 LFZG, Rr. 15; Birk, GK - EFZR-Birk § 1 LFZG, Rr. 194; Walter I, Arbeitsrecht der Gegenwart 10, 1973, 37, 41f..

106 Gemeinsames Rundschreiben der Spitzenverbände der Krankenkassen vom 30.5.1994, S.2; BKK intern, Zentrales Rundschreiben Nr. 103/94

107 Regierungsbegründung zum Gesetzentwurf zum LohnFG, BT-Drucks. IV/817, S. 8.

ausgehen, weil die Akzessorietät zum Sozialrecht - bis dahin wesentliches Merkmal des Anspruchs auf Krankengeldzuschuß - nicht mehr besteht [108].

Schließlich unterscheidet sich der Arbeitsunfähigkeitsbegriff im Krankenversicherungs- und Arbeitsrecht dadurch, daß für die GKV, entsprechend ihrer Zweckbestimmung, genügt, wenn eine ärztliche Behandlung erforderlich ist, während im Arbeitsrecht immer wesentlich ist, daß die Krankheit zur Arbeitsunfähigkeit führt [109].

c) Argumente für eine Begriffsidentität

Bessere Argumente sprechen jedoch dafür, daß der arbeitsrechtliche Begriff der Arbeitsunfähigkeit mit dem der GKV identisch ist [110].

Dies ergibt schon die Wortauslegung des § 3 I 1 EFZG, wonach der Arbeitnehmer "an seiner Arbeitsleistung" verhindert sein muß [111], Bezugspunkt somit, wie im Sozialrecht, das konkrete Arbeitsverhältnis ist.

Auch geht der Gesetzgeber mit der Anzeige- und Nachweispflicht des § 5 LFZG davon aus, daß Arbeitgeber und Träger der GKV in gleicher Weise von der Arbeitsunfähigkeit des versicherten Arbeitnehmers durch die ärztliche Bescheinigung unterrichtet werden; dies setzt einen einheitlichen Arbeitsunfähigkeitsbegriff voraus [112].

Daneben folgt die Begriffsidentität aus der Funktionsidentität des von der GKV gewährten Krankengeldes und der vom Arbeitgeber geleisteten Entgeltfortzahlung, die darin besteht, den erkrankten Arbeitnehmer wirtschaftlich sicherzustellen [113].

Schließlich ist die Einheitlichkeit deshalb geboten, weil spätestens nach Ablauf des Entgeltfortzahlungszeitraumes, der die Arbeitsunfähigkeit arbeitsrechtlich definiert, die Frage der Gewährung von Krankengeld wegen Arbeitsunfähigkeit sozialrechtlich zu

---

108 Marienhagen, BB 1963, 351, 354; Kehrmann, Pelikan, §1 LFZG, Rr. 2.

109 Schmitt, § 1 LFZG, Rr. 28; Walter I, Arbeitsrecht der Gegenwart 10, 1973, S. 37, 41.

110 BAG AP Nr. 11, 32 zu § 1 ArbKrankhG; BAGE 22, 418, 422; 24, 84; AP Nr. 12, 40, 86, 87 zu § 1 LohnFG; AP Nr. 1 zu § 7 LohnFG; BSG SozR 2200 § 1259 Nr.1; BSGE 46, 190, 192; BSGE GS 53, 22, 23f.; Birk, GK-EFZR-Birk § 1 LFZG, Rr. 23; Hauck, § 44 SGB V, Rr. 16; Brecht, § 1 LFZG, Rr. 13; Bürger, Oehmann, HdwB AR, "Entgeltfortzahlung im Krankheitsfalle", S. 3; Brackmann, Handbuch, S. 391; Marburger, Handbuch des Leistungswesens, C 4/1.1. S. 10; Münchener Handbuch-Schulin, Bd1, IndAR I, § 81, Rr. 36; Schulte-Mimberg, Sabel, Rechtsprechung, S. 94; Binder, in: Tomandl (Hg), Minderung, S. 1, 31; Marschner, SozVers 1992, 45, 47; Schulin, ZfA 1978, 215, 245; May, SGb 1988, 477; Glaubitz, NZA 1992, 402.

111 Schmatz, Fischwasser, § 1 LFZG, Rr. 54; Birk, GK-EFZR-Birk, § 1 LFZG, Rr. 197; Schulte-Mimberg, Sabel, Rechtsprechung, S. 96; Gerlach, WzS 1988, 158.

112 BAG AP Nr. 12 zu § 1 LohnFG; Brecht, § 1 LFZG, Rr. 13.

113 Krauskopf, § 44 SGB V, Rr. 22; Münchener Handbuch-Schulin, Bd 1, IndAR I, § 81, Rr. 36; Binder, Zusammenspiel, S. 185; Schulte-Mimberg, Sabel, Rechtsprechung, S. 38f.; Raatz, Entgeltfortzahlung, S. 22; Brocke, SGb 1990, 45, 48; Schulin, ZfA 1978, 215, 245; Schulte-Mimberg, DOK 1980, 57, 64.

beantworten ist[114]. Wäre der Arbeitsunfähigkeitsbegriff nicht gleich zu verstehen, könnten Ungereimtheiten entstehen.

II. Die Arbeitsunfähigkeitsbescheinigung

Die Regelung des § 74 SGB V verpflichtet den behandelnden Arzt, auf der Bescheinigung über die Arbeitsunfähigkeit Art und Umfang der möglichen Tätigkeiten anzugeben, wenn der Versicherte seine bisherige Tätigkeit teilweise wieder verrichten kann.

1.) Rechtsgrundlagen einer Arbeitsunfähigkeitsbescheinigung

a) Meldepflicht des Versicherten

Dem Versicherten obliegt es gem. § 49 I Nr. 5 SGB V sozialrechtlich, der Krankenkasse die Arbeitsunfähigkeit innerhalb einer Woche nach deren Beginn zu melden.

Den in der gesetzlichen Krankenversicherung Versicherten, denen ein arbeitsrechtlicher Anspruch auf Entgeltfortzahlung zusteht, ist diese Verpflichtung abgenommen, wenn sie vom behandelnden Arzt eine Arbeitsunfähigkeitsbescheinigung mit dem Vermerk darüber erhalten, daß der Krankenkasse eine Arbeitsunfähigkeitsbescheinigung übersandt wird (§ 5 I 4 EFZG).

b) Bestandteil der kassenärztlichen Versorgung

Die Ausstellung der Arbeitsunfähigkeitsbescheinigung ist Teil der kassenärztlichen Versorgung gem § 73 II Nr. 9 SGB V.

---

114 **Hauck, § 44 SGB V, Rr. 41; Birk, GK-EFZR-Birk, § 1 LFZG, Rr. 23; Münchener Handbuch-Schulin, Bd 1, IndAR I, § 81, Rr. 36; Binder, in: Tomandl (Hg), Minderung, S. 1, 31; Brocke, SGb 1990, 45, 48; Schulin, SGb 1984, 285, 288; Gerlach, WzS 1988, 158.**

2.) Inhalt der Arbeitsunfähigkeitsbescheinigung

a) Bis zum GRG

Inhalt der Arbeitsunfähigkeitsbescheinigung war bis zum Inkrafttreten von § 74 SGB V nur die Erklärung, daß der Versicherte bzw.Arbeitnehmer arbeitsunfähig sei, sowie Beginn und voraussichtliches Ende seiner Arbeitsunfähigkeit [115], nicht jedoch die Diagnose seiner Krankheit.

b) Seit dem GRG

Seit dem GRG soll der behandelnde Arzt Art und Umfang der möglichen Tätigkeiten angeben, die der arbeitsunfähige Versicherte (wieder) verrichten kann (vgl. Arbeitsunfähigkeits-Richtlinien Nr. 10, 28).
Die Möglichkeit teilweiser Verrichtung der bisherigen Tätigkeit ist nach medizinischer Sachkunde zu bestimmen [116] und richtet sich, der Begriffsbestimmung der Arbeitsunfähigkeit folgend, nach der arbeitsrechtlich geschuldeten Tätigkeit [117].
Art und Umfang der möglichen Tätigkeiten sind dabei keine festen Größen, sondern stehen in Abhängigkeit vom Fortschritt der Leistungsfähigkeit des Arbeitnehmers. Sie müssen flexibel an die quantitative und qualitative Belastbarkeit des Arbeitnehmers angepaßt werden.
Dies bedeutet, daß die Arbeitsunfähigkeitsbescheinigung der andauernden Überprüfung bedarf.

Im einzelnen geht es nicht nur um Art und Dauer der Tätigkeit, sondern auch um die Schwere der körperlichen Betätigung, den Arbeitsablauf, Körperhaltung und Bewegungsablauf, Umwelteinflüsse wie Temperatur, Lärm, chemische Reizstoffe, um die Arbeitsorganisation im Betrieb und um die Wegstrecke des Arbeitnehmers [118].

---

115 Schmatz, Fischwasser, § 49 SGB V, Rr. 39; § 3 LFZG, Rr. 18, 9; KassKom-Höfler, § 49 SGB V, Rr. 10; § 46, Rr.6; Marienhagen, § 3 LFZG, Rr. 10; Brill, DOK 1971, 623, 626f.; Borchert, ArbuR 1990, 375, 377.

116 Arbeitsunfähigkeits-Richtlinien Nr. 33; Liebold, Zalewski, § 74 SGB V, C 74-6; Schmatz, Fischwasser, § 74 SGB V, Rr. 2; Dalichau, Schiwy, zu § 74 SGB V; Institut für Empirische Soziologie, S. 17, 19; Bundesarbeitsgemeinschaft für Rehabilitation, Wegweiser, S. 39.

117 Maaßen, Schermer, Wiegand, Zipperer-Wiegand, § 74 SGB V, Rr. 1.

118 Horch, MedSach 1993, 25, 28; Bundesarbeitsgemeinschaft für Rehabilitation, Arbeitshilfe, S. 33.

III. Die Prognose der vollen Arbeitsfähigkeit

Die stufenweise Wiederaufnahme der bisherigen Tätigkeit ist nur möglich, wenn der Versicherte hierdurch voraussichtlich besser wieder in das Erwerbsleben eingegliedert werden kann.

1.) Die Prognose als medizinischer Sachverhalt

Ob eine solche positive Erwartung besteht, ist ein medizinischer Sachverhalt und vom behandelnden Arzt zu prüfen [119].

2.) Der Begriff der positiven Eingliederungsprognose

Weder die Gesetzesmaterialien noch Praxis und Literatur haben diese Erfolgsaussichten bisher justitiabel gemacht. Vielmehr bleibt es ungenau dabei, daß "prognostisch damit zu rechnen [sein muß], daß die volle Arbeitsfähigkeit wieder erreicht werden kann" [120].

a) Vergleich mit § 10 Nr. 2b SGB VI

Die stufenweise Wiedereingliederung als sozialversicherungsrechtliche Regelung legt es nahe, in anderen Zweigen der Sozialversicherung vergleichbare Prognosen zu suchen und deren Auslegung auch für § 74 SGB V heranzuziehen.
In Betracht kommt § 10 Nr. 2b SGB VI, wonach in der GRV Personen Leistungen zur Rehabilitation erhalten, wenn hierdurch voraussichtlich die Erwerbsfähigkeit wiederhergestellt werden kann, d.h. nach durchgeführter Rehabilitation der Versicherte wieder in das Erwerbsleben eingegliedert werden kann.
Dieser Vergleich bietet sich nicht zuletzt deswegen an, weil auch die stufenweise Wiederaufnahme der bisherigen Tätigkeit rehabilitativen Charakter hat [121].

b) Prospektive Beurteilung

Die Beurteilung der Erfolgsaussichten ist eine Prognose zu dem Zeitpunkt, in dem der behandelnde Arzt die Arbeitsunfähigkeitsbescheinigung ausstellt [122].

---

119 Schmatz, Fischwasser, § 74 SGB V, Rr. 2.
120 Eissenhauer, MedSach 1989, 78, 79.
121 vgl. § 5 II 2..

c) Überwiegende Wahrscheinlichkeit des Erfolges

Mit dem Erfolg der Rehabilitationsleistung - hier dem Vorgehen nach § 74 SGB V - muß, ungeachtet nicht auszuräumender Zweifel, zu rechnen sein, d.h. er muß überwiegend wahrscheinlich sein. Die entfernt liegende Möglichkeit reicht nicht aus; ein nahezu oder völlig sicherer Erfolg ist nicht erforderlich [123].

Das Vorgehen muß in zweierlei Hinsicht erfolgversprechend sein:
Zum einen objektiv nach ärztlicher Erfahrung in Bezug auf Art, Umfang, Dauer und Verlauf der Krankheit [124];
zum anderen subjektiv nach den persönlichen Verhältnissen des Versicherten wie Alter und - insbesondere - seine Bereitschaft zur Mitwirkung bei der Rehabilitation. Denn soll eine Rehabilitationsmaßnahme ihre Zweckbestimmung erfüllen, so ist es unerläßlich, daß der Versicherte den Erfolg selbst will und nach seinen Kräften dazu beiträgt [125].

Die Voraussetzung der subjektiven Erfolgsaussicht macht für die stufenweise Wiedereingliederung die wichtige Aussage, daß die Motivation des Versicherten, d.h. seine "Rehabilitationswilligkeit", tatbestandliche Voraussetzung des § 74 SGB V ist. Hat er kein Interesse an einer allmählichen Arbeitsaufnahme, kann sein ihn behandelnder Arzt auch keine Arbeitsunfähigkeitsbescheinigung gem. § 74 SGB V ausstellen.
Dies wird auch für die Frage der Freiwilligkeit der Teilnahme an einer Wiedereingliederungsmöglichkeit [126] Bedeutung erlangen.

---

122 Bley, Gitter-Lilge, § 10 SGB VI, Anm. 2; KassKom-Nieser, § 10 SGB VI, Rr. 14; Hauck, Haines, § 10 SGB VI, Rr. 12; Koch, Hartmann, § 13 AVG, Anm. IV 3 d; Lueg, GK-GRV-Lueg, § 10 SGB VI, Rr. 32; Gehrke, Schardt, WzS 1986, 97, 103.

123 Regierungsbegründung zum Gesetzentwurf zum RRG, BT-Drucks. 11/4124, S. 154; BSGE 53, 100, 105; Bley, Gitter-Lilge, § 10 SGB VI, Anm. 2; KassKom-Niesel, § 10 SGB VI, Rr. 13; Hauck, Haines, § 10 SGB VI, Rr. 12; Koch, Hartmann, § 13 AVG, Anm IV 3 d; Lueg, GK-GRV-Lueg, § 10 SGB VI, Rr. 21; Gehrke, Schardt, WzS 1986, 97, 102.

124 Koch, Hartmann, § 13 AVG, Anm. IV 3 d; KassKom-Niesel, § 10 SGB VI, Rr. 13; Hauck, Haines, § 10 SGB VI, Rr. 13; Marburger, Handbuch des Leistungswesens, A 4, S.4; Gehrke, Schardt, WzS 1986, 97, 103.

125 BSG SozR 1300 § 48 SGB X Nr. 1; SozR 2200 § 1236 RVO Nr. 34; Breith. 1984, 386, 389; KassKom-Niesel, § 10 SGB VI, Rr. 13; Koch, Hartmann, § 13 AVG, Anm. IV 3 d; Lueg, GK-GRV-Lueg, § 10 SGB VI, Rr. 22; Marburger, Handbuch des Leistungswesens, A 4, S.4; Kolb, Seidel, Rehabilitationsrecht, Rr. 113f.; Heinze, DAngVers 1985, 193, 195; Gehrke, Schardt, WzS 1986, 97, 103; Krasney, DOK 1982, 705, 707;
speziell zu § 74 SGB V: Bundesarbeitsgemeinschaft für Rehabilitation, Arbeitshilfe, S. 16.

126 vgl. 3.Kapitel.

IV. Mitwirkung von Betriebsarzt und Medizinischem Dienst der Krankenversicherung

Der behandelnde Arzt soll in geeigneten Fällen die Stellungnahme des Betriebsarztes und / oder mit Zustimmung der Krankenkasse die Stellungnahme des Medizinischen Dienstes der Krankenversicherung einholen.

1.) Betriebsarzt

a) Stellung und Aufgaben allgemein

Stellung und Aufgaben der Betriebsärzte werden im Arbeitssicherheitsgesetz geregelt. Gem. § 1 ASiG ist der Arbeitgeber für den Arbeitsschutz im Betrieb verantwortlich, d.h. für alle Maßnahmen zum Schutz der arbeitenden Menschen vor Gefahren und Schädigungen, die mit der Ausübung ihrer Tätigkeiten verbunden sind. Hierzu gehört neben der Vermeidung von Arbeitsunfällen, Berufskrankheiten und Verschleißschäden insbesondere die menschengerechte Gestaltung des Arbeitsplatzes und der Arbeitsumwelt [127].

Die Betriebsärzte sollen den Arbeitgeber in allen Fragen des Arbeitsschutzes unterstützen. Sie sind zwar gem. § 8 ASiG fachlich unabhängig, können den Arbeitgeber und die Arbeitnehmer jedoch nur beraten; verbindliche Weisungen können sie weder dem einen noch den anderen erteilen [128].

b) Aufgaben im Zusammenhang mit § 74 SGB V

Für die stufenweise Wiedereingliederung sind für den Bertriebsarzt vor allem die in § 3 I 1 d und f ASiG genannten Aufgaben relevant, nämlich die Behandlung von arbeitsphysiologischen, arbeitspsychologischen und sonstigen ergonomischen sowie arbeitshygienischen Fragen, insbesondere der Arbeitszeit und der Gestaltung der Arbeitsplätze, wie auch Fragen des Arbeitsplatzwechsels und der (Wieder-) Eingliederung Behinderter in den Arbeitsprozeß.

Die Stellungnahme des Betriebsarztes ist im Rahmen von § 74 SGB V hauptsächlich deswegen sinnvoll, weil er aus seiner Kenntnis über die Arbeitsabläufe, die einzelnen Arbeitsplätze im Betrieb sowie über die bisherige Tätigkeit des betroffenen Arbeitnehmers heraus

---

127 Nöthlichs, § 1 ASiG, Anm. II B 1.; Spinnarke, Schork, § 1 ASiG, Rr. 12; Giese, Ibels, Rehkopf, § 1 ASiG, Rr. 8; Graeff, § 1 ASiG, Anm. 4.

128 Nöthlichs, § 1 ASiG, Anm. II B 5; Spinnarke, Schork, § 3 ASiG, Rr. 29; Giese, Ibels, Rehkopf, § 3 ASiG, Rr. 2f,; Graeff, § 3 ASiG, Anm. 6.

darauf hinwirken kann, daß dieser bei der Wiedereingliederung entsprechend seines Leistungsvermögens und Gesundheitszustandes eingesetzt und sein Tätigkeitsbereich entsprechend gestaltet wird.
Im einzelnen kann er zur Aufgabe haben, die Initiative zur Einleitung der stufenweisen Wiedereingliederung zu ergreifen, über das jetzige und potentielle Beschäftigungsfeld des Arbeitnehmers zu informieren und bei der Erarbeitung der Stufenpläne mitzuwirken. Auch soll er allgemein-medizinische und arbeits- und berufskundliche Fragen beantworten und die eigentliche Durchführung der allmählichen Arbeitsaufnahme neben dem behandelnden Arzt begleiten. Hierbei sind die Stufenpläne in Hinblick auf das Leistungsvermögen und die Rekonvaleszenz des Arbeitnehmers ständig zu überprüfen und an das Ziel des § 74 SGB V - der Wiedereingliederung in das Arbeitsleben - anzupassen [129].

Schließlich gehört gem. § 3 I Nr.2 ASiG zu den Aufgaben des Betriebsarztes, den Arbeitnehmer zu untersuchen, arbeitsmedizinisch zu beurteilen und zu beraten, wobei er nach § 3 III ASiG nicht die Krankmeldung auf ihre Berechtigung überprüfen darf.
Der Arbeitnehmer ist zur Teilnahme an einer Untersuchung durch den Betriebsarzt nicht verpflichtet [130].

c) Stellungnahme in geeigneten Fällen

Die Stellungnahme des Betriebsarztes ist in geeigneten Fällen einzuholen, d.h. in Fällen, in denen es sinnvoll ist, das betriebsinterne Wissen des Betriebsarztes für die Einleitung und Durchführung der stufenweisen Wiedereingliederung heranzuziehen, um die Durchführung des Wiedereingliederungsverfahrens praktikabel zu machen [131].
Dies wird regelmäßig der Fall sein.

Gem. der Arbeitsunfähigkeits-Richtlinie Nr. 29 ist darüber hinaus grundsätzlich die Zustimmung des Betriebsarztes für eine Wiedereingliederung an Arbeitsplätzen erforderlich, für die arbeitsmedizinische Vorsorgeuntersuchungen nach berufsgenossenschaftlichen Grundsätzen benötigt werden. Diese Zustimmungspflicht beruht auf den besonderen gesundheitlichen Gefahren der betrieblichen Tätigkeit auf diesen Arbeitsplätzen und der Be-

129 Jahn-Limpinsel, § 74 SGB V, Rr. 2; Krauskopf, § 74 SGB V, Rr. 2; Schmatz, Fischwasser, § 74 SGB V, Rr. 11; Liebold-Zalewski, § 74 SGB V, C 74-6; Bundesarbeitsgemeinschaft für Rehabilitation, Wegweiser, S. 39; Institut für Empirische Soziologie, S. 26f., 77f.; Bundesarbeitsgemeinschaft für Rehabilitation, Arbeitshilfe, S. 40-46; Faßmann, Oertel, Wasilewski, ÖffGesWes 1991, 115, 116; Brocke, SGb 1990, 45, 47; Moswald, S. 14; Vetter, BKK 1989, 676.
130 Bundesministerium für Arbeit und Sozialordnung, BG 1976, 275; ArbG Stuttgart, BB 1983, 1162; Spinnarke, Schork, § 3 ASiG, Rr. 72; Giese, Ibels, Rehkopf, § 3 ASiG, Rr.19.
131 Schmatz, Fischwasser, § 74 SGB V, Rr. 11; Liebold, Zalewski, § 74 SGB V, C 74-6.

deutung der Betriebsärzte bei arbeitsmedizinischen Vorsorgeuntersuchungen (vgl. § 3 I Nr.2 ASiG).

2.) Medizinischer Dienst der Krankenversicherung

Neben dem Betriebsarzt soll der Medizinische Dienst der Krankenversicherung in geeigneten Fällen eine Stellungnahme zur stufenweisen Wiedereingliederung des Versicherten abgeben.

a) Aufgaben des MDK allgemein

Gem. § 275 SGB V bestehen die Aufgaben des MDK aus Kontroll-, Beratungs- und Steuerungsfunktionen. Er soll im Hinblick auf die Leistungsgewährung und die Leistungsstrukturierung der GKV nicht nur die medizinische Versorgung der Versicherten sicherstellen, sondern auch Kriterien der Kostendämpfung in das Gesundheitswesen einbringen [132].

b) Zweck der Mitwirkung

Zweck der Mitwirkung des MDK im Zusammenhang mit § 74 SGB V ist es - ähnlich dem Betriebsarzt -, die Praktikabilität der stufenweisen Wiedereingliederung zu steigern, und zwar hinsichtlich der Einleitung der Wiedereingliederung, der Auswahl und Beurteilung geeigneter Arbeitsplätze wie auch hinsichtlich der Überwachung der Auswirkungen der allmählichen Arbeitsaufnahme [133].

c) Stellungnahme in geeigneten Fällen

Die Stellungnahme des MDK erfolgt in geeigneten Fällen, d.h. unter Berücksichtigung der Funktionen des MDK und des Zwecks der Wiedereingliederung.

Die Stellungnahme des MDK kann nur mit Zustimmung der Krankenkasse eingeholt werden. War dies im Regierungsentwurf des GRG noch nicht vorgesehen [134], so ergänzte der Ausschuß für Arbeit und Sozialordnung des Deutschen Bundestages die Vorschrift des § 74 SGB V dahingehend, daß die Zustimmung der Krankenkasse erforderlich wurde [135].

---

132 Dalichau, Schiwy, zu § 275 SGB V; KassKom-Hess, § 275 SGB V, Rr. 3; Werner, WzS 1990, 1, 5 und DOK 1991, 576, 577f.; Rebscher, BKK 1990, 122, 126, 128; Widekamp I, ErsK 1991, 305, 309; Kesselheim, DOK 1990, 418, 418f..

133 Schmatz, Fischwasser, § 74 SGB V, Rr. 11; Bundesarbeitsgemeinschaft für Rehabilitation, Arbeitshilfe, S. 54; Institut für Empirische Soziologie, S. 157; Moswald, S. 157; Horch, MedSach 1993, 25, 28.

134 Gesetzentwurf der Bundesregierung zum GRG, BR-Drucks. 200/88, zu § 82.

135 Bericht des Ausschusses für Arbeit und Sozialordnung zum GRG, BT-Drucks. 11/3480, zu § 82, S.58.

Damit wurde die beratende und unterstützende Funktion des MDK im Verhältnis zur Krankenkasse unterstrichen [136].
Eine Stellungnahme des MDK kann jedoch nicht nur - so der Wortlaut des § 74 SGB V - auf Verlangen des behandelnden Arztes erfolgen. Vielmehr kann die Krankenkasse von sich aus gem. § 275 I 1 Nr.3a SGB V bei Arbeitsunfähigkeit zur Sicherung des Behandlungserfolges den MDK veranlassen, aktiv zu werden, wenn dies wegen der Erkrankung oder dem Krankheitsverlauf erforderlich ist (§ 275 I 1 Var. 2, 3 SGB V) [137].

d) Befundmitteilung

Erstellt der MDK eine Stellungnahme zur stufenweisen Wiedereingliederung, hat er gem. § 277 I 1 SGB V dem behandelnden Arzt und der Krankenkasse das Ergebnis und die erforderlichen Angaben über den Befund mitzuteilen.

V. Weitere Beteiligte

1.) Krankenkasse

a) Koordinations- und Organisationsfunktion

Abgesehen davon, daß die Krankenkasse ihre Zustimmung zur Einschaltung des MDK geben muß, kommt ihr im Rahmen von § 74 SGB V eine wichtige Koordinations- und Organisationsfunktion zwischen allen Beteiligten zu. Sie ist Anlaufstelle für alle an der Wiedereingliederung eines arbeitsunfähigen Versicherten beteiligten Personen und Institutionen [138].

Die zentrale Stellung der Krankenkasse ergibt sich aus dem der Krankenkasse als Träger der Sozialversicherung zugrundeliegenden Prinzip der Selbstverwaltung (§ 29 I-III SGB IV; § 4 I SGB V), das die Krankenkasse ermächtigt, Aufgaben der Krankenversicherung in eigener Verantwortung zu erfüllen [139].

---

136 Schmatz, Fischwasser, § 74 SGB V, Rr. 12;
vgl. Richtlinie Nr. 3.1.3.3. über die Zusammenarbeit der Krankenkassen mit den Medizinischen Diensten der Krankenversicherung und der Spitzenverbände der Krankenkassen, in: Schmatz, Fischwasser, § 74 SGB V, Rr. 12.

137 Horch, MedSach 1993, 25, 27f..

138 Institut für Empirische Soziologie, S. 95, 161f.; Bundesarbeitsgemeinschaft für Rehabilitation, Arbeitshilfe, S. 47; Moswald, S. 15; Köhn, Müller, BKK 1990, 700, 701; Klages, BB 1983, 1223, 1224.

139 SRH-Hendler, 6.Kapitel, Rr. 18, 28.

Im Rahmen der stufenweisen Wiedereingliederung können der Krankenkasse konkret die Aufgaben zukommen, die Beteiligten zu informieren und zu beraten, die Durchführung einer schrittweisen Arbeitsaufnahme anzuregen und einzuleiten, die Voraussetzungen der Wiedereingliederung abzuklären, den Stufenplan mit zu erarbeiten, die finanzielle Abwicklung der Wiedereingliederung zu regeln, den Ablauf der Wiedereingliederung zu überwachen und gegebenenfalls an die gesundheitliche Entwicklung des Versicherten anzupassen[140], jeweils unter Absprache mit den übrigen Beteiligten (vgl. Arbeitsunfähigkeits-Richtlinie Nr. 27).

b) Wiedereingliederungsvereinbarungen mit Betrieben

Zur Erfüllung dieser Aufgaben schließen die Krankenkasse, insbesondere die Betriebskrankenkassen, häufig Vereinbarungen mit den jeweiligen Betrieben der betroffenen Arbeitnehmer [141].

2.) Andere Beteiligte

Die Beteiligung folgender Personen oder Institutionen bei der Anregung, Einleitung und Durchführung der stufenweisen Wiedereingliederung kommt in Betracht:

a) Behandelnde Ärzte

Der behandelnde Arzt kann den betroffenen Versicherten über die Möglichkeit einer schrittweisen Arbeitsaufnahme informieren, eine Wiedereingliederung anregen und einleiten, den Stufenplan erarbeiten, den Ablauf des Wiedereingliederungsverfahrens überwachen, insbesondere den Versicherten in regelmäßigen Abständen auf die gesundheitlichen Auswirkungen untersuchen und gegebenenfalls den Stufenplan an den Zustand des Rehabilitanden anpassen bzw. die Wiedereingliederung abbrechen (vgl. Arbeitsunfähigkeits-Richtlinie Nr. 30) [142].

---

140 insbesonders Bundesarbeitsgemeinschaft für Rehabilitation, Arbeitshilfe, S. 47-53.

141 so z.B. MTU Friedrichshafen GmbH; Voith GmbH Heidenheim; Optische Werke G. Rodenstock; Siemens AG.

142 Institut für Empirische Soziologie, S. 150; Bundesarbeitsgemeinschaft für Rehabilitation, Arbeitshilfe, S. 31-36.

b) Arbeitgeber

Ebenso ist der Arbeitgeber an der Anregung, Einleitung und Durchführung der stufenweisen Wiedereingliederung beteiligt. Ohne seine Zustimmung (vgl. Arbeitsunfähigkeits-Richtlinie Nr. 31) kann der Arbeitnehmer die allmähliche Arbeitsaufnahme nicht verwirklichen.

c) Betriebliche Personen und Institutionen

Schließlich können auch Betriebsrat, die Personalabteilung, Vorgesetzte und Arbeitskollegen des Versicherten beteiligt sein, Fachkräfte für Arbeitssicherheit, soweit sich technische Fragen des Arbeitsschutzes auftun (§ 6 ASiG), Vertrauensmänner und -frauen der Schwerbehinderten (§ 26 SchwbG) sowie die sonstige Sozialberatung des Betriebs [143].

Zwischen allen Beteiligten, einschließlich des betroffenen arbeitsunfähigen Arbeitnehmers, ist eine vertrauensvolle Zusammenarbeit und eine sinnvolle Koordination erforderlich (vgl. Arbeitsunfähigkeits-Richtlinie Nr. 27).

VI. Soll-Vorschrift

Problematisch ist der Regelungsinhalt des § 74 SGB V, wonach der behandelnde Arzt die in der Vorschrift genannten Angaben in der Arbeitsunfähigkeitsbescheinigung (nur) machen "soll".

1.) Verfahrensvorschrift

Die systematische Stellung des § 74 SGB V im Kassenarztrecht, das die Beziehungen der Kassenärzte zu den Krankenkassen regelt, legt es nahe, daß § 74 SGB V nur Verfahrenscharakter hat und das Procedere des behandelnden Arztes vorgibt, wenn ein Wiedereingliederungsverfahren durchgeführt werden soll [144].

---

143 z.B. Richtlinien für die Sozialberatung der Siemen AG, ZP-Rundschreiben vom 6.11.1990, Nr. 2.3; Siemens, 75 Jahre, S. 63.

144 Schmatz, Fischwasser, § 74 SGB V, Rr. 3; vgl. Brocke, SGb 1990, 45, 46; Institut für Empirische Soziologie, S. 59.

2.) Verpflichtung des behandelnden Arztes

Ob der Arzt darüber hinaus verpflichtet ist, die Möglichkeit einer stufenweisen Wiedereingliederung immer zu prüfen, läßt sich der Vorschrift schwer entnehmen. Weder der Wortlaut ("soll") noch die Gesetzesmaterialien [145] erlauben einen Rückschluß darauf, ob dem Arzt diesbezüglich freies Ermessen zusteht, oder ob ihm eine gebundene Pflicht obliegt.

Zur Auslegung ist die Bedeutung von Sollvorschriften im Sozialrecht allgemein heranzuziehen. Adressaten von Sollvorschriften ist die schwächste Form von Ermessen eingeräumt. Sie sind im Regelfall strikt gebunden, können jedoch in Ausnahmefällen, in atypischen Situationen abweichen, d.h. bei Sachverhalten, die zwar vom abstrakten Rahmen des Gesetzes, nicht aber von seiner Zweckbestimmung erfaßt werden [146].
In Bezug auf Verfahrensvorschriften bedeutet "soll" sogar regelmäßig nur, daß die Adressaten sich an die Regel halten müssen, die Beteiligten jedoch keinen Anspruch darauf haben [147].

Für die stufenweise Wiedereingliederung folgt daraus jedenfalls, daß der behandelnde Arzt sich - ohne entsprechenden Anspruch des Versicherten - an das in § 74 SGB V vorgeschriebene Verfahren in der Regel zu halten hat. Darüber hinaus muß er die Möglichkeit einer stufenweisen Wiedereingliederung nicht weiter prüfen, wenn er annimmt, daß eine Wiedereingliederung nicht Sinn und Zweck des § 74 SGB V entspricht, also insbesondere für den Versicherten keine heilende Wirkung hätte [148].

145 Regierungsbegründung zum Gesetzentwurf zum GRG, BT-Drucks. 11/2237 zu § 82.
146 BSG SGb 1988, 509, 511; VGH Mannheim, ZfSH/SGB 1993, 80; Maurer, Allgemeines Verwaltungsrecht, S. 110; Kopp, § 40 VwVfG, Rr. 11; Stelkens, Bonk, Sachs, § 40 VwVfG, Rr. 14.
147 BFH, NVwZ-RR 1990, 334; BVerwG, DVBl 1965, 26, 29.
148 vgl. § 5 I.

§ 5 Sozialrechtliche Qualifizierung der stufenweisen Wiedereingliederung

I. Zweck des § 74 SGB V

Um die Rechtsnatur der stufenweisen Wiedereingliederung beurteilen zu können, bedarf es der genaueren Darstellung der gesetzgeberischen Intention für diese Regelung.

1.) Individuelles Interesse des Arbeitsunfähigen

Unter Berücksichtigung der menschlichen Physiologie und Psychologie liegt § 74 SGB V die Überlegung zugrunde, daß einem lange arbeitsunfähigen Arbeitnehmer einerseits die volle Belastung seiner bisherigen Arbeit kaum zuträglich sein kann, er andererseits möglichst frühzeitig und vollständig seinen vor der Krankheit bestehenden Lebensablauf, insbesonders seine Arbeit, wieder aufnehmen soll, die Wiedereingliederung somit primär aus therapeutischen Gründen sinnvoll ist [149].
Der arbeitsunfähige Versicherte erhält mit § 74 SGB V die Möglichkeit, sich allmählich der vollen Belastung am Arbeitsplatz anzupassen, um so den Übergang zur vollen Berufstätigkeit erleichtert zu bekommen.

Von diesem Gedanken gehen auch die Gesetzesmaterialien aus, die feststellen, daß die allmähliche Arbeitsaufnahme für den Heilungsprozeß bestimmter Krankheiten hilfreich und förderlich sein kann [150].
Der Arbeitsunfähige kann hierdurch nicht nur besser seiner Krankheit Herr werden, vor allem seine Leistungsfähigkeit zurückgewinnen; sondern es liegen hierin auch psychologische Mo-

---

149 Arbeitsunfähigkeits-Richtlinie Nr. 26; BAG vom 29.1.1992, 5 AZR 37/91, 5 AZR 60/91,5 AZR 637/89 (BAG AP Nr. 1 zu § 74 SGBV; SGb 1993, 218; WzS 1993, 283), in Zukunft als U 1-U 3 zitiert; Spitzenverbände der Krankenkassen vom 10./11. und 28.11.1977, BKK 1978, 107; Schmatz, Fischwasser, § 74 SGB V, Rr. 1, 4; Krauskopf, § 74 SGB V, Rr. 1; Dalichau, Schiwy, zu § 74 SGB V; Jahn-Limpinsel, § 74 SGB V, Rr. 1; KassKom-Hess, § 74 SGB V, Rr. 2; Moswald, S. 5; Institut für Empirische Soziologie, S. 20, 51; Bundesarbeitsgemeinschaft für Rehabilitation, Wegweiser, S. 39; Schulte-Mimberg, Sabel, Rechtsprechung, S. 107; Bundesverband der BKK, Reha-Arbeitshilfe A 8.2; Siemens, 75 Jahre, S. 61, 63; Klages, BB 1983, 1223, 1224; Schaaf, SGb 1993, 506, Compensis, NZA 1992, 631, 631f.; Köhn, Moch, BKK 1990, 485; Eissenhauer, MedSach 1989, 78; Lambeck, NZA 1990, 88, 90; Römer, Deutsches Ärzteblatt, 1975, 2765, 2766f.; von Hoyningen-Huene, NZA 1992, 49, 50; Haines, Rehabilitation 1991, 180. 185; Ulmer, Ferrari, Zeitschrift für Arbeitswissenschaft 1980, 178; Segin, Kemmerer, ASPmed 1989, 226, 230; Vetter, Zober, ASUmed 1993, 383; Brost, Krasemann, Stolley, Rehabilitation 1982, 45; Horch, MedSach 1993, 25, 28; Kruck, MedSach 1989, 76, 77; Wolters, LVA Rheinprovinz Mitteilungen 1992, 299, 301.

150 Regierungsbegründung zum Gesetzentwurf zum GRG, BT-Drucks 11/2237, zu§ 82, S. 192.

mente: er kann sich mit seiner (Arbeits-) Umwelt auseinandersetzen, z.B. den sozialen Kontakten und dem laufenden Betriebsgeschehen; er wird nicht vollständig aus dem Erwerbsleben ausgegrenzt mit der Folge, daß er sich der Arbeit entwöhnt, sich ohne Aufgabe und überflüssig fühlt und auf das Leiden fixierte Krankheitsbilder oder Rentenneurosen ausbildet.

Damit korreliert die Aufgabe der stufenweisen Wiedereingliederung, aus der langandauernden Arbeitsunfähigkeit resultierende objektive Nachteile für den Versicherten zu vermeiden, wie z.B. die Einbuße beruflicher Kenntnisse und Fähigkeiten, mißglückte Arbeitsversuche, Arbeitsplatzwechsel, Kündigung seitens des Arbeitgebers oder vorzeitige Berentung [151].

2.) Ökonomische Ziele

Die stufenweise Wiedereingliederung steht jedoch nicht nur im individuellen Interesse des arbeitsunfähigen Arbeitnehmers, sondern verfolgt auch ökonomische Ziele. Der Versicherte wird der Wirtschaft früher wieder zur Verfügung gestellt, was zur Erarbeitung von wirtschaftlichen Werten und Erwirtschaftung von Sozialversicherungsbeiträgen führt bei gleichzeitiger Einsparung von Leistungen aus der Sozialversicherung, z.B. durch die Gewährung von weniger Krankengeld durch kürzere Arbeitsunfähigkeit oder durch die Anrechnung der für die Wiedereingliederung erzielten Vergütung auf das Krankengeld, durch die Vermeidung frühzeitiger Berentung oder durch die Vermeidung anderer, von den Sozialversicherungsträgern gewährten medizinischen oder beruflichen Rehabilitationsmaßnahmen [152].

---

151 Institut für Empirische Soziologie, S. 51f.; Bundesarbeitsgemeinschaft für Rehabilitation, Arbeitshilfe, S. 11; Moswald, S. 5; Siemens, 75 Jahre, S. 61, 63; Brost,Krasemann, Stolley, Rehabilitation 1982, 45, 50; Vetter, BKK 1989, 676, 679; Eissenhauer, MedSach 1989, 78; Compensis, NZA 1992, 631, 632; Segin, Kemmerer, ASPmed 1989, 226, 231; von Hoyningen-Huene, NZA 1992, 49, 50; Schaaf, SGb 1993, 506, 507; Römer, Deutsches Ärzteblatt 1975, 2765, 2767; Gunder ErsK 1992, 136, 137; Wolters, LVA Rheinprovinz Mitteilungen 1992, 299, 300; Köhn, Moch, BKK 1990, 485, 486; Friede, ZSR 1984, 77, 86; Schlather, NZA 1989, 825, 828.

152 Moswald, S. 5; Institut für Empirische Soziologie, S. 52f.; Segin, Kemmerer, ASPmed 1989, 226, 231; Römer, Deutsches Ärzteblatt 1975, 2765, 2767; Gunder, ErsK 1992, 136, 137; Schaaf, SGb 1993, 506, 507, 509; Compensis, NZA 1992, 631, 632; von Hoyningen-Huene, NZA 1992, 45, 50; Kruck, MedSach 1989, 76; Köhn, Moch, BKK 1990, 484, 486; Friede, ZSR 1984, 77, 86f..

II. § 74 SGB V als mögliche Rechtsgrundlage einer Sozialleistung

1.) Die Wiedereingliederung als Krankenbehandlung i.S.d. § 21 I Nr.2a SGB I und i.S.d. §§ 11 I Nr.4, 27, 2 Nr.1, 28 I, 73 II Nr.1 SGB V

Die Wiedereingliederung könnte eine ärztliche Behandlung sein. Diese wird wesentlich von zwei Elementen geprägt:

a) Ziel der ärztlichen Behandlung

Zum einen durch das mit der ärztlichen Behandlung verfolgte Ziel der Wiederherstellung oder Besserung der Gesundheit (§§ 1, 1; 27, 1 SGB V).
Diesbezüglich könnte die stufenweise Reintegration ärztliche Behandlung sein, da sie dem therapeutischen Zweck dient, den Heilungsprozeß von Krankheiten zu fördern [153].

b) Person des Behandlers

Zum anderen ist für die ärztliche Behandlung die Person des Behandlers maßgeblich (vgl. § 15 I SGB V): sie muß vom Arzt selbst vorgenommen werden, zumindest von ihm verantwortet werden. Zwar kann er medizinische Leistungen verordnen (§ 73 II Nr. 5, 7, 8 SGB V), d.h. die selbständige Leistungserbringung eines Dritten auslösen [154], oder Hilfeleistungen anderer anordnen (§ 73 II Nr. 6 SGB V). Stets bleibt jedoch die Verantwortung beim Arzt, der die Durchführung der Behandlung veranlaßt, anleitet, bei ihr mitwirkt oder sie beaufsichtigt [155]. Hierzu genügt nicht, wenn der Arzt lediglich Empfehlungen ausspricht, die Behandlung nur in größeren Abständen überwacht oder sich nach Dürchführung der Behandlung nur von deren Wirkung überzeugt.

Bei der stufenweisen Wiedereingliederung hat der Arzt aber gerade solche lediglich begleitenden Aufgaben, wovon auch die Arbeitsunfähigkeits-Richtlinien ausgehen. Im Zusammenhang mit der allmählichen Arbeitsaufnahme entstehen dem behandelnden Arzt auch nach diesen Richtlinien folgende Aufgaben: Untersuchung zur Feststellung der Arbeitsunfähigkeit und zu der Empfehlung zur stufenweisen Wiedereingliederung (Nr. 10, 11, 27), die Empfehlung selbst (Nr. 28), die Bescheinigung der stufenweisen

153 vgl. § 5 I 1..
154 Bley, Gitter-Heinze, § 73 SGB V, Anm. 11; § 28, Anm. 3; Liebold, Zalewski, § 73 SGB V, C 73-46; KassKom-Hess, § 73 SGB V, Rr. 21; Krauskopf, § 73 SGB V, Rr. 25.
155 BSGE 29, 27, 29; 33, 30, 31; 36, 146, 149; 48, 258, 262f.; BSG SozR 2200 § 182 RVO Nr. 48; Bley, Gitter-Heinze, § 28 SGB V, Anm. 3; KassKom-Höfler, § 15 SGB V, Rr. 6, 9; Liebold, Zalewski, § 73 SGB V, C 73-27; Peters, Handbuch, § 182 RVO, Anm. 4a; Brackmann, Handbuch, S. 384p f., 385c.

Wiedereingliederung (Nr. 33), ihre Anpassung an den aktuellen Gesundheitszustand des Versicherten (Nr. 30), Zusammenarbeit mit den an der Wiedereingliederung Beteiligten (Nr. 27); Untersuchung der gesundheitlichen Auswirkungen der Wiedereingliederung (Nr. 30) sowie eventuell selbständige ärztliche Behandlungen neben der Wiedereingliederung (Nr. 26).

Dagegen ist die Vornahme der Wiedereingliederung an sich allein Sache des Versicherten; sie findet nicht unter therapeutischer Anleitung eines Arztes statt und steht nicht in ärztlicher Verantwortung, sondern wird eigenverantwortlich vom Versicherten in seinem Betrieb durchgeführt [156].

2.) Die Wiedereingliederung als Belastungserprobung und Arbeitstherapie

Die stufenweise Wiedereingliederung könnte eine Belastungserprobung oder Arbeitstherapie sein (§§ 29 I Nr. 1e SGB I; 11 II, 27, 2 Nr.6, 42, 73 II Nr. 5 SGB V; 10 Nr. 5 RehaAnglG). Belastungserprobung und Arbeitstherapie sind medizinische Maßnahmen mit Bezug zum Arbeitsleben, die auch im Betrieb durchgeführt werden können [157].

a) Belastungserprobung

Die Belastungserprobung dient der Ermittlung der körperlichen und geistig-seelischen Leistungsbreite des Versicherten. Sie hat diagnostischen Charakter und verfolgt das Ziel, die Eignung des Versicherten für die allgemeine soziale und berufliche Wiedereingliederung zu ermitteln und gegebenenfalls Grundlagen für die Wahl weiterer (nicht nur berufsfördernder) Maßnahmen zu schaffen [158].

Richtig ist zwar, daß die Feststellung der Belastungs- und Leistungsfähigkeit des Versicherten "Nebenprodukt" der stufenweisen Wiedereingliederung sein kann, nicht jedoch eigentliche gesetzgeberische Intention. Denn § 74 SGB V setzt das Ziel einer Belastungserprobung - die Eignung für eine Wiedereingliederung zu ermitteln - gerade voraus. Die Wiedereingliederung will die volle Belastungs- und Leistungsfähigkeit des Versicherten wieder erreichen und nicht nur seinen gesundheitlichen Zustand eruieren [159].

---

156 Bundesarbeitsgemeinschaft für Rehabilitation, Arbeitshilfe, S. 13; Gunder, ErsK 1992, 136, 140f..

157 Hauck, § 42 SGB V, Rr. 1, 3, 11; Krauskopf, § 42 SGB V, Rr. 1; KassKom-Höfler, § 42 SGB V, Rr. 1; Peters, Handbuch, § 182d RVO, Anm. 2; Kolb, Seidel, Rehabilitationsrecht, Rr. 148; Mrozynski, SGb 1985, 277, 285.

158 Dalichau, Schiwy, zu § 42 SGB V; Jahn-Menard, § 42 SGB V; Rr. 3; Hauck, § 42 SGB V, Rr. 3; Krauskopf, § 42 SGB V, Rr. 2; KassKom-Höfler, § 42 SGB V, Rr. 4; Hambüchen, Handbuch, D, Rr. 133; Bundesarbeitsgemeinschaft für Rehabilitation, Wegweiser, S. 38; Fuhrmann, ErsK 1979, 349ff., 393, 395; Mrozynski, Rehabilitationsrecht, Rr. 209 und SGb 1985, 277, 285.

159 Bundesarbeitsgemeinschaft für Rehabilitation, Arbeitshilfe, S. 14; Institut für Empirische Soziologie, S. 61; Kolb, Seidel, Rehabilitation, Rr. 149; Gunder, ErsK 1992, 136, 140.

b) Arbeitstherapie

Ebensowenig liegt eine arbeitstherapeutische Maßnahme vor [160].
Bei der Arbeitstherapie handelt es sich um die systematische Schulung eines Kranken, die das Ziel hat, Fähigkeiten und Fertigkeiten zu erhalten und zu entwickeln, die für die Teilnahme am Arbeitsleben erforderlich sind, wie z.B. Fingerfertigkeit, Belastbarkeit, Ausdauer, Kontaktfähigkeit, Fähigkeit zur Zusammenarbeit, Interesse an der Arbeitsaufgabe und Selbstvertrauen im Arbeitsmilieu. Als Leistungstraining zielt sie auf die **spätere** Wiedereingliederung des Versicherten in den Arbeitsprozeß ab; sie simuliert den Arbeitsprozeß [161].
Auch in Hinblick auf die Arbeitstherapie gilt, daß ihr Zweck Voraussetzung der stufenweisen Wiedereingliederung ist: der Arbeitsprozeß wird nicht nur simuliert, sondern tatsächlich durchgeführt; eine spätere Wiedereingliederung wird nicht nur vorbereitet, sondern schon praktiziert. Damit ist die Arbeitstherapie - gedanklich - der stufenweisen Wiedereingliederung vorgelagert.

3.) Die Wiedereingliederung als Rehabilitationsmaßnahme

Wer behindert ist oder wem eine solche Behinderung droht, hat ein Recht auf Hilfe, die notwendig ist, um die Behinderung zu beseitigen, zu bessern, ihre Verschlimmerung zu verhüten und ihre Folgen zu mildern; dem Behinderten ist ein entsprechender Platz in der Gesellschaft, insbesonders im Arbeitsleben zu sichern (§§ 10 I SGB I; 11 II, 40 SGB V; 1 RehaAnglG).

a) Erforderlichkeit einer Behinderung

Eine Rehabilitationsmaßnahme setzt voraus, daß der Betroffene behindert ist oder eine Behinderung droht. Zwar gibt es keine Legaldefinition der Behinderung; unter Heranziehung rehabilitationsrechtlicher Vorschriften (§§ 10 I SGB I; 1 I RehaAnglG; 39 III BSHG; 3 I SchwbG; Resolution 3447 der Generalversammlung der Vereinten Nationen vom 9.12.1976, Nr. 1) ergibt sich die allgemeine Begriffsbestimmung, daß eine Behinderung

---

160 Bundesarbeitsgemeinschaft für Rehabilitation, Arbeitshilfe, S. 14; Institut für Empirische Soziologie, S. 61; Kolb, Seidel, Rehabilitationsrecht, Rr. 149; Gunder, ErsK 1992, 136, 140
a.A., daß die Wiedereingliederung als Belastungserprobung und als Arbeitstherapie dienen kann: Maaßen, Schermer, Wiegand, Zipperer-Wiegand, § 74 SGB V, Rr. 2; Vereinbarung zwischen der Voith GmbH und der Voith BKK.

161 KassKom-Höfler, § 42 SGB V, Rr. 5; Hauck, § 42 SGB V, Rr. 5; Jahn-Menard, § 42 SGB V, Rr. 4; Dalichau, Schiwy, zu § 42 SGB V; Krauskopf, § 42 SGB V, Rr. 2; Peters, Handbuch, § 182d RVO, Anm. 3; Hambüchen, Handbuch, D, Rr. 134; Kolb, Seidel, Rehabilitationsrecht, Rr. 148; Mrozynski, Rehabilitationrecht, Rr. 209 und SGb 1985, 277, 286; Bundesarbeitsgemeinschaft für Rehabilitation, Wegweiser, S. 38; Fuhrmann, ErsK 1979, 349ff., 393, 395.

eine körperliche, geistige oder seelische Regelwidrigkeit ist, deren Grad und Dauer nicht nur geringfügig sind und die - zumindest- die Teilnahme am Arbeitsleben beeinträchtigt[162].

§ 74 SGB V könnte damit Rehabilitationsmaßnahme sein, wenn aus der Arbeitsunfähigkeit bedingenden Erkrankung des Versicherten eine Behinderung zu werden droht bzw. eine Behinderung geworden ist.

b) Medizinische Rehabilitation

Klassischerweise ist die Rehabilitation dreigeteilt in medizinische, berufliche und soziale Rehabilitation, ohne daß diese Dreiteilung begriffsnotwendig ist. Denn Maßnahmen der Rehabilitation sind zielorientiert: sie sollen die Behinderung beseitigen oder begrenzen und den Behinderten möglichst dauerhaft in Beruf und Gesellschaft eingliedern; unerheblich ist dagegen das Mittel der Rehabilitation.

§ 74 SGB V als krankenversicherungsrechtliche Vorschrift erlaubt nur, eine Maßnahme der medizinischen Rehabilitation in Betracht zu ziehen, denn das SGB V ermöglicht - entsprechend der in § 1 SGB V genannten Aufgaben der GKV, sich um die Gesundheit der Versicherten zu bemühen - lediglich medizinische Maßnahmen (§ 27, 2 Nr. 6 SGB V). Hierzu gehören medizinische Leistungen der Rehabilitation, die darauf ausgerichtet sind, den Heilungsvorgang nach Eintritt einer Krankheit zu beschleunigen, unerwünschte Dauerfolgen der Krankheit und eine Behinderung zu verhindern, zumindest zu verringern [163].

Anders als die ärztliche Behandlung, die im wesentlichen auf Akutbehandlung der Krankheitsursachen beschränkt ist, liegt der Schwerpunkt der medizinischen Rehabilitation darin, Hilfen zum bestmöglichen Ausgleich vorhandener Einschränkungen im Alltags- und Berufsleben zu vermitteln und den Betroffenen auf die berufliche und soziale Wiedereingliederung vorzubereiten (vgl. § 10 Nr. 2 SGB I), insbesondere dessen verbliebene Kräfte durch geeignete, im weitesten Sinne übende Verfahren zu stärken [164].

---

162 BSGE 30, 151, 158f.; BSG SozR 2200 § 182 RVO Nr. 73; BochKom-Wertenbruch, § 10 SGB AT, Rr. 13, 17; Burdenski, GK-SGB AT-Schellhorn, § 10, Rr. 14; Jahn-Watermann, § 10 SGB I, Rr. 3; Bley, Gitter-Bley, § 10 SGB I, Anm. 2a; KassKom-Seewald, § 10 SGB I, Rr. 6; Wannagat, §§ 10, 20, 29 SGB AT, Rr. 4; Peters, Handbuch, § 10 SGB AT, Anm. 3; Hauck, Haines, § 10 SGB I, Rr. 3; SRH-Kolb, 25.Kapitel, Rr. 2; Kolb, Seidel, Rehabilitationsrecht, Rr. 49; Mrozynski, Rehabilitationsrecht, Rr. 11.

163 BSGE 50, 156, 159; 54, 54, 59; Hauck, § 40 SGB V, Rr. 5; Krauskopf, § 40 SGB V, Rr. 3; BochKom-Henke, § 29 SGB AT, Rr. 2; Bley, Gitter-Bley, § 29 SGB I, Anm. 3; SRH-Kolb, 25.Kapitel, Rr. 104; Kolb, Seidel, Rehabilitationsrecht, Rr. 133.

164 BSGE 51, 46, 47; 54, 54, 59; Krauskopf, § 40 SGB V, Rr. 3; Bley, Gitter-Bley, § 29 SGB I, Anm. 3; SRH-Kolb, 25.Kapitel, Rr. 105f.; Kolb, Seidel, Rehabilitationsrecht, Rr. 133f., 143; Mrozynski, Rehabilitationsrecht, Rr. 204.

Diesem Ziel einer medizinischen Rehabilitation wird die stufenweise Wiedereingliederung gerecht, da sie [165] - zumindest auch - aus therapeutischen Gründen erfolgt und den Arbeitsunfähigen möglichst frühzeitig und dauerhaft seinem früheren (Erwerbs-) Leben zuführen möchte [166].

c) Maßnahme-Charakter

Bewegt sich die allmähliche Arbeitsaufnahme im Rahmen der medizinischen Rehabilitation, so ist damit noch nicht gesagt, daß sie auch eine Rehabilitations-**Maßnahme** ist, d. h. eine von der GKV gewährte Sozialleistung [167].

(1) Sozialleistungen i. S. d. § 11 SGB I sind Leistungen, die von Trägern öffentlicher Sozialleistungen nach den Vorschriften der Sozialgesetzbücher in Erfüllung ihrer öffentlich-rechtlichen Aufgabe zur Verwirklichung sozialer Rechte erbracht werden und dem einzelnen zugute kommen [168].

(2) Eine solche Qualifizierung könnte schon deswegen fraglich sein, weil § 74 SGB V systematisch im Kassenarztrecht und nicht im Leistungsrecht der GKV angesiedelt ist, und gem. § 2 I SGB V von der Krankenkasse nur solche Sozialleistungen gewährt werden, die im Dritten Kapitel des SGB V (§§ 11-68) genannt werden [169].
Eine rein systematische Auslegung der Vorschrift genügt jedoch zur Beantwortung der weichenstellenden Frage nach der Rechtsnatur der Wiedereingliederung nicht, da diese einem gesetzgeberischen Versehen noch Raum läßt. Ein mögliches Versehen anzunehmen, ist auch nicht willkürlich, denn dem Gesetzgeber des SGB V ist im Rahmen der sozialversicherungsrechtlichen Folgen tatsächlich ein Versehen unterlaufen (vgl. unten § 21 I 1 a).

---

165 vgl. § 5 I 1..

166 Institut für Empirische Soziologie, S. 62.

167 so Brocke, SGb 1990, 45, 47: die Wiedereingliederung als eine i. R. d. Krankenbehandlung vorzunehmende Rehabilitationsmaßnahme; Gunder, ErsK 1992, 136, 137; Institut für Empirische Soziologie, S. 59f,; Vetter, Zober, ASUmed 1993, 383; Vetter, BKK 1989, 676; Köhn, Müller, BKK 1990, 700; für die Zeit vor dem GRG: Friede, ZSR 1984, 77, 86.

168 Regierungsbegründung zum Gesetzentwurf zum SGB AT, BT-Drucks. 7/868, S. 24; BSGE 22, 181, 182; 49, 227, 228; 55, 40, 44; 56, 1, 2; 58, 291, 295; Hauck, Haines, § 11 SGB I, Rr. 4; KassKom-Seewald, § 11 SGB I, Rr. 3; BochKom-Rode, § 11 SGB AT, Rr. 5; Wannagat, § 11 SGB AT, Rr. 1; Koch, Hartmann-Casselmann, § 11 SGB AT, Rr. 4; Jahn-Metzger, § 11 SGB I, Rr. 1; Burdenski, GK-SGB AT-Burdenski, § 11, Rr. 1; SRH-Heinze, 8.Kapitel, Rr. 1f.; Brackmann, Handbuch, S. 79m II; Bley, Lexikon, Sozialleistungen, S. 61; Brocke, SGb 1990, 45, 46; Zeihe, SGb 1984, 561.

169 vgl. Schmatz, Fischwasser, § 74 SGB V, Rr. 3; Institut für Empirische Soziologie, S. 59; Brocke, SGb 1990, 45, 46; Wanner, DB 1992, 93, 94.

(3) Sozialleistungen sind alle Vorteile, Zuwendungen und Wirtschaftsgüter, die denjenigen einzelnen zugute kommen, deren Bedarfssituation und Güterdefizite dies erfordern[170].

Die Leistung wird dem Leistungsempfänger gewährt bzw. - nach heutigem Verständnis - als Ausfluß des sozialen Rechtsstaates zur Verfügung gestellt, angeboten. Das Gewähren impliziert, daß der Versicherte infolge der Sozialleistung ein "Mehr" besitzt, d.h. sich seine Lage angesichts des zuvor bestehenden Güterdefizits und seiner Bedürftigkeit **durch das Eingreifen der Krankenversicherung** verbessert hat.

Das "Mehr" im Rahmen der stufenweisen Wiedereingliederung ergibt sich nur daraus, daß die Krankenversicherung via behandelndem Arzt und mittels Arbeitsunfähigkeitsbescheinigung Arbeitsruhe anordnet, flankierende Maßnahmen bei ihrer Einleitung und Durchführung vornimmt und eventuell parallel den arbeitsunfähigen Versicherten ärztlich behandelt; ein "Mehr" besteht jedoch bei der Wiedereingliederung an sich nicht. Hier wird der Versicherte von sich aus initiativ und nutzt die betrieblichen Möglichkeiten zu seiner Heilung; er kehrt allmählich - in Bezug auf seine berufliche Tätigkeit - zu seiner Lebensführung zurück, die vor der zur Arbeitsunfähigkeit führenden Krankheit bestand. Die Krankenversicherung bzw. der behandelnde Arzt erklären nur, daß aus ihrer Sicht diesbezüglich keine Bedenken bestehen; sie "genehmigen" gewissermaßen die schrittweise Wiederaufnahme der Erwerbstätigkeit, ohne ihrerseits hierzu etwas Zusätzliches beizutragen [171].

Im übrigen kann in der Wiedereingliederung nach § 74 SGB V auch deshalb keine Sozialleistung gesehen werden, weil Sozialleistungen von Trägern öffentlicher Sozialleistungen selbst oder auf deren Kosten erbracht werden müssen, bei der GKV also als Dienst- oder Sachleistung durch die Krankenkasse (§ 2 II SGB V). Da die Durchführung der Wiedereingliederung jedoch zwischen Arbeitgeber und Arbeitnehmer bewerkstelligt und die Wiedereingliederungsmöglichkeit, d.h. der Rehabilitationsplatz, vom Arbeitgeber finanziert wird [172], scheidet auch so eine Trägerschaft der Krankenversicherung aus.

---

170. Jahn-Metzger, § 11 SGB I, Rr. 1; Brackmann, Handbuch, S. 79m II, III; Peters, Handbuch, § 11 SGB I, Anm. 3; Bley, Lexikon, Sozialleistungen, S. 61.

171 wie hier: Bundesarbeitsgemeinschaft für Rehabilitation, Arbeitshilfe, S. 13f..

172 vgl. § 10 I
dies gilt nicht für die wirtschaftliche Sicherstellung des Arbeitnehmers während dieser Zeit, die grundsätzlich durch die Krankengeldgewährung erfolgt (vgl. § 10 I und § 20 I).

d) Ergänzende Leistung zur Eingliederung Behinderter

Stellt die stufenweise Wiedereingliederung keine Maßnahme der gesetzlichen Krankenversicherung dar, kann sie auch keine ergänzende Leistung zur Eingliederung Behinderter i.S.v. §§ 29 I Nr.4 SGB I; 27, 2 Nr.6, 43 SGB V, 12, 20 RehaAnglG sein [173].
Denn ergänzende Leistungen zur Rehabilitation sind zu einer eigentlichen Rehabilitationsleistung akzessorisch und als Nebenleistung dazu bestimmt, die Durchführung der Maßnahme zur Rehabilitation zu ermöglichen oder zu erleichtern sowie gegebenenfalls das Ziel der Rehabilitationsmaßnahme zu erreichen oder zu sichern [174].
Selbst wenn also der betroffene Versicherte eine Rehabilitationsmaßnahme durchführte, kann die Wiedereingliederung mangels Sozialleistungscharakter keine Neben**leistung** hierzu sein.

III. Die stufenweise Wiedereingliederung als Ausdruck der Eigenverantwortung des in der gesetzlichen Krankenversicherung Versicherten

Stellt die GKV die stufenweise Wiedereingliederung nicht als Sozialleistung zur Verfügung, weist sie mit § 74 SGB jedoch darauf hin, daß der schrittweise Übergang zur vollen Berufstätigkeit ihrer Aufgabe (§ 1 SGB V) entgegenkomme, kann die Vorschrift in materieller Hinsicht nur bedeuten, daß ein entsprechendes Handeln in den Bereich der Eigenverantwortung des Versicherten fällt [175].

1.) Das Prinzip der Eigenverantwortung (§§ 1 I 2 SGB I; 1, 1 und 1, 2; 2 I 1 SGB V)

Gem. §§ 1, 2 und 2 I 1 HS 2 SGB V sind die Versicherten für ihre Gesundheit mitverantwortlich und erhalten Leistungen der Krankenversicherung nur, soweit sie nicht der Eigenverantwortung der Versicherten zugerechnet werden.

---

173 a.A. wohl Spitzenverbände der Krankenkassen vom 11.2.1992, BB 1992, 927, 928; Vereinbarung Voith GmbH und Voith BKK.

174 BSG SGb 1979, 24, 26; Hauck, § 43 SGB V, Rr. 5; Bley, Gitter-Bley, § 29 SGB I, Anm. 6; BochKom-Henke, § 29 SGB AT, Rr. 2; KassKom-Höfler, § 43 SGB V, Rr. 7; Brackmann, Handbuch, S. 404i; SRH-Kolb, 25.Kapitel, Rr. 159f,; Kolb, Seidel, Rehabilitationsrecht, Rr. 152; Mrozynski, Rehabilitationsrecht, Rr. 218.

175 § 74 SGB V als lex specialis zu § 1 SGB V: Schmatz, Fischwasser, § 74 SGB V, Rr. 2.

a) Solidar- und Eigenverantwortung

In § 1, 1 und 2 HS 1 SGB V werden die Grundsätze der Solidar- und Eigenverantwortung, die das Wesen der sozialen Krankenversicherung ausmachen, als Ordnungsprinzipien der und Handlungsmaxime für die GKV festgeschrieben [176].
Unabhängig davon, ob sie nur programmatisch sind und Einweisungscharakter haben [177] oder ob ihnen materielle Bedeutung zukommt [178], hat § 1 SGB V Signalcharakter für die Zielvorstellungen der Gesundheitsreform [179] und ist auf jeden Fall für die Auslegung und Anwendung des Krankenversicherungsrechts heranzuziehen [180].

Geht es bei der Eigenverantwortung darum, daß die Mitglieder der Krankenversichertengemeinschaft für die Gestaltung ihres Lebens zuvörderst selbst verantwortlich sind, respektive die Pflicht haben, für sich selbst zu sorgen, aber geht es auch um die Berechtigung des einzelnen, über die Gestaltung seines Lebens selbst zu entscheiden [181] , so trägt die Solidarverantwortung dem Gedanken der gegenseitigen Abhängigkeit der Menschen als Folge ihrer Eigenschaft als Sozialwesen Rechnung: Solidarität beinhaltet die Grundpflicht des Bürgers zu solidarem sozialen Verhalten, insbesonders zur Sozialverträglichkeit, kollektiver Selbsthilfe und zur Leistung sozialen Beistands [182].
Dem Solidaritätsprinzip des § 1, 1 SGB V wird mit § 1, 2 HS 1 SGB V das Prinzip der Eigenverantwortung gegenübergestellt, um so die Wechselbeziehung der beiden Maximen zu verdeutlichen [183].

---

176 Gesetzentwurf der Bundesregierung zum GRG, BR-Drucks. 200/88, zu § 1, S. 157; Hauck, § 1 SGB V, Rr. 4; KassKom-Peters, § 1 SGB V, Rr. 3; von Maydell, GK-SGB V-Schirmer, § 1, Rr. 4; SRH-Nicolay, Knieps, 14.Kapitel, Rr. 39; Müller, Nick, Ehreiser, Sozialstaat, Rr. 34; Zipperer, BArbBl 1989, Heft 4, S. 4, 5; Knieps, SozFort 1991, 212, 214; Münnich, VSSR 1981, 197.

177 h.M.: Hauck, Haines, § 1 SGB V, Rr. 4; KassKom, § 1 SGB V, Rr. 3; von Maydell, GK-SGB V-Schirmer, § 1, Rr. 5; SRH-Nicolay, Knieps, 14. Kapitel, Rr. 39; Zipperer, BarbBl 1989, Heft 4, S. 5; Knieps, SozFort 1991, 214.

178 Brocke, SGb 1990, 437, 438.

179 Gesetzentwurf der Bundesregierung zum GRG, BR-Drucks. 200/88, zu § 1, S. 157.

180 KassKom-Peters, § 1 SGB V Rr. 3, 4; von Maydell, GK-SGB V-Schirmer, § 1, Rr. 6; Zipperer, BArbBl 1989, Heft 4, S. 4, 5; Brocke, SGb 1990, 437, 438.

181 Müller, Nick, Ehreiser, Sozialstaat, Rr. 34; von Bethusy-Huc, Sozialleistungssystem, S. 25; Münnich, VSSR 1981, 197.

182 BVerfGE 5, 85, 206; 11, 105, 117; 14, 312, 318; BSG SozR 4100 § 186c Nr. 2, 3; SRH-Nicolay, Knieps, 14.Kapitel, Rr. 39; Bley, Gitter-Bley, § 2 SGB I, Anm. 1d;: von Bethusy-Huc,Sozialleistungssystem, S. 25; Schulin, in: v. Maydell, Kannengießer (Hg), Handbuch Sozialpolitik, S. 85, 86f.; Wolff, Bachof III, S. 194; Knieps, SozFort 1991, 212, 214; Brück, SozFort 1981, 63, 64f.; Schulte-Mimberg, SozFort 1989, 148, 150; Gitter, SGb 1991, 85, 86.

183 von Maydell, GK-SGB V-Schirmer, § 1, Rr. 4, 26; Schulin, in: v. Maydell, Kannengießer (Hg), Handbuch Sozialpolitik, S. 85, 86f.; von Bethusy-Huc, Sozialleistungssystem, S. 25; Faude, Selbstverantwortung, S. 39; Zipperer, BArbBl 1989, Heft 4, S. 4, 5; Münnich, VSSR 1981, 197, 213; Gitter, SGb 1991, 85, 86.

b) Mitverantwortlichkeit des Versicherten für seine Gesundheit

Die Eigenverantwortung des Versicherten wird in § 1, 2 SGB V näher konkretisiert: die Versicherten sind für ihre Gesundheit mitverantwortlich und sollen durch aktive Mitwirkung an einer Krankenbehandlung und durch gesundheitsbewußte Lebensführung den Eintritt einer Krankheit vermeiden und ihre Folgen überwinden. § 1, 2 SGB V stellt dabei die Eigenveranrwortung dem Versicherten nicht ins Belieben; ohne spezielle Norm (vgl. insbesonders §§ 60 ff. SGB I und § 52 SGB V) ergibt sich aus der Vorschrift aber keine entsprechende erzwingbare Pficht, wie auch ein Verstoß nicht sanktionsbewehrt ist [184].

"Mit"-verantwortlich bedeutet nicht, daß der Versicherte neben der Versichertengemeinschaft nur "neben"-verantwortlich ist [185]. Mitverantwortlich bedeutet vielmehr, daß er für die Erhaltung und Wiederherstellung seiner Gesundheit so weit verantwortlich ist, wie er darauf Einfluß nehmen kann. Vom Versicherten wird erwartet, daß er seine individuelle Persönlichkeit nutzt, um positiv auf seinen Gesundheitszustand einzuwirken und um dadurch Belastungen der Versichertengemeinschaft zu vermeiden und zu vermindern [186].

Dieser die Mitverantwortung konstituierenden aktiven Mitwirkung an der Krankenbehandlung bzw. gesundheitsbewußten Lebensführung wird nun der arbeitsunfähige Versicherte durch eine stufenweise Wiedereingliederung gerecht.
Denn berücksichtigt man die Signal- und Auslegungsfunktion des § 1 SGB V und geht § 74 SGB V von einer therapeutisch-rehabilitativen Eigenschaft der stufenweisen Wiedereingliederung aus, ohne daß sie Sozialleistung ist, erfüllt die allmähliche Arbeitsaufnahme beide Elemente der Mitverantwortung:
als Mitwirkung an einer Krankenbehandlung, die in der verordneten Arbeitsruhe besteht oder soweit der Versicherte während seiner Arbeitsunfähigkeit parallel ärztlich behandelt wird;
und auch ohne eine zusätzliche Krankenbehandlung in jedem Fall als gesundheitsbewußte Lebensführung, wenn nämlich die Rückkehr an den Arbeitsplatz der Gesundheit des Versicherten dienlich ist und vom behandelndem Arzt als gut befunden wurde.

---

184 Bley, Gitter-Bley, § 2 SGB I, Anm. 1d; Hauck, § 1 SGB V, Rr. 4; von Maydell, GK-SGB V-Schirmer, § 1, Rr. 38, 39, 41; Schulin, in: v. Maydell, Kannengießer (Hg), Handbuch Sozialpolitik, S. 85, 88; Brocke, SGb 1990, 437, 438; Knieps, SF 1991, 212, 215

185 so Schewe, SozFort 1989, 153, 155.

186 Gesetzentwurf der Bundesregierung zum GRG, BT-Drucks. 200/88, zu § 1, S. 157; BVerfGE 17, 38, 56; BSG SozR 2200 § 185 RVO Nr. 1; BSGE 45, 95, 103-105; 28, 253, 254f.; von Maydell, GK-SGB V-Schirmer, § 1, Rr. 36; KassKom-Peters, § 1 SGB V, Rr. 4; Plagemann, in: FS Wannagat, 341, 346; Münnich, VSSR 1981, 197f..

Der Gesetzgeber hat also das Prinzip der Eigenverantwortung insoweit in § 74 SGB V normativ konkretisiert.

c) Reziprokes Verständnis von Eigen- und Solidarverantwortung

Aus dem reziproken Verständnis von Eigen- und Solidarverantwortung folgt überdies, daß jeder individuelle Versuch, die Solidargemeinschaft auszunutzen, sei es durch gesundheitsschädigendes Verhalten oder einen Mangel an gesundheitsförderlichem Verhalten, oder sei es durch die übermäßige, nicht notwendige Inanspruchnahme von Sozialleistungen, als egoistisches Handeln die Effizienz der sozialen Sicherung beeinträchtigt, somit unterbunden werden muß [187].
Kehrt damit der Versicherte zumindest teilweise in seinen Beruf zurück, tut er dies nicht nur unter dem Gesichtspunkt der Eigenverantwortung für seine Gesundheit, sondern auch, um die Grenzen der Solidarverantwortung finanziell nicht zu überschreiten. Denn, wie dargestellt [188], verfolgt die stufenweise Wiedereingliederung auch ökonomische Ziele wie die Einsparung von Leistungen aus der Krankenversicherung oder die Vermeidung frühzeitiger Berentung.

2.) Grundsatz der Subsidiarität

Betrachtet man im Zusammenhang mit dem Prinzip der Eigenverantwortung die Gesetzesmaterialien, so führt die Regierungsbegründung zum GRG aus [189], daß der Inhalt der Solidarität in der GKV unter Berücksichtigung des Grundsatzes der Subsidiarität neu zu bestimmen sei.

a) Begriff der Subsidiarität

Allgemein bedeutet Subsidiarität, daß kein Sozialgebilde Aufgaben an sich ziehen soll, die einzelne und kleinere, nichtstaatliche Gemeinschaften aus eigener Kraft und Verantwortung zu leisten vermögen; erst wenn die Aufgaben von kleineren Sozialgebilden nicht geleistet werden können, soll die größere Gemeinschaft, sprich der Staat, sie übernehmen [190].

---

187 BVerfGE 5, 85, 206; 17, 38, 56; Müller, Nick, Ehreiser, Sozialstaat, Rr. 35; Neugebauer, in: von Maydell (Hg), Gesetzgebung, S. 117, 119; Brück, Allgemeine Sozialpolitik, S. 47; Münnich, VSSR 1981, 197, 213; Steck, BKK 1992, 349, 350.
188 vgl. § 5 I 2..
189 Gesetzentwurf der Bundesregierung zum GRG, BR-Drucks. 200/88, S. 145 und zu § 1, S. 157.
190 vgl. Sozialenzyklika Quadragesimo anno (15.5.1931) von Pius XI.;

Das Subsidiaritätsprinzip findet seine Anwendung hauptsächlich im Fürsorgerecht (Sozialhife, § 2 I BSHG). Dagegen sind Leistungen der Sozialversicherung grundsätzlich nicht subsidiär. Aufgrund der zwangsläufigen Folge davon, daß der Sozialversicherungsanspruch durch Beiträge "erkauft" worden ist, stehen dem Sozialversicherten Sozialleistungen unabhängig davon zu, ob er vermögend ist oder ob er seinen Bedarf durch Angehörige oder andere Sozialleistungen decken könnte[191].

b) Die Subsidiarität in der Sozialversicherung

Ohne Bedeutung bleibt die Subsidiarität jedoch auch in der Sozialversicherung nicht. Sie ist zu berücksichtigen, wenn der versicherte Personenkreis bestimmt wird - es dürfen grundsätzlich nur Bevölkerungsteile einbezogen werden, die sich nicht aus eigener Kraft gegenüber den Versicherungsfällen schützen können; wenn das abzusichernde Risiko bestimmt wird - die Zwangsversicherung der GKV erfaßt nur das, was der einzelne nicht in Selbstverantwortung und Eigenhilfe bewältigen kann; wenn die Höhe der Leistung bestimmt wird - überflüssige öffentliche Leistungen sind der Solidargemeinschaft nicht zumutbar [192].

Die letzten beiden Gesichtspunkte, nämlich das versicherte Risiko und die Höhe der Sozialleistung am Subsidiaritätsprinzip zu messen, finden ihren Niederschlag in der Regelung des § 74 SGB V [193]. Solange der einzelne durch eine allmähliche Arbeitsaufnahme selbst seiner Gesundheit dienlich sein kann, und zwar mit Hilfe seines Betriebes als nächst höherer sozialer Gemeinschaft, braucht die Krankenversicherung als noch höherer Sozialkörper diese Aufgabe nicht zu übernehmen und die stufenweise Wiedereingliederung nicht als Sozialleistung zu gewähren.

Damit ist die stufenweise Wiedereingliederung sozialrechtlich ein der Eigenverantwortung des Versicherten gerecht werdendes therapeutisch-rehabilitatives Verfahren, das im Betrieb des Versicherten durchgeführt wird.

BVerfGE 17, 38, 56; 22, 180, 204; BVerwGE 23, 149, 153 und 304, 306; Bley, Gitter-Bley, § 2 SGB I, Anm. 1d; von Bethusy-Huc, Sozialleistungssystem, S. 26; Müller, Nick, Ehreiser, Sozialstaat, Rr. 36; Wannaget, Lehrbuch I, S. 177; Brück, Allgemeine Sozialpolitik, S. 44; Wolff, Bachof III, S. 195; Fuchs, ZfSH/SGB 1993, 393, 394f., 397; Brück, SozFort 1981, 63.

191 Gitter, Sozialrecht, S. 59; Fuchs, ZfSH/SGB 1993, 393, 398.

192 Wannagat, Lehrbuch I, S. 180; Gitter, Sozialrecht, S. 59.

193 Compensis, NZA 1992, 631, 632; von Hoyningen-Huene, NZA 1992, 49, 50.

§ 6 Arbeitsrechtliche Qualifizierung des Wiedereingliederungsverhältnisses

I. Notwendigkeit einer vertraglichen Grundlage der stufenweisen Wiedereingliederung gem. § 74 SGB V

Ist die Wiedereingliederung ein Rehabilitationsverfahren, das im Betrieb des betroffenen arbeitsunfähigen Arbeitnehmers erbracht wird, stellt sich die Frage, in welchem rechtlichen Verhältnis er hierbei zu seinem Arbeitgeber steht.

1.) Vertragsloses faktisches Verhältnis

Allein aus der Tatsache, daß der Arbeitnehmer die Wiedereingliederungstätigkeit in seinem Betrieb erbringt, läßt sich noch nicht schließen, daß dieser Wiedereingliederungstätigkeit ein Vertrag zwischen Arbeitnehmer und Arbeitgeber zugrunde liegt. Denn sowohl im Zivilrecht als auch im öffentlichen Recht und Sozialrecht gibt es Fälle, in denen jemand eine Tätigkeit bei einem Privaten erbringt, ohne daß zwischen den beiden ein Vertragsverhältnis besteht.

Zu diesen Fällen gehört insbesonders die Beziehung zwischen dem Leiharbeitnehmer und dem Entleiher im Rahmen des AÜG, die gemeinnützige und zusätzliche Arbeit eines Hilfesuchenden gem. § 19 II Alt 2, III BSHG, die Ableistung des Zivildienstes bei einer privaten Beschäftigungsstelle (vgl. §§ 3, 4 ZDG) sowie die Zuweisung von Arbeit bei einem privaten Unternehmer an einen Strafgefangenen (vgl. §§ 37 I, 149 StVollG) [194].

All diesen Fällen ist jedoch gemeinsam, daß ein Dritter (Verleiher, Sozialhilfeträger, die Bundesrepublik Deutschland, eine Strafvollzugsanstalt) sowohl zu dem einen wie auch zu dem anderen in einem besonderen Rechtsverhältnis steht, das die faktische Beschäftigung erst ermöglicht.

Grundlegend ist hierbei das Verhältnis des Dritten zum Handelnden: es besteht in einem Rechtsverhältnis (Leiharbeitsvertrag, Sozialhilfeverhältnis, Zivildienstverhältnis, besonderes Gewaltverhältnis), das die Betätigung des Handelnden zur Aufgabe hat (aufgrund vertraglicher Vereinbarung, gem. § 19 I BSHG, gem. § 1 ZDG, gem. § 37 I StVollG) und den Handelnden zu der Betätigung verpflichtet (aufgrund vertraglicher Vereinbarung, der Verpflichtung zur Selbsthilfe, der Dienstverpflichtung des Art 12a GG, gem. § 41 I 1 StVollG).

Daneben besteht ein Rechtsverhältnis zwischen dem Dritten und demjenigen Privaten, der die faktische Betätigung entgegennimmt (Arbeitnehmerüberlassungsvertrag, vertragliche

---

194 vgl. Löwisch, NZS 1993, 473, 474.

Vereinbarung, Anerkennung gem. § 4 ZDG, vertragliche Vereinbarung), das primär - neben gesetzlichen Bestimmungen (§§ 11 VI, VII AÜG; 19 III 2 BSHG; 30 I, 30a, 3, 32 I ZDG; 149 II, IV StVollG) - den Inhalt des faktischen Tätigwerdens bestimmt.

Übertragen auf die stufenweise Wiedereingliederung bedeutet dies folgendes:
zwischen der Krankenkasse als Drittem und dem Arbeitnehmer als Handelndem müßte ein Rechtsverhältnis bestehen, das die Wiedereingliederung der Krankenkasse als wahrzunehmende Aufgabe zuweist und den Arbeitnehmer zu der Wiedereingliederung verpflichtet; gleichzeitig müßten Krankenkasse und Arbeitgeber rechtlich verbunden sein.

Die Annahme, daß zwischen dem Wiedereinzugliedernden und dem Arbeitgeber nur ein faktisches Verhältnis bestehe, scheitert jedoch schon an dem Rechtsverhältnis zwischen der Krankenkasse und dem Arbeitnehmer. Zwar besteht zwischen ihnen ein Sozialversicherungsverhältnis [195]. Dieses, genausowenig wie § 74 SGB V, verpflichtet weder die Krankenkasse noch den Arbeitnehmer zur Wiedereingliederung [196]; § 74 SGB V ermöglicht nicht einmal, daß die Krankenkasse die Wiedereingliederung als eigene Aufgabe wahrnimmt, d.h. als Leistungsgewährung, weist die Wiedereingliederung vielmehr in den Verantwortungsbereich des versicherten Arbeitnehmers [197].
Ebensowenig verbindet die Krankenkasse ein entsprechendes Rechtsverhältnis mit dem Arbeitgeber - selbst wenn der Arbeitgeber Beteiligter des Sozialversicherungsverhältnisses zwischen dem Versicherten und dem Versicherungsträger ist -, das eine Betätigung des Arbeitgebers im Rahmen der Wiedereingliederung regelt. § 74 SGB V ermöglicht keine Einflußnahme der Krankenkasse auf den Arbeitgeber oder gar dessen Verpflichtung [198] [199].

2.) Vertragliche Vereinbarung

a) Vertragliche Grundlage

Der Mangel an Möglichkeiten, Arbeitnehmer und Arbeitgeber zu einer stufenweisen Wiedereingliederung zu verpflichten, das Fehlen entsprechender Rechtsverhältnisse zwischen Krankenkasse und Arbeitgeber sowie die Tatsache, daß § 74 SGB V der Krankenkasse die Durchführung der Wiedereingliederung nicht als eigene Aufgabe einräumt, führen zu dem

195 vgl. § 8 III 3..
196 vgl. § 8.
197 vgl. § 5 III.
198 vgl. § 9 II.
199 vgl. zum ganzen: BAG AR-Blattei, Betriebsverfassung V, Entscheidung Nr.23 mit Anmerkung Löwisch, Rieble und Keßler, ArbuR 1993, 342, 343.

Ergebnis, daß die allmähliche Arbeitsaufnahme jedenfalls nicht in der Weise erfolgt, daß der Arbeitnehmer beim Arbeitgeber nur faktisch und ohne besonderes Rechtsverhältnis reintegriert wird.

Vielmehr bedarf es zwischen Arbeitgeber und Arbeitnehmer eines Vertrages, denn die stufenweise Wiedereingliederung ist der Privatinitiative von Arbeitgeber und Arbeitnehmer - im gesetzlichen Rahmen des § 74 SGB V - überlassen. Für ein Verhältnis, das durch Privatinitiative gekennzeichnet ist, kommt als rechtliche Gestalt nur das die Privatautonomie verkörpernde Vertragsverhältnis in Betracht [200].

b) Bereicherungsrechtliches Abwicklungsverhältnis

Besteht zwischen Arbeitgeber und Rekonvaleszent ein Vertrag, kann das Wiedereingliederungsverhältnis kein bereicherungsrechtliches Abwicklungsverhältnis (§ 812 BGB) sein[201], in dem der Arbeitgeber rechtsgrundlos bereichert ist.

(1) Eine Leistungskondiktion scheitert daran, daß die Wiedereingliederung aufgrund einer Vereinbarung erfolgt, also nicht rechtsgrundlos ist.

(2) Ebenso fehlt für eine Nichtleistungskondiktion die Rechtsgrundlosigkeit, die dann vorläge, wenn der Rechtserwerb nach der für den Einzelfall maßgeblichen rechtlichen Güterzuordnung nicht bei dem Empfänger verbleiben soll, sondern dem Bereicherungsgläubiger gebührt [202].
Der Wiedereingliederungsvertrag bewirkt jedoch auch hier, daß die Wiedereingliederungstätigkeit des Arbeitnehmers, auch wenn sie nicht Leistung i.S.e. Leistungskondiktion wäre, dem Arbeitgeber in jedem Fall zufließen soll.

---

200 BAG vom 29.1.1992, U 1-3; von Hoyningen-Huene, NZA 1992, 49, 51; Compensis, NZA 1992, 631, 633; Jaeger, Anmerkung zu BAG vom 29.1.1992-5 AZR 37/91, BetrR 1992, 98

201 von Hoyningen-Huene, NZA 1992, 49, 51; Misera, Anmerkung zu BAG vom 29.1.1992-5 AZR 37/91, SAE 1992, 357, 358.

202 h.M: Palandt-Thomas, § 812, Rr. 93; RGRK-Heimann-Trosien, § 812, Rr. 42, 79; Staudinger-Larenz, § 812, Rr. 23.

II. Rechtliche Qualität des Wiedereingliederungsvertrages

1.) Arbeitsvertrag

Ausgangspunkt für die arbeitsrechtliche Beurteilung der stufenweisen Wiedereingliederung in den Arbeitsprozeß ist die Frage, welche Rechtsqualität ein solches Wiedereingliederungsverhältnis hat, insbesondere die Frage, ob - der alte oder ein neuer - Arbeitsvertrag vorliegt.

a) Arbeit im arbeitsrechtlichen Sinn

Der Wiedereingliederungsvertrag könnte nur Arbeitsvertrag sein, wenn der arbeitsunfähige Arbeitnehmer mit der Wiedereingliederung Arbeit im arbeitsrechtlichen Sinn erbrächte.

Für das Begriffsverständnis von Arbeit kommen vor allem zwei Ansätze in Betracht [203]:

(1) Arbeit kann wirtschaftlich als jedes Verhalten des Menschen definiert werden, das wirtschaftlich als Arbeit zu werten ist [204].

Abgesehen davon, daß diese Definition einen Zirkelschluß beinhaltet, kann eine juristische Begriffsbestimmung nicht einer bestimmten anderen wissenschaftlichen Disziplin, der Wirtschaftswissenschaft, entnommen werden.
Maßgebend im Arbeitsrecht ist vielmehr eine natürlich-alltägliche Auffassung und die Verkehrsauffassung, wonach Arbeit ein besonders geartetes soziales Verhalten[205].
Der allgemeine Sprachgebrauch verstand Arbeit ehemals als schwere, körperliche Anstrengung, Mühsal, Plage [206]; heute als die bewußte, rational geplante Tätigkeit der Herstellung, Veränderung und Erhaltung von Sachen und Zuständen [207].

---

203 a.A.: physikalischer Begriff: Mayer-Maly, Österreichisches Arbeitsrecht I, 1987, S. 1; Richter, Arbeitsrecht als Rechtsbegriff, S. 6; Arbeit i.S.d. medizinischen Soziologie: Lüth, Wörterbuch "Arbeit", Arbeit i.S.d. Arbeitsmedizin: Griefahn, Arbeitsmedizin, S. 6, 9, 12; Arbeit i.S.d. Arbeitswissenschaft: Hackstein, Arbeitswissenschaft I, S. 11; Arbeit i.S.d. BWL: Carsten (Hg), Lexikon "Arbeit", S. 63; Wöhe, Döring, Einführung, S. 253.

204 Soergel-Kraft, § 611, Rr. 31; MK-Söllner, § 611, Rr. 155; Schaub, Handbuch, S.37; Hueck, Nipperdey, I, S. 35; Söllner, Grundriß, S. 16; Leisten, Werkstatt für Behinderte, S. 98; Aretz, Werkstätten für Behinderte, S. 73; Lotmar, Arbeitsvertrag I, S. 72; von Maydell, Eylert, RdA 1981, 148, 151.

205 Molitor, Wesen, S. 5; Engisch, Weltbild, S. 42f.; Kaskel, Dersch, Arbeitsrecht, S.21; Wlotzke, RdA 1965, 180, 182.

206 Brockhaus, Enzyklopädie, "Arbeit", S. 36; Barruzi, Recht auf Arbeit, S. 9, 27; Leisten, Werkstatt für Behinderte, S. 100.

207 Staatslexikon, "Arbeit", S. 196; Leisten, Werkstatt für Behinderte, S. 100; Ryffel, in: Ryffel, Schwartländer (Hg), Recht auf Arbeit, S. 212, 222.

(2) Besser ist es daher, den Begriff final zu verstehen und eine Arbeitsleistung dann anzunehmen, wenn die Tätigkeit ein **fremdes** Bedürfnis zu befriedigen vermag und im Wirtschaftsleben als Arbeit qualifiziert wird [208].
Wesentlich ist es, daß die Tätigkeit nicht um ihrer selbst willen, sondern zur Erreichung eines über die Tätigkeit hinausgehenden Zweckes ausgeübt wird, weshalb schon die dem Selbstzweck dienende spielerische und sportliche Betätigung ausscheidet [209].
Der Nutzen der Arbeit kommt nicht dem Arbeitnehmer selbst, sondern unmittelbar nur dem ihn beschäftigenden Arbeitgeber zugute, mit der Folge, daß der Arbeitgeber die Betriebsziele der Tätigkeit des Arbeitnehmers bestimmen kann [210].

(3) Hieran die Wiedereingliederungstätigkeit zu messen, heißt, ihre rechtliche Arbeitsqualität zu verneinen [211].

Auf der einen Seite sind zwar hinreichend Fallkonstellationen denkbar, in denen die Wiedereingliederungstätigkeit der zuvor ausgeübten Tätigkeit des Arbeitnehmers entspricht und lediglich unwesentlich, insbesonders zeitlich modifiziert ist, damit dem Arbeitgeber wirtschaftliche Vorteile bringt. Hier läge die Annahme einer Arbeitsleistung auf der Hand, da die therapeutische Zielsetzung der allmählichen Arbeitsaufnahme in den Hintergrund tritt und der Rekonvaleszent gleich wie ein Arbeitnehmer tätig wird.

Auch spräche für ein Arbeitsverhältnis, daß die Wiedereingliederung keine Sozialleistung darstellt und nicht unter therapeutischer Anleitung und direkter ärztlicher Betreuung der Durchführung erfolgt [212].

---

208 BAG AP Nr. 20 zu § 611 BGB; BSGE 52, 123, 128; BSG SozR 4100 § 168 AFG Nr.7; BSG Breith. 1984, 807, 812; Staudinger-Richardi, Vorb. zu §§ 611 ff., Rr. 164; Münchener Handbuch-Richardi, Bd 1, IndAR I, § 23, Rr. 25; Schaub, Handbuch, S. 37; Fabricius, Gammelin, in: Institut für Sozialrecht (Hg), Werkstatt für Behinderte, S. 185, 203, 206; Leisten, Werkstatt für Behinderte, S. 100; Motzer, pVV, S. 28f.; Hilger, RdA 1989, 1, 4; von Maydell, Eylert, RdA 1981, 148, 151.

209 OLG Stuttgart, ArbuR 1978, 125; Schaub, Handbuch, S. 37; Aretz, Werkstätten für Behinderte, S. 73; Molitor, Wesen, S. 5.

210 Motzer, pVV, S. 26, 28f., 60; Molitor, Wesen, S. 6; Engisch, Weltbild, S. 43; Dierks,Wekstatt für Behinderte, S. 60f.; Aretz, Werkstätten für Behinderte, S. 87; Hanau, Adomeit, Arbeitsrecht, S. 154; Molitor, Wesen, S. 6; Fabricius, Gammelin, in: Institut für Sozialrecht (Hg), Werkstatt für Behinderte, S. 185, 218; Leisten, Werkstatt für Behinderte, S. 29, 126; Wlotzke, RdA 1965, 180, 182, 183f..

211 BAG vom 29.1.1992, U 1-3; LAG Berlin LAGE 47, Nr. 5 zu § 611 BGB; Schmatz, Fischwasser, § 74 SGB V, Rr.7; Gitter, Wiedereingliederungs-Thesen Nr. 2 und 4; von Hoyningen-Huene, NZA 1992, 49, 52; Compensis, NZA 1992, 631, 633; Haines, Rehabilitation 1991, 180, 185; Berenz, NZA 1992, 1019; Misera, Anmerkung zu BAG vom 29.1.1992-5 AZR 37/91, SAE 1992, 355, 357; Jaeger, Anmerkung zu Bag vom 29.1.1992-5 AZR 37/91, BetrR 1992, 98; Boemke, Anmerkung zu BAG AR-Blattei, ES, Krankheit des Arbeitnehmers, Entscheidung Nr. 186; Berliner Senator für Inneres, Rundschreiben II Nr. 17/1989 Nr.3; a.A.: Institut für Empirische Soziologie, S. 81f.; Gunder, ErsK 1992, 136, 140; Glaubitz, NZA 1992, 402; Fuhrmann, ErsK 1979, 349ff., 393, 395.

212 Gunder, ErsK 1992, 136, 140; ähnlich Schaaf, SGb 1993, 506, 509.

Andererseits lassen sich in keinem Fall die Charakteristika der stufenweisen Wiedereingliederung leugnen: dem Arbeitnehmer wird die Gelegenheit gegeben, zu erproben, ob er auf dem Wege einer im Verhältnis zur arbeitsvertraglich geschuldeten Arbeitsleistung quantitativ und/oder qualitativ verringerten Tätigkeit zur Wiederherstellung seiner Arbeitsfähigkeit gelangen kann. Die Wiedereingliederung erfolgt aus therapeutischen Gründen und stellt Gesichtspunkte der Rehabilitation in Vordergrund; sie ist grundsätzlich freiwillig [213] ; ihre Durchführung ist flexibel zu gestalten und jederzeit an die für den Arbeitnehmer nötigen medizinischen Erfordernisse anzupassen; die Maßnahme kann grundsätzlich jederzeit beendet werden [214].

Dies bedeutet, daß der Wiedereingliederungstätigkeit das Element der fremden Bedürfnisbefriedigung fehlt. Denn die Wiedereingliederung hat primär den individuellen, medizinischen Nutzen für den Arbeitnehmer im Auge. Der Arbeitgeber macht sich nicht die Arbeitskraft des Arbeitnehmers für seine Betriebszwecke nutzbar; vielmehr wirkt er dadurch, daß er eine Wiedereingliederungsmöglichkeit im Rahmen seiner Betriebsorganisation zur Verfügung stellt, aktiv mit, den Gesundungserfolg des Arbeitnehmers zu sichern.

Die Verneinung einer Arbeitsleistung des wiedereinzugliedernden Rehabilitanden folgt damit der Argumentation, die zur Verneinung des Arbeitnehmerstatus von Personen führt, deren Beschäftigung nicht in erster Linie ihrem Erwerb dient, sondern die vorwiegend zu ihrer Heilung beschäftigt werden (§ 5 II Nr.4 BetrVG) [215] , sowie von Personen, die in einer Werkstatt für Behinderte, insbesondere in deren Arbeitsbereich, beschäftigt sind (§ 54 SchwbG) [216] .
In beiden Fällen wird die Beschäftigung zum Mittel der Rekonvaleszenz und Rehabilitation gemacht [217], in der Werkstatt für Behinderte zumindest dann, wenn betreuerisch-therapeutische Aspekte der Behindertenbeschäftigung das Gepräge geben [218].

---

213 vgl. § 8.
214 vgl. § 16.
215 für einen nicht nur betriebsverfassungsrechtlichen, sondern Rechtsgedanken von allgemeiner Gültigkeit: Hueck, Nipperdey, I, S. 54; Nikisch I, S. 118; Nikisch, in: FS Hueck, S. 1, 4
216 von Hoyningen-Huene, NZA 1992, 49, 51
217 für § 5 II Nr. 4 BetrVG: BAGE 63, 188, 199; Dietz, Richardi, § 5 BetrVG, Rr. 116; Däubler, Kittner-Trümmer, § 5 BetrVG, Rr. 156, 158; Mayer-Maly, Erwerbsabsicht, S. 28; Fabricius, Gammelin, in: Institut für Sozialrecht (Hg), Werkstatt für Behinderte, S. 185, 249f.; von Hoyningen-Huene, NZA 1992, 49, 54.
218 LAG Niedersachsen, ZfS 1978, 296, 297f.; Wlotzke, § 5 BetrVG, Anm. I 3 d; Fitting, Auffarth, § 5 BetrVG, Rr. 111; Neumann, Pahlen, § 54 SchwbG, Rr. 18f.; Mrozynski, Rehabilitationsrecht, Rr. 764f.; von Maydell, Eylert, RdA 1981, 148, 153; Neumann, RdA 1981, 143, 146; Däubler, Arbeitsrecht 2, S. 954f.; Aretz, Werkstätten für Behinderte, S. 91; Fabricius, Gammelin, in: Institut für Sozialrecht (Hg);

b) Gegenseitigkeitsverhältnis

Die Annahme, daß der Wiedereingliederungsvertrag ein Arbeitsvertrag ist, scheitert nicht nur daran, daß die Wiedereingliederungstätigkeit keine Arbeitsleistung darstellt.
Mit dem Wiedereingliederungsverhältnis müßte auch ein Gegenseitigkeitsverhältnis vorliegen, da der Arbeitsvertrag - trotz seiner personenrechtlichen Elemente - um der Arbeitsleistung des Arbeitnehmer willen eingegangen wird [219]. Er ist auf dem wirtschaftlichen Austausch der Arbeitsleistung des Arbeitnehmers gegen die Vergütung des Arbeitgebers aufgebaut. Insofern folgt er dem Do-ut-des-Prinzip: die ausgetauschten Leistungen Arbeit und Vergütung stehen in einem Äquivalenzverhältnis [220].
Will der Arbeitgeber mit Hilfe des Arbeitnehmers ein bestimmtes Arbeitsergebnis und/oder Produkt erzielen, mit denen er auf dem Gütermarkt konkurrieren kann, so will der Arbeitnehmer möglichst günstige Arbeitsbedingungen, insbesondere eine hohe Vergütung erzielen. Arbeitsleistung und Arbeitsentgelt verhalten sich demnach so zueinander, daß zumindest ein potentieller Wertzuwachs auf beiden Seiten beabsichtigt ist [221].

An einer solchen wirtschaftlichen Interdependenz fehlt es nun beim Wiedereingliederungsverhältnis. Zwar beabsichtigt, zumindest wünscht der Arbeitgeber sicherlich auch, daß die Wiedereingliederungstätigkeit ihm wirtschaftliche Werte bringen möge; vorrangig geht es dem Arbeitgeber aber darum, seinem Arbeitnehmer die Möglichkeit einer schrittweisen Arbeitsaufnahme zu geben, um die Dauer von dessen Arbeitsunfähigkeit zu verkürzen.
Ebensowenig geht es dem Arbeitnehmer vorrangig nicht um möglichst günstige Arbeitsbedingungen - schon weil die Wiedereingliederung grundsätzlich nicht vergütet wird [222] -, sondern um seine Heilung.

Werkstatt für Behinderte, S. 257-259; Pünnel, ArbuR 1978, 44, 45, 47 und 1987, 104, 106; Pünnel, Vater, ArbuR 1981, 230, 233;
a.A.: LAG Berlin, ArbuR 1978, 346, 347f.; BSGE 46, 244, 246; BSG SozR 4100 § 168 AFG Nr.7; Großmann, GK-SchwbG, § 54, Rr. 21; Gröninger, Thomas, § 54 SchwbG, Rr. 7; Leisten, Werkstatt für Behinderte, S. 110, 113; Jürgens, RdA 1986, 349, 354; Lachwitz, SozSich 1987, 69, 71; Neseker, ZfF 1970, 290, 291; Ihlefeld, Anmerkung zu LAG Berlin vom 7.6.1978-5 Ta BV 2/78, ArbuR 1978, 348, 352; Volmer, Anmerkung zu LAG Niedersachsen vom 22.9.1976-8 (6) Sa 728/76, ZfS 1978, 298.

219 h.M.: BAGE 4, 326, 330; 8, 285, 296f.; BAG AP Nr. 2 zu § 611 BGB Lohnanspruch.

220 Soergel-Kraft, vor § 611,Rr. 20, 24, 28; Staudinger-Richardi, Vorb zu §§ 611 ff., Rr. 1, 762; Erman-Hanau, § 611, Rr. 69f., 72; MK-Söllner, § 611, Rr. 7; Schaub, Handbuch, S. 129; Münchener Handbuch-Blomeyer, Bd 1, IndAR I, § 46, Rr. 1; Zöllner, Loritz, Arbeitsrecht, S. 138; Wolf, Arbeitsverhältnis, S. 88f.; Leisten, Werkstatt für Behinderte, S. 29, 87, 102; von Maydell, Eylert, RdA 1981, 148, 152; Rüthers, ZfA 1973, 399, 401.

221 Schwerdtner, Fürsorgetheorie, S. 15; Aretz, Werkstätten für Behinderte, S. 80; Fabricius, Gammelin, in: Institut für Sozialrecht (Hg), Werkstatt für Behinderte, S. 185, 206, 248; Däubler, Arbeitsrecht I, S. 49; von Maydell, Eylert, RdA 1981, 148, 152
einschränkend: Leisten, Werkstatt für Behinderte, S. 104.

222 vgl. § 10.

Es fehlt also an einem arbeitsvertraglichen wirtschaftlichen Äquivalenzverhältnis.

c) Untaugliche Erklärungsversuche

Steht fest, daß der Rekonvaleszent keine Arbeitsleistung i.S.d. Arbeitsrechts erbringt, fallen folgende Erklärungsversuche der stufenweisen Wiedereingliederung weg:

(1) Teilleistung gem. § 266 BGB

Eine Literaturmeinung [223] sieht in der allmählichen Arbeitsaufnahme ein Teilerfüllung des bisherigen Arbeitsvertrages, weil der Arbeitnehmer - entsprechend der Arbeitsunfähigkeitsbescheinigung - seine Arbeitsleistung noch teilweise erfüllen könne, im übrigen auch § 74 SGB V von der "bisherigen Tätigkeit" ausgehe.

Bei der Wortlautinterpretation des § 74 SGB V übersieht diese Ansicht, daß hier von der "Tätigkeit", nicht jedoch der Arbeit des Arbeitnehmers die Rede ist. Dies gibt einen Hinweis darauf, daß der Gesetzgeber zwar dem Gegenstand nach von derselben Beschäftigung ausgeht wie zu Zeiten der vollen Arbeitsfähigkeit des Arbeitnehmers, nicht jedoch von derselben Rechtsqualität dieser Beschäftigung. Denn sonst hätte er den Begriff der Arbeit verwenden können und müssen (wie z.B. Arbeitsleistung in § 3 I 1 EFZG).

Auch ist unter dem Begriff der Teilleistung i.S.d. § 266 BGB jede unvollständige Leistung zu verstehen, die qualitativ der geschuldeten Leistung entspricht und durch Ergänzung zur geschuldeten Gesamtleistung werden kann [224].
Da der Arbeitnehmer mit seiner Wiedereingliederungstätigkeit jedoch keine Arbeit erbringt, sondern ein seiner Heilung dienendes aliud von anderer Beschaffenheit, scheidet § 266 BGB aus [225].

(2) Teilweise Unmöglichkeit gem. § 323 I HS 2 BGB

Genauso scheidet § 323 I HS 2 BGB aus [226]. Denn auch bei der Teilunmöglichkeit muß der Leistungsgegenstand seinem Wert und Wesen nach verhältnismäßig oder

223 Glaubitz, NZA 1992, 402.
224 Staudinger-Selb, § 266, Rr. 3; Soergel-Wolf, § 266, Rr. 6; RGRK-Alff, § 266, Rr. 2; Palandt-Heinrichs, § 266, Rr. 2; Erman-Kuckuk, § 266, Rr. 2; Gernhuber, Erfüllung, S. 143.
225 von Hoyningen-Huene, NZA 1992, 49, 51;
im Ergebnis auch: Gunder, ErsK 1992, 139, 142; Finanzministerium Baden-Württemberg, Hinweis Nr. 15 zu § 37 BAT vom 6.8.1993, S. 2.
226 a.A: Gunder, ErsK 1992, 136, 142; Glaubitz, NZA 1992, 402.

anteilig der Gesamtleistung entsprechen; er darf sich nicht - wie die Wiedereingliederungstätigkeit von der arbeitsvertraglichen Arbeitsleistung - der Beschaffenheit nach unterscheiden [227].

2.) Vertrag sui generis (305 BGB)

a) Vertragsfreiheit

Bedarf die Wiedereingliederung gem. § 74 SGB V einer Vereinbarung zwischen Arbeitgeber und Arbeitnehmer, entspricht diese Vereinbarung jedoch keinem im Gesetz geregelten Vertragstyp, so liegt ein Vertrag sui generis gem. § 305 BGB vor [228].
§ 305 BGB beinhaltet als Regelung der Vertrags(inhalts)freiheit die Befugnis, durch Vertrag den Inhalt eines Rechtsverhältnisses zu bestimmen und ermöglicht atypische Verträge, die vertragliche Rechte und Pflichten - im Rahmen von zwingendem Gesetzesrecht - beliebig begründen und ausgestalten [229].

Inhalt des Vertrages sui generis ist das Wiedereingliederungsverhältnis. Entsprechend der allgemeinen Rechtsgeschäftslehre muß hierzu die therapeutisch-rehabilitative Motivation von Arbeitnehmer und Arbeitgeber, aus der heraus das Wiedereingliederungsverhältnis eingegangen wird, zum Inhalt des Rechtsgeschäftes gemacht werden [230].
Unproblematisch ist dies, wenn die stufenweise Wiedereingliederung gem. § 74 SGB V explizit in einer Parteivereinbarung festgelegt wird.
Schwieriger ist dies, wenn § 74 SGB V nicht expressis verbis vereinbart, sondern dem Rechtsverhältnis stillschweigend zugrunde gelegt wird. Hier ergibt sich dessen Inhalt durch Indizien verkehrstypischer Art und den zugrundeliegenden Umständen, wie beispielsweise die Aufstellung eines Stufenplans, die ausdrückliche Ablehnung von Arbeitsentgelt, das Interesse des Arbeitnehmers, Umfang und Intensität der Tätigkeit in den Grenzen der Arbeitsunfähigkeitsbescheinigung selbst zu bestimmen oder der Vorbehalt des Arbeitgebers, die Maßnahme angesichts der Unsicherheit der medizinischen

---

227 BGHZ 36, 316, 318; MK-Emmerich, § 275, Rr. 35; Erman-Battes, § 323, Rr. 9; Soergel-Wiedemann, § 323, Rr. 55; Palandt-Heinrichs, § 323, Rr. 9; Larenz, SchuldR I, S. 311.

228 BAG vom 29.1.1992, U 1-3; LAG Berlin LAGE 47, Nr.5 zu § 611 BGB; von Hoyningen-Huene, NZA 1992, 49, 52; Compensis, NZA 1992, 631, 633; Krauskopf, § 74 SGB V, Rr. 4; KassKom-Funk, § 5 SGB VI, Rr. 60; Schmatz, Fischwasser, § 74 SGB V, Rr. 7; Schulin, Sozialrecht, Rr. 88a; Boemke, Anmerkung zu BAG AR-Blattei, ES, Krankheit des Arbeitnehmers, Entscheidung Nr. 186.

229 Staudinger-Löwisch, § 305, Rr. 2, 18, 23; Soergel-Wolf, § 305, Rr. 1, 3, 25; Erman-Battes, Einl. § 305, Rr. 15f.; MK-Söllner, § 305, Rr. 1, 36, 39; Palandt-Heinrichs, Einf. v. § 305, Rr. 11, 14; Gernhuber, Schuldverhältnis, S. 156; Dilcher, NJW 1960, 1040.

230 Nikisch, in: FS Hueck, S. 1, 5; Nikisch I, S. 118f.; Kaskel, Dersch, Arbeitsrecht, S. 2; Misera, Anmerkung zu BAG vom 29.1.1992-5 AZR 37/91, SAE 1992, 355, 357.

Prognose oder betrieblicher Organisationsschwierigkeiten jederzeit abbrechen zu können [231].

b) Bedingtheit der Wiedereingliederung

Das Wiedereingliederungsverhältnis könnte auflösend bedingt sein [232].

(1) Eine Bedingung ist die in ein Rechtsgeschäft eingefügte Bestimmung, die die Rechtswirkungen des Geschäfts von einem künftigen ungewissen Ereignis abhängig macht [233].
Als Inhalt der Bedingung käme die Erfüllung der Tatbestandsvoraussetzungen des § 74 SGB V in Betracht.

Berücksichtigt man die Funktion der Bedingung, Vorsorge gegen noch ungewisse Entwicklungen zu treffen, welche die Einstellung der Parteien zum Rechtsgeschäft entscheidend verändern - insbesonders der Verlauf der Krankheit - , und die Funktion der Bedingung, die Rechtswirkung des Rechtsgeschäfts von der Erfüllung bestimmter Erwartungen abhängig zu machen - insbesonders Rehabilitation des Arbeitnehmers - so trifft dies auf die Voraussetzungen des § 74 SGB V zu. Denn kann der Arbeitnehmer nicht mehr besser wieder in das Erwerbsleben eingegliedert werden, sei es, weil es medizinisch nicht mehr indiziert ist, sei es, weil er die volle Arbeitsfähigkeit wieder erreicht hat oder sei es, weil der Arbeitgeber das Projekt abbricht, so wird man dem mit den Wirkungen einer auflösenden Bedingungen am besten gerecht: es stellt sich automatisch und mit Wirkung ex nunc der Rechtszustand vor Abschluß des bedingten Rechtsgeschäftes wieder ein [234], d.h. der Zustand des Arbeitsverhältnisses mit voller Arbeitsunfähigkeit bzw. Arbeitsfähigkeit.

(2) Fraglich ist, ob - Arbeitsverträgen entsprechend - eine auflösende Bedingung des Wiedereingliederungsverhältnisses zulässig ist. Denn bedingte Arbeitsverträge sind, den Grundsätzen zu befristeten Arbeitsverträgen folgend, nur insoweit zulässig, als ein hinreichender sachlicher Grund für die Bedingung vorhanden ist [235].

---

231 vgl. Misera, Anmerkung zu BAG vom 29.1.1992-5 AZR 37/91, SAE 1992, 355, 357.
232 von Hoyningen-Huene, NZA 1992, 49, 52.
233 MK-Westermann, § 158, Rr. 8; Erman-Hefermehl, vor § 158, Rr. 1; Soergel-Wolf, vor § 158, Rr. 2, 13f.; Palandt-Heinrichs, Einf. v. § 158, Rr. 1; RGRK-Steffen, vor § 158, Rr. 1; Larenz, AT, S. 492.
234 Soergel-Wolf, § 158, Rr. 21, 29.
235 BAG AP Nr.2 zu § 620 BGB Bedingung; BAG DB 1992, 896, 897 und 948, 949; Schaub, Handbuch, S. 193; Münchener Handbuch-Richardi, Bd 1, IndAR I, § 42, Rr. 42, 44; Hofmann, ZTR 1993, 399, 402.

Für eine Übertragung dieser Grundsätze auf das Wiedereingliederungsverhältnis besteht jedoch keine Veranlassung: Grund für die Einschränkung der Bedingungsmöglichkeit beim Arbeitsvertrag ist es, dem Bestandsschutzinteresse des Arbeitnehmers an der Aufrechterhaltung seines Arbeitsverhältnisses dadurch zu dienen, daß keine Beendigungsgründe geschaffen werden, die über die §§ 1 KSchG, 622, 626 BGB hinausgehen und den Kündigungsschutz umgingen [236].
Hierfür besteht im Rahmen des Wiedereingliederungsverhältnisses kein Bedürfnis, weil die Wiedereingliederung, schon mangels Vergütungspflicht [237], nicht die zu schützende Lebensgrundlage des arbeitsunfähigen Arbeitnehmers schafft [238].

Im übrigen liegt eine sachliche Rechtfertigung für eine Bedingung des Wiedereingliederungsverhältnisses vor, da sich die Bedingung aus der als Rechtfertigungsgrund anerkannten Eigenart der zu erfüllenden Aufgabe ergibt [239]:
Die Wiedereingliederung kann stets nur unter der Prämisse der Kurzfristigkeit, nämlich zur vorübergehenden Rehabilitation unter den Voraussetzungen des § 74 SGB V erfolgen.

c) Die stufenweise Wiedereingliederung als betriebliche Sozialleistung

Die vom Arbeitgeber gewährte Möglichkeit der allmählichen Arbeitsaufnahme könnte eine freiwillige betriebliche Sozialleistung sein [240].
Zwar besteht über den Begriff der betrieblichen Sozialleistung Uneinigkeit. In Anlehnung an das Betriebsverfassungsgesetzes (§ 87 I Nr.10 BetrVG - weiter Entgeltbegriff -) und wohl die h.L. handelt es sich bei betrieblichen Sozialleistungen um freiwillige, vermögenswerte Zuwendungen des Arbeitgebers, die sozialen Zwecken dienen und ihren Rechtsgrund im Arbeitsverhältnis haben [241].

---

236 BAG AP Nr.16 zu § 620 BGB Befristeter Arbeitsvertrag; BAG DB 1992, 896, 897; Münchener Handbuch-Richardi, Bd 1, IndAR I, § 42, Rr. 33; Zöllner, Loritz, Arbeitsrecht, S. 239; Ehrich, DB 1992, 1186, 1189; Hofmann, ZTR 1993, 399; Löwisch, ZfA 1986, 1, 5f..

237 vgl. § 10.

238 vgl § 16 I 2..

239 BAG AP Nr.30, 77, 87, 97 zu § 620 BGB Befristeter Arbeitsvertrag; Schaub, Handbuch, S. 197; Münchener Handbuch-Richardi, Bd 1, IndAR I, § 42, Rr. 33; Zöllner, Loritz, Arbeitsrecht, S. 239; Hofmann, ZTR 1993, 399, 403
für die Zulässigkeit von befristeten betrieblichen Sozialleistungen [vgl. hierzu sogleich c)]: Löwisch, ZfA 1986, 1, 14.

240 Wiedereingliederung als betriebliche Sozialpolitik: Schaaf, SGb 1993, 506, 509; zumindest aus dieser Motivation heraus: Institut für Empirische Soziologie, S. 177.

241 Zum betriebsverfassungsrechtlichen Begriff: BAG AP Nr.5, 22 zu § 87 BetrVG 1972 Lohngestaltung, Nr.2 zu § 87 BetrVG 1972 Sozialeinrichtung; Fitting, Auffarth, § 87 BetrVG, Rr. 122; Hess, Schlochauer-Glaubitz, § 87 BetrVG, Rr. 459; Dietz, Richardi, § 87 BetrVG, Rr. 515-517; Wlotzke, § 87 BetrVG, Anm. II 10 a; Däubler, Kittner-Klebe, § 87 BetrVG, Rr. 243; Fabricius, GK-BetrVG-Wiese, § 87, Rr. 614; Moll,

(1) Leistungen sind freiwillig, wenn auf sie kein gesetzlicher oder tarifrechtlicher Rechtsanspruch besteht, sie vielmehr auf dem freien Entschluß des Arbeitgebers beruhen, auch wenn dieser sich dann in einer Betriebsvereinbarung, im Einzelarbeitsvertrag oder durch gewohnheitsrechtliche Gewährung konkretisiert hat [242].

Nach einer anderen Meinung werden sie zusätzlich zum Arbeitsentgelt i.e.S. erbracht und sind aus dem Synallagma ausgegliedert [243].

Beides trifft auf die Wiedereingliederung zu, weil derArbeitgeber nicht verpflichtet ist, eine Wiedereingliederungsmöglichkeit zur Verfügung zu stellen [244] - außer es bestünde ein entsprechender Tarifvertrag -, bzw. weil die Wiedereingliederung, wie erörtert, nicht die im Arbeitsverhältnis synallagmatische Arbeitspflicht betrifft [245].

(2) Leistungen sind vermögenswerte Zuwendungen, d.h. Geld-, Sach-, Dienstleistungen und Nutzungen [246], die im wirtschaftlichen Verkehr erworben werden können und dem für den Vermögensbegriff geltenden Kommerzialisierungsgedanken Rechnung tragen[247].

Die Wiedereingliederung ist dadurch geldwert, daß der Arbeitgeber dem Arbeitnehmer für das Rehabilitationsverfahren seine Arbeits- und Produktionsmittel zur Verfügung stellt, dem Arbeitnehmer also die entsprechenden Nutzungsvorteile zufließen.

Im übrigen kann es für den Arbeitnehmer zu einer Ersparnis von Aufwendungen kommen, weil er ohne die Wiedereingliederungsmöglichkeit im Betrieb für denselben Rehabilitationszweck eventuell Entgelt entrichten müßte, z.B. für eine Rehabilitationseinrichtung der Krankenkasse oder für ärztliche Behandlungskosten.

Mitbestimmung, S. 138f.; Richardi, in: FS Kahn-Freud. S. 247, 250; Jahnke, ZfA 1980, 863, 870; Richardi, ZfA 1976, 1, 10f.; Mattes, NZA 1987, 289, 290;
allgemein zum Sozialleistungsbegriff: Staudinger-Richardi, § 611, Rr. 614-616; Jahnke, Gratifikationen, S. 9, 11; Staatslexikon, "Betriebliche Sozialpolitik", Spalte 725; Wolf, Sozialleistungen, S. 4; Roost, Sozialleistungen, S. 26, 29; Zöllner, Loritz, Arbeitsrecht, S. 166; Molitor, RdA 1952, 124, 125, 127, 129.

242 Schaub, Handbuch, S. 521; Hess, Schlochauer-Glaubitz, § 87 BetrVG, Rr. 459; Jahnke, Gratifikation, S. 20; Pleiß, Soziale Leistungen, S. 168f.; Merle, Sozialer Aufwand, S. 9, 21; Roost, Sozialleistungen, S. 26; Moll, Mitbestimmung, S. 139; Wiese, NZA 1990, 793, 794.

243 Staudinger-Richardi, § 611, Rr. 614, 616; Jahnke, ZfA 1980, 863, 871.

244 vgl. § 9.

245 vgl. § 6 II 1..

246 Staudinger-Richardi, § 611, Rr. 539; Zöllner, Loritz, Arbeitsrecht, S. 166; Pleiß, Soziale Leistungen, S. 161; Roost, Sozialleistungen, S. 22.

247 BGHZ 54, 45, 50; 63, 98, 102; Soergel-Mertens, vor, § 249, Rr. 61f.; Erman-Kuckuk, § 249, Rr. 50; Palandt-Heinrichs, Vorbem. v. § 249, Rr. 10; MK-Grunsky, vor § 249, Rr. 12; Larenz, AT, S. 305; Lange, Schadensersatz, S. 34.

(3) Betriebliche Leistungen werden als **Sozial**leistungen bezeichnet, wenn ihre Bemessung nicht in erster Linie nach Leistungskriterien erfolgt, wenn sie die Verbesserung der sozialen und wirtschaftlichen Lage des Arbeitnehmers bezwecken, insbesondere seine Sicherung gegen die Wechselfälle des Lebens, und wenn sie nicht ausschließlich aus betrieblichen Gründen gewährt werden. Daß sie auch ökonomische Ziele verfolgen, schadet nicht [248].

Durch die Zielsetzung der stufenweisen Wiedereingliederung, bei Krankheit dem Arbeitnehmer im Betrieb eine Rehabilitationsmöglichkeit zu eröffnen, erhält sie diese soziale Ausrichtung [249].

(4) Problematisch ist nun, ob die stufenweise Wiedereingliederung ihren Rechtsgrund im Arbeitsverhältnis hat.

Ausgangspunkt für das Erfordernis, daß eine betriebliche Sozialleistung im Arbeitsverhältnis ihren Rechtsgrund haben muß, ist die Zuordnung des Arbeitsverhältnisses in das Schuldrecht, wo Arbeitsleistung und Vergütung ausgetauscht werden. Die Vergütung umfaßt das Arbeitsentgelt i.e.S., das der unmittelbaren Abgeltung der Arbeitsleistung dient und im Synallagma steht, sowie das Arbeitsentgelt i.w.S., das sämtliche, auch nicht synallagmatische Leistungen des Arbeitgebers mit Entgeltcharakter erfaßt. Entgeltlichkeit liegt vor, wenn nach der Vertragsauffassung zwei Leistungen so ausgetauscht werden, daß die Erbringung der einen Leistung den Sinn hat, dem Partner eine zureichende Veranlassung zu einer Gegenleistung zu geben [250].
Bei betrieblichen Sozialleistungen ist eine solche Verknüpfung dadurch gegeben, daß sie ihren Rechtsgrund im Arbeitsverhältnis finden und mit Rücksicht auf das Bestehen des Arbeitsverhältnisses, d.h. im Hinblick auf die gesamten erbrachten und zu erbringenden Arbeitsleistungen gewährt werden muß [251].

---

248 Hess, Schlochauer-Glaubitz, § 87 BetrVG, Rr. 393; Dietz, Richardi, § 87 BetrVG, Rr. 386; Staudinger-Richardi, § 611, Rr. 614; Handbuch des Gratifikationsrechts, Rr. 2; Staatslexikon, "Betriebliche Sozialpolitik", Spalte 726; Pleiß, Soziale Leistungen, S. 33, 35, 62, 66, 68, 166; Röder, Betriebliches Wohnungswesen, S. 66-70; Merle, Sozialer Aufwand, S. 28, 61, 63, 98-101.; Roost, Sozialleistungen, S. 34; Lipke, Gratifikationen, S. 2, 3; Luhmann, Zach, Sonderzuwendungen, S. 10, 162; Jahnke, Gratifikationen, S. 16f.; Moll, S. 138; Wolf, Sozialleistungen, S. 4..

249 einschränkend: Schaaf, SGb 1993, 506, 509.

250 Soergel-Mühl, § 516, Rr. 12; RGRK-Metzger, § 516, Rr. 9; Palandt-Putzo, § 516, Rr. 8; MK-Kollhasser, § 516, Rr. 13-16; Wilhelm, in: Tomandl (Hg), Entgeltprobleme, S. 1, 4.

251 BAG AP Nr.2 zu § 87 BetrVG 1972 Sozialeinrichtung; AP Nr.5, 22 zu § 87 BetrVG 1972 Lohngestaltung; Staudinger-Richardi, § 611, Rr. 615f.; Fitting, Auffarth, § 87 BetrVG, Rr. 122; Hess, Schlochauer-Glaubitz, § 87 BetrVG, Rr. 459; Dietz, Richardi, § 87 BetrVG, Rr. 516; Wlotzke, § 87 BetrVG, Anm. II 10 a; Fabricius, GK-BetrVG-Wiese, § 87, Rr. 614; Wilhelm, in: Tomandl (Hg), Entgeltprobleme, S. 1, 10; Moll, Mitbestimmung, S. 89, 137, 139; Steinmeyer, Betriebliche Altersversorgung, S. 36f., 55; Jahnke, Gratifikationen, S. 9-11; Jahnke, ZfA 1980, 863, 863 und 870; Richardi, ZfA 1976, 1, 11; Mattes, NZA 1987, 289, 290; Hilger, RdA 1981, 1, 9.

In diesem Sinne wird die stufenweise Wiedereingliederung mit Rücksicht auf das Arbeitsverhältnis vom Arbeitgeber ermöglicht.
Dieser Qualifizierung steht nicht entgegen, daß das Wiedereingliederungsverhältnis aufgrund eines Vertrages sui generis und nicht aufgrund eines Arbeitsvertrages begründet wird. Denn die betriebliche Sozialleistung muß nur mit Rücksicht auf, nicht aber aufgrund des Arbeitsvertrages gewährt werden.
Im übrigen bestehen auch andere Arbeitgeberleistungen, die als betriebliche Sozialleistung allgemein anerkannt sind und auf einem selbständigen Vertrag beruhen, wie z.B. die Werkmietwohnung (§§ 565b-565d BGB) auf einem Mietvertrag beruht.

Zur Bestimmung dafür, daß die Leistung mit Rücksicht auf das Arbeitsverhältnis zu erbringen ist, kann das Begriffsmerkmal von anderen betrieblichen Sozialleistungen, insbesondere der Werkmietwohnung und der betrieblichen Altersversorgung (§ 1 I 1 BetrAVG) herangezogen werden. Hier bedeutet es, daß zwischen der Sozialleistung und dem Arbeitsverhältnis ein innerer Zusammenhang dergestalt bestehen muß, daß das Arbeitsverhältnis Geschäftsgrundlage, Anlaß für die Erbringung der Sozialleistung zu sein hat [252].

Dieser innere Zusammenhang der stufenweisen Wiedereingliederung mit dem Arbeitsverhältnis ergibt sich schon aus dem Wortlaut des § 74 SGB V, der auf die bisherige Tätigkeit im Rahmen des Arbeitsvertrages abstellt. Eine betriebliche Rehabilitationsmaßnahme, die nicht an den Arbeitsvertrag anknüpft, kann nicht Wiedereingliederung i.S.d. § 74 SGB V sein.
Darüber hinaus läßt sich eine Gegenseitigkeit dahingehend herstellen, daß sich der Arbeitnehmer in einem fortbestehenden Arbeitsverhältnis befindet [253], und der Arbeitgeber die Wiedereingliederungsmöglichkeit im Hinblick auf die in Zukunft zu erbringende Arbeitsleistung des Arbeitnehmers gewährt: mit der Wiedereingliederung soll diese Arbeitsleistung schneller wieder möglich sein und folglich dem Arbeitgeber früher wieder zugute kommen; der Arbeitgeber erkauft sich damit gewissermaßen einen "Zeitgewinn". Dies macht er nur wegen des eigentlichen Arbeitsverhältnisses.

---

252 für die Werkmietwohnung: BAG AP Nr.4 zu § 87 BetrVG 1972 Werkmietwohnungen; Dietz, Richardi, § 87 BetrVG, Rr. 464; Fabricius, GK-BetrVG-Wiese, § 87, Rr. 559; Galperin, Löwisch, § 87 BetrVG, Rr. 202; Hess, Schlochauer-Glaubitz, § 87 BetrVG, Rr. 434; MK-Voelskow, Vor §§ 565b-565e, Rr. 1; Erman-Jendrek, §§ 565b-565e, Rr. 2; Röder, Betriebliches Wohnungswesen, S. 51
für die betriebliche Altersversorgung: BGH AP Nr.12 zu § 7 BetrAVG, AP Nr.1 zu § 17 BetrAVG; Blomeyer, Otto, BetrAVG, Einl., Rr. 28; Urbatsch, Betriebliche Altersversorgung, S. 25.

253 vgl. § 1 I.

Dem Entgeltcharakter der Wiedereingliederung widerspricht nicht, daß sie auch Fürsorgecharakter trägt. Denn trotz seiner schuldrechtlichen Natur hat der Arbeitsvertrag personalen Charakter: bei ihm geht es nicht nur um den Austausch von Vermögenswerten, sondern der Arbeitnehmer muß als Person Berücksichtigung finden. Er stellt einen wesentlichen Teil seiner Kraft dem Arbeitgeber zur Verfügung, er zieht daraus im allgemeinen seine Lebensgrundlage, er ist durch die Eingliederung in den Betrieb im Gefahren- und Einwirkungsbereich des Arbeitgebers [254].
Daher haftet sämtlichen Leistungen des Arbeitgebers im Arbeitsverhältnis eine gewisse Fürsorge i.S.v. Daseinsvorsorge an [255].

254 Schaub, Handbuch, S. 818; Zöllner, Loritz, S. 140, 182; Hanau, Adomeit, Arbeitsrecht, S. 169f..
255 zur Doppelnatur der betrieblichen Altersversorgung: BAGE 24, 177, 183; BAG AP Nr. 156 zu § § 242 BGB Ruhegehalt; Blomeyer, BetrAVG, Einleitung, Rr. 114; Steinmeyer, S. 9; Urbatsch, Grundzüge, S. 53; Hilger, RdA 1981, 6, 8.

§ 7 Die stufenweise Wiedereingliederung als Regelung der Teilarbeitsfähigkeit

I. Ablehnung einer gesetzlichen Regelung der Teilarbeitsfähigkeit

Einige Stimmen in der Literatur machen zu § 74 SGB V die Aussage, daß mit der stufenweisen Wiedereingliederung erstmals das Problem der teilweisen Arbeitsfähigkeit gesetzlich geregelt worden sei [256].

Damit hätte der Gesetzgeber seine Bemühungen zur Normierung der Teilarbeitsfähigkeit, die schon seit dem Referentenentwurf des Bundesarbeitsministeriums vom 23. 3. 1984 zum Beschäftigungsförderungsgesetz von 1985 [257] anhalten und im Vorfeld des GRG fortgesetzt wurden, zum Abschluß gebracht [258].
War sogar die in § 41 des Referentenentwurfs zum GRG [259] vorgeschlagene stufenweise Wiedereingliederung mit der Überschrift "Teilarbeitsfähigkeit" versehen, so hat der Gesetzgeber in der Folge die Kodifizierung einer Teilarbeitsfähigkeit wieder fallen gelassen. Denn mit der Eigenschaft als betriebliche Rehabilitationsmaßnahme, damit als aliud zur Arbeitsleistung, hat er sich bewußt gegen eine Teilarbeitsfähigkeit entschieden, so daß sich Grunde die Frage der Teilarbeitsfähigkeit im Zusammenhang mit § 74 SGB V nicht stellt [260].

---

256 Compensis, NZA 1992, 631, 634f.; Glaubitz, NZA 1992, 402; Lambeck, NZA 1990, 88, 90; a.A.: BAG vom 29.1.1992, U 1-3; LAG Berlin, LAGE 47, Nr.5 zu § 611 BGB; KassKom-Hess, § 74 SGB V, Rr. 4; Hauck, § 44 SGB V, Rr. 67; Dalichau, Schiwy, zu § 74 SGB V; Schmatz, Fischwasser, § 74 SGB V, Rr. 4; Liebold-Zawlewski, § 74 SGB V, C 74-3 und 5; Bley, Gitter-Heinze, § 74 SGB V, Anm. 4; Schulte-Mimberg, Sabel, Rechtsprechung, S. 108 FN 215; Kolb, Seidel, Rehabilitationsrecht, Rr. 149; Institut für Empirische Soziologie, S. 139; Lambeck, NZA 1990, 88, 90; Misera, Anmerkung zu BAG vom 29.1.1992-5 AZR 37/91, SAE 1992, 355, 356; Brocke, SGb 1990, 45, 49; Kruck, MedSach 1989, 76; Wanner, DB 1992, 93, 94; Schulte-Mimberg, SozFort 1989, 148, 151f.; Schulin, SGb 1984, 285, 288.

257 abgedruck in: RdA 1984, 169, 174.

258 Im Sommer 1993 flammte die Diskussion über eine Teil-Krankschreibung erneut auf, so z.B. Süddeutsche Zeitung vom 23.7.1993;
vgl. auch § 57 III Arbeitsvertragsgesetz - Diskussionsentwurf des Arbeitskreises "Deutsche Rechtsein heit im Arbeitsrecht", Hromadka, NJW 1992, 1985, 1989

259 abgedruckt in: v. Maydell, GK-SGB V, Anhang

260 Schaub, Handbuch, S. 731; Brocke, SGb 1990, 45, 49.

II. Die sozialrechtliche Teilarbeitsfähigkeit

Abgesehen davon, daß die ganz h.M. im Sozialrecht die Existenz einer abgestuften Arbeitsfähigkeit generell ablehnt [261], kommt die stufenweise Wiedereingliederung als Regelung der Teilarbeitsfähigkeit wegen ihres Rechtscharakters nicht in Betracht. Denn eine Teilarbeitsfähigkeit verlangt zumindest, daß der Versicherte eine teilweise Arbeitsleistung erbringt.

Anderes könnte nur für den Fall gelten, daß der sozialrechtliche Begriff der Arbeitsunfähigkeit eine Verweisung auf ähnliche, gleichgeartete Tätigkeiten zuließe und diese Verweisungstätigkeit keine Arbeit im sozialrechtlichen Sinne sein müßte.
Da jedoch eine Verweisungsmöglichkeit außerhalb des Arbeitsvertrages abzulehnen ist [262] und die Wiedereingliederungstätigkeit weder Arbeitsleistung ist noch im Rahmen des Direktionsrechts zugewiesen werden kann [263], kann man auch so nicht zur Annahme einer sozialrechtlichen (Teil-)Arbeitsfähigkeit gelangen.

III. Die arbeitsrechtliche Teilarbeitsfähigkeit

Unabhängig davon, ob eine Teilarbeitsfähigkeit im Arbeitsrecht existiert [264], oder ob es auch im Arbeitsrecht gleichbedeutend ist, ob der Arbeitnehmer durch die Krankheit ganz oder teilweise arbeitsunfähig wird [265] , kann die Wiedereingliederung als rechtliches aliud zur Arbeitsleistung keine Regelung der teilweisen Erbringung der Arbeit sein.

---

261 BSGE 47, 47, 50; 57, 163, 166; Liebold-Zalewski, § 74 SGB V, C 74-3; Hauck, § 44 SGB V, Rr. 67; Brackmann, Handbuch, S. 391; Peters, Handbuch, § 182 RVO, Anm. 10d; Wannagat, Lehrbuch I, S. 281; Moswald, S. 5; Binder, in: Tomandl (Hg), Minderung, S. 1, 6; Knoll, SGb 1957, 321, 322, Gehrke, Schardt, WzS 1987, 221, 222; Kruck, MedSach 1989, 76, 77; Römer, Deutsches Ärzteblatt 1975, 2765, 2766; Brocke, SGb 1990, 45, 49; Friede, ZSR 1974, 77, 86;
für die Existenz einer Teilarbeitsfähigkeit: Dosch, in: FS Gaul 1987, 245, 251; Marburger, BB 1973, 851, 852.

262 vgl. § 4 I.

263 vgl. § 8 I 1..

264 Erman-Hanau, § 616, Rr. 32; Münchener Handbuch-Schulin, Bd 1, IndAR I § 81, Rr. 47f.; Raatz, Entgeltfortzahlung, S. 113; Feichtinger, Pohl, DB 1984, Beilage 4, S. 3; Meisel, Anmerkung zu BAG vom 19.5.1982-5 AZR 488/80, SAE 1983, 181, 183
für die Existenz einer Teilarbeitsfähigkeit im Rahmen von § 275 I BGB: Boemke, Anmerkung zu BAG AR-Blattei, ES, Krankheit des Arbeitnehmers, Entscheidung Nr. 186.

265 h.M.: BAG vom 29.1.1992 U 1-3; BAG AP Nr. 42, 52 zu § 616 BGB; LAG Berlin, LAGE Nr.5 zu § 611 BGB; LAG Rheinland-Pfalz, NZA 1992, 169, 170; LAG Hamm, NZA 1989, 600; Dalichau, Schiwy, zu § 74 SGB V; Schickel, Grüner, Dalichau, § 112 AFG, Anm. III 2.; Schmatz, Fischwasser, § 1 LFZG, Rr. 56; Kaiser, Dunkl, § 1 LFZG, Rr. 87; Brecht, § 1 LFZG, Rr. 17; Institut für Empirische Soziologie, S. 75; Schulte-Mimberg, Sabel, Rechtsprechung, S. 108; Hunold, Krankheit, S. 36f.; Däubler, Arbeitsrecht 2, S. 439; Löwisch, in: FS Jauch, S. 131, 136; Binder, Zusammenspiel, S. 189 und S. 189 FN 44; Schelp;

IV. Fortbestand der Arbeitsunfähigkeit

Damit ist klargestellt, daß der versicherte Arbeitnehmer während des Verfahrens zur stufenweisen Wiedereingliederung vollständig arbeitsunfähig bleibt, wie dies im übrigen schon der Wortlaut des § 74 SGB V ("arbeitsunfähige Versicherte") unterstellt [266].

Trieschmann, Arbeitsverhältnis, S. 4; Kruck, MedSach 1989, 76, 77; Olderog, BB 1989, 1684, 1685; Eich, BB 1988, 197, 198; Gerlach, WzS 1988, 158, 159; Compensis, NZA 1992, 631, 634; Misera, Anmerkung zu BAG vom 29.1.1992-5 AZR 37/91, SAE 1992, 355.

266 Arbeitsunfähigkeits-Richtlinie Nr.3; BSGE 57, 163, 166; BAG vom 29.1.1992, U 1-3; LAG Berlin LAGE 47, Nr.5 zu § 611 BGB; Schmatz, Fischwasser, § 74 SGB V, Rr. 9; Dalichau, Schiwy, zu § 74 SGB V; Liebold, Zawleski, § 74 SGB V, C 74-5; Hauck, § 44 SGBV, Rr. 68; KassKom-Hess, § 74 SGB V, Rr. 4; Maaßen, Schermer, Wiegand, Zipperer-Widekamp, § 44 SGB V, Rr. 6; Gitter, Wiedereingliederungs-These Nr.1; Institut für Empirische Soziologie, S. 72; Moswald, S. 6; Bundesarbeitsgemeinschaft für Rehabilitation, Arbeitshilfe, S. 14; Schulin, Sozialrecht, Rr. 264b; Friede, ZSR 1984, 77, 86; Schulte-Mimberg, SozFort 1989, 148, 152; Häußler, Rehabilitation 1984, 110, 111f.; Horch, MedSach 1993, 25, 28; Schulin, SGb 1984, 285, 288; Köhn, Moch, BKK 1990, 485; Kruck, MedSach 1989, 76, 77; Boemke, Anmerkung zu BAG AR-Blattei, ES, Krankheit des Arbeitnehmers, Entscheidung Nr. 186.

§ 8 Verpflichtung des Arbeitnehmers/Versicherten zur Wahrnehmung einer Wiedereingliederungsmöglichkeit

Die Gesetzesmaterialien [267], die Rechtsprechung [268] sowie die Literatur [269] bemerken lapidar, daß die Teilnahme an einer stufenweisen Wiedereingliederung für den arbeitsunfähigen Arbeitnehmer/Versicherten freiwillig sei.
Ob diese Aussage jedoch genügt, um die Wiedereingliederung dem Arbeitnehmer/Versicherten arbeits- und sozialrechtlich völlig ins freie Belieben zu stellen, bleibt zu überprüfen.

I. Rechtsgrundlagen einer arbeitsrechtlichen Pflicht

1.) Direktionsrecht

Die Zuweisung eines Wiedereingliederungsplatzes im Betrieb könnte aufgrund des Direktionsrechts des Arbeitgebers erfolgen.

a) Begriff des Direktionsrechts

Das Direktionsrecht ermächtigt den Arbeitgeber, die im Arbeitsvertrag im allgemeinen nur rahmenmäßig umschriebene Leistungspflicht des Arbeitnehmers nach Art, Ort und Umfang der Leistung einseitig näher zu bestimmen. Es bezieht sich auf die Arbeitsleistung des Arbeitnehmers an sich, wie auch auf sein arbeitsbegleitendes Verhalten und auf sein Verhalten im Betrieb und seinen Arbeitskollegen gegenüber [270].

---

267 Regierungsbegründung zum GRG, BR-Drucks. 200/88, zu § 82, S. 192.

268 BAG vom 29.1.1992, U 1-3; LAG Berlin, LAGE 47, Nr.5 zu § 611 BGB.

269 Schmatz, Fischwasser, § 74 SGB V, Rr. 2, 6; Dalichau, Schiwy, zu § 74 SGB V; Liebold, Zalewski, § 74 SGB V, C 74-5; KassKom-Hess, § 74 SGB V, Rr. 3; Krauskopf, § 74 SGB V, Rr. 2; Gitter, Wiedereingliederungs-These Nr.2; Bundesarbeitsgemeinschaft für Rehabilitation, Arbeitshilfe, S. 16; Institut für Empirische Soziologie, S. 75; Lambeck, NZA 1990, 88, 90; von Hoyningen-Huene, NZA 1992, 49, 51; Misera, Anmerkung zu BAG vom 29.1.1992-5 AZR 37/91, SAE 1992, 355, 356; Jaeger, Anmerkung zu BAG v. 29.1.1992-5 AZR 37/91, BetrR 1992, 98.

270 BAG AP Nr.17, 26 zu § 611 BGB Direktionsrecht; LAG Berlin AP Nr. 8 zu § 611 BGB Wegezeit; Erman-Hanau, § 611, Rr. 292; MK-Söllner, § 611, Rr. 219; Becker, GK-KSchR-Rost, § 2 KSchG, Rr. 36; Schaub, Handbuch, S. 140; Söllner, Grundriß, S. 254; Söllner, in: Hromadka (Hg), Änderung, S. 13, 14; Wank, in: Hromadka (Hg), Änderung, S. 35, 38; Pelz, in: FS Gaul, S. 83, 85f.; Hueck, Nipperdey, I, S. 158f.; Zöllner, Loritz, S. 68f.; von Hoyningen-Huene, Boemke, Versetzung, S. 84; Nikisch I, S. 255; Berger-Delhey, DB 1990, 2266; Falkenberg, DB 1981, 1087, 1088f..

Der Inhalt des Weisungsrechts bestimmt sich, sofern Gesetz und kollektivarbeitsrechtliche Vereinbarungen keine Regelung enthalten, nach dem Inhalt des Arbeitsvertrages. Ist eine ausdrückliche oder stillschweigende Vereinbarung im Arbeitsvertrag nicht getroffen, so ist er nach der Gesamtheit der Umstände unter Berücksichtigung von Treu und Glauben auszulegen [271].

Als Kriterien der Vertragsauslegung kommen dabei primär das Tätigkeits- und Berufsbild bzw. die Fachrichtung der bisher ausgeübten Arbeit und die die Tätigkeit bewertende Sozialanschauung in Betracht [272], im einzelnen insbesondere die physischen und psychischen Voraussetzungen, unter denen der Arbeitnehmer seine Arbeitsleistung zu erbringen hat, wie z.B. sein Leistungsvermögen [273].
Die essentialia negotii des Arbeitsvertrages, d.h. das Gleichgewicht von Leistung und Gegenleistung, muß das Weisungsrecht unberührt lassen [274].

Vergleicht man anhand dieser Merkmale die Wiedereingliederungstätigkeit mit der vor Eintritt der Arbeitsunfähigkeit ausgeübten arbeitsvertraglichen Tätigkeit, so kann sie nicht einmal grundsätzlich in den Rahmen der vertraglich geschuldeten Leistung fallen, die das Weisungsrecht konkretisieren kann. Denn als therapeutisch-rehabilitative Tätigkeit ist sie der Arbeitsleistung nicht gleichwertig: sie ist nicht Beruf, sondern Rehabilitation, sie erfolgt unter anderen physischen und psychischen Voraussetzungen wie die vertraglich vereinbarte Arbeit [275].

b) Ausdehnung des Direktionsrechts

Einschränkungen dieser Grundsätze könnten sich für die vorübergehende Übertragung einer anderswertigen Aufgabe ergeben. Kann der Anlaß für ihre vorübergehende Übertra-

271 BAG AP Nr.5, 17 zu § 611 BGB Direktionsrecht; Schaub, Handbuch, S. 261; Münchener Handbuch-Richardi, Bd 1, IndAR I, § 12, Rr. 52 und Blomeyer, § 46, Rr. 20, 22; Pelz, in: FS Gaul, S. 83, 87; von Hoyningen-Huene, Boemke, Versetzung, S. 84; Berger-Delhey, DB 1990, 2266, 2267.

272 BAG AP Nr.2, 27 zu § 611 BGB Direktionsrecht; Becker, GK-KSchR-Rost, § 2 KSchG, Rr. 39 Schaub, Handbuch, S. 264; Söllner, Einseitige Leistungsbestimmung, S. 85; Pelz, in: FS Gaul, S. 83, 87; Hueck, Nipperdey, I, S. 200; von Hoyningen-Huene, Boemke, Versetzung, S. 84; Birk, AR-Blattei, D, Direktionsrecht I, C I 1 a; Berger-Delhey, DB 1990, 2266, 2267; Falkenberg, DB 1981, 1087, 1089.

273 BAG AP Nr.3 zu § 1 TVG Tarifverträge: Textilindustrie; Birk, AR-Blattei, D, Direktionsrecht I, C I 1 b; Pelz, in: FS Gaul, S. 83, 87, 92.

274 BAG NZA 1985, 321; BAG DB 1983, 1368, 1369; Erman-Hanau, § 611, Rr. 294; Becker, GK-KSchR-Rost, § 2 KSchG, Rr. 48; Münchener Handbuch-Blomeyer, Bd 1, IndAR I, § 46, Rr. 44; Söllner, in: Hromadka (Hg), Änderungen, S. 13, 25, 29; Wank, in: Hromadka (Hg), Änderungen, S. 35, 39f.; Söllner, Einseitige Leistungsbestimmung, S. 52f..

275 a.A. für die vorübergehende Zuweisung einer anderen Arbeit: Maaßen, Schermer, Wiegand, Zipperer-Wiegand, § 74 SGB V, Rr. 4.

gung als ausreichender Grund angesehen werden - wie z.B. bei Not-, Eil- und Vertretungsfällen -, wird diese anderswertige Aufgabe vom Direktionsrecht gerechtfertigt [276].

Hierunter läßt sich die stufenweise Wiedereingliederung schon deshalb nicht fassen, weil der Anlaß für die vorübergehende Übertragung einer anderswertigen Tätigkeit im Risikobereich des Arbeitgebers, einer Zwangslage seitens des Arbeitgebers, liegen muß. Für die krankheitsbedingte Arbeitsunfähigkeit des Arbeitnehmers gilt dies nicht.

c) Das Direktionsrecht im Rahmen von betrieblichen Sozialleistungen

Anderes ergibt sich auch nicht aus der Betrachtungsweise, daß die Wiedereingliederung eine betriebliche Sozialleistung ist, und die Gewährung freiwilliger Leistungen eine einseitige Maßnahme seitens des Arbeitgebers darstellt, bei der stärker als sonst die Alleinbestimmung des Arbeitgebers maßgeblich ist [277].

Da die allmähliche Arbeitsaufnahme, regelmäßig im Unterschied zu anderen freiwilligen Leistungen des Arbeitgebers, den Arbeitnehmer jedoch nicht nur begünstigt, sondern auch belastet, nämlich zu einer Betätigung anhält, kommt man auch so zu keiner Verpflichtungsmöglichkeit des Arbeitnehmers. Denn Belastungen des Arbeitnehmers durch den Arbeitgeber dürfen nur so weit gehen, wie der Arbeitsvertrag dies erlaubt.

2.) Treuepflicht

Fraglich ist, ob der Arbeitnehmer aufgrund seiner dem Arbeitgeber gegenüber bestehenden Treuepflicht gehalten sein könnte, die ihm vom Arbeitgeber gebotene Wiedereingliederungsmöglichkeit wahrzunehmen.

a) Begriff der Treuepflicht

Anders als die früher h.M., die in der Treuepflicht eine dogmatische Kategorie des als personenrechtliches Gemeinschaftsverhältnis zu qualifizierenden Arbeitsverhältnisses sah[278], betrachtet die heute h.M. die Treuepflicht als Bündel von Nebenpflichten des als Schuld-

---

276 BAG AP Nr. 2, 9 zu § 24 BAT, AP Nr. 17 zu § 611 BGB Direktionsrecht; Birk, AR-Blattei, D, Direktionsrecht I, C I 1 b; Pelz, in: FS Gaul, S. 83, 90; Berger-Delhey, DB 1990, 2266, 2268; Falkenberg, DB 1981, 1087, 1089.

277 von Hoyningen-Huene, Billigkeit, S. 201f.; Söllner, Einseitige Leistungsbestimmung, S. 100f..

278 Hueck, Nipperdey, I, S. 241f.; Nikisch I, S. 446f.; Gaul, Arbeitsrecht I, F I, Rr. 2; Kramer, in: Tomandl (Hg), Treuepflicht, S. 107, 116f.; Schwarz, Holzer, Treuepflicht, S. 33, 40.

verhältnis zu qualifizierenden Arbeitsverhältnisses, die sich nach den jeweiligen Umständen des einzelnen Arbeitsvertrages aus dem Grundsatz von Treu und Glauben unter Berücksichtigung der Verkehrssitte ergeben [279].

Ihr Inhalt ist umstritten. Die Formel der Rechtsprechung geht zu weit, wonach sich der Arbeitnehmer für die Interessen des Betriebes umfassend einzusetzen und alles zu unterlassen habe, was dem Arbeitgeber oder dem Betrieb abträglich sei [280].
Vielmehr geht es darum, die im Zusammenhang mit dem Arbeitsvertrag stehenden Interessen des Arbeitgebers zu wahren, soweit sie sich aus dem unternehmerischen Tätigkeitsfeld, der Eingliederung des Arbeitnehmers in den Betrieb und der Weisungs- und Organisationsmacht des Arbeitgebers ergeben [281] (vgl. § 77 des Entwurfes eines Arbeitsgesetzbuches, Allgemeines Arbeitsvertragsrecht).

b) Begrenzung des außerbetrieblichen Verhaltens durch die Treuepflicht

Aus dem Grundsatz, daß nur schutzwürdige betriebsbezogene Interessen des Arbeitgebers die Treuepflicht beeinflussen, folgt der Grundsatz, daß die Privatsphäre des Arbeitnehmers durch die Treuepflicht nicht begrenzt werden kann [282] : grundsätzlich kann der Arbeitgeber von ihm kein bestimmtes Verhalten außerhalb der betrieblichen Tätigkeit beanspruchen, woraus beispielsweise folgt, daß er ihn nicht zur Erhaltung seiner Arbeitsfähigkeit verpflichten kann [283].

Anderes gilt jedoch für die Wiedererlangung der Arbeitsfähigkeit während der Arbeitsunfähigkeit des Arbeitnehmers. Aufgrund der Treuepflicht hat sich der

279 BAG AP Nr.1 zu § 103 BetrVG 1972; BGH AP Nr.9 zu § 611 BGB Treuepflicht; Erman-Hanau, § 611, Rr. 482; MK-Söllner, § 611, Rr. 375; Staudinger-Richardi, § 611, Rr. 369f.; Palandt-Putzo, § 611, Rr. 39; Schaub, Handbuch, S. 323; Münchener Handbuch-Blomeyer, Bd 1, IndAR I, § 49, Rr. 2, 16f.; Zöllner, Loritz, Arbeitsrecht, S. 158f.; Hanau, Adomeit, Arbeitsrecht, S. 169; Richardi, in: Tomandl (Hg), Treuepflicht, S. 41, 42, 55, 65; Schwerdtner, Fürsorgetheorie, S. 80f., 91; Buchner, ZfA 1979, 335, 339.

280 BAG AP Nr.1, 6, 7, 9, 10 zu § 611 BGB Treuepflicht.

281 MK-Söllner, § 611, Rr. 393; Münchener Handbuch-Blomeyer, Bd 1, IndAR I, § 49, Rr. 1, 19; Schaub, Handbuch, S. 323; Motzer, pVV, S. 76; Schwarz, Holzer, Treuepflicht, S. 41, 46; Schwarz, in: FS Wilburg, S. 355, 364; Kempff, DB 1979, 790, 794.

282 ArbG Berlin, DB 1974, 2212; LAG Niedersachsen, DB 1978, 749; ArbG Heilbronn, BB 1969, 136; LAG Bayern AP Nr.20 zu § 1 LohnFG; Erman-Hanau, § 611, Rr. 483; MK-Söllner, § 611, Rr. 395; Schaub, Handbuch, S. 323; Löwisch, in: FS Jauch, S. 131, 134; Motzer, pVV, S. 114; Schwerdtner, Fürsorgetheorie, S. 75; Lepke, Kündigung, S. 209, 212; Schwarz, Holzer, Treuepflicht, S. 57; Hunold, Krankheit, S. 141; Mayer-Maly, ArbuR 1968, 1, 13; Pauly, DB 1981, 1282, 1283; Grunsky, JuS 1989, 593, 597f.; Hofmann, ZfA 1979, 275, 287; Lepke, DB 1974, 430, 433.

283 BAG DB 1986, 976; ArbG Heilbronn, BB 1969, 136; ArbG Berlin, DB 1974, 2212; Münchener Handbuch-Schulin, Bd 1, IndAR I, § 81, Rr. 91; Schwarz, Holzer, Treuepflicht, S. 56; Lepke, Kündigung, S. 210; Schelp, Trieschmann, Arbeitsverhältnis, S. 39; Nikisch I, S. 614; Zeuner, Anmerkung zu BAG AP Nr.44 zu § 1 LohnFG; Lepke, DB 1974, 430, 433; Grunsky, JuS 1989, 593, 597; Hofmann, ZfA 1979, 275, 287; Eich, BB 1988, 197, 199.

Arbeitnehmer um die Wiederherstellung seiner Arbeitsfähigkeit zumindest insoweit zu bemühen, als er alles zu unterlassen hat, was seinen Heilungsprozeß verzögern und seine Arbeitsunfähigkeit verlängern könnte [284].

Der Fall von § 74 SGB V ist jedoch anders gelagert: Die Pflicht zur Teilnahme an der Wiedereingliederung wäre keine Unterlassungspflicht, sondern eine aktive Handlungspflicht des Arbeitnehmers zu gesundheitsförderndem Verhalten.

Untersucht man die Fälle in Rechtsprechung und Literatur, die dem Arbeitnehmer bei Arbeitsunfähigkeit aufgrund der Treuepflicht eine Handlungs- nämlich Gesundheitsförderungspflicht auferlegen, so handelt es sich um "Extremfälle" ; was sich schon aus dem Gedanken rechtfertigt, daß andernfalls der Arbeitnehmer bei jedem (schuldhaften) Verstoß dem Arbeitgeber sofort schadensersatzpflichtig würde [285].
Es geht insbesondere darum, daß der Arbeitnehmer ärztliche An- und Verordnungen zu befolgen hat [286].
Die Literatur behandelt zum Teil auch die Fälle, daß der Arbeitnehmer zumindest bei schwerer Erkrankung einen Arzt hinzuziehen bzw. sich zu den erforderlichen Maßnahmen zum Zwecke der Diagnose und zu Heilbehandlungen bereit erklären muß [287].

Ein Verstoß gegen die Treuepflicht bei Arbeitsunfähigkeit wird also nur bei regelwidrigem Verhalten angenommen, bei dem der Arbeitnehmer grobfahrlässig oder grobpflichtwidrig mit seiner Gesundheit verfährt, und er offensichtlich gegen alle Regeln der Gewissenhaftigkeit, Sachdienlichkeit und Vertrauenspflege verstößt [288].

---

284 BAG AP Nr.40 zu § 1 ArbKrankhG; AP Nr.5 zu § 1 KSchG 1969 Krankheit; BAG BB 1980, 836; LAG Hamm, DB 1970, 2379, 2380 und 1983, 235; LAG Niedersachsen, DB 1978, 749 und BB 1984, 1233; LAG Baden-Württenberg, BB 1966, 821; LAG Düsseldorf, DB 1955, 1044 und BB 1964, 884 und 1978, 1264, 1265 und 1981, 1522, 1523 und DB 1992, 431, 432; ArbG Ulm, DB 1957, 996, ArbG Essen DB 1966, 2035; LAG Nürnberg, BB 1980, 262; Herschel, Löwisch, § 1 KSchG, Rr. 119; Kaiser, Dunkl, § 1 LFZG, Rr. 123; Becker, GK-KSchR-Becker, § 1 KSchG, Rr. 276; Daum, Verhaltenspflichten, S. 36, 92f.; Röhsler, AR-Blattei, D, Krankheit des Arbeitnehmers I, C I 2 a; Löwisch, in: FS Jauch, S. 131, 133; Motzer, pVV, S. 111; Schelp, Trieschmann, Arbeitsverhältnis, S. 44; Hunold, Krankheit, S. 142; Feichtinger, Zweifelsfragen, S. 43, 158; Jäger, Krankheit, S. 44; Barwasser, DB 1976, 1332, 1333; Diekhoff, BB 1966, 1145, 1146; Pauly, DB 1981, 1282; Willemsen, DB 1981, 2619; Brill, DOK 1975, 817, 818f.; Heimeier, DB 1953, Beilage 2 zu Heft 4, D II.

285 Löwisch, AcP 165, 1965, S. 421, 446; Hofman, ZfA 1979, 275, 287.

286 BAG DB 1986, 976; ArbG Ulm, DB 1957, 996; LAG Niedersachsen, BB 1984, 1233; LAG Nürnberg, BB 1980, 262; LAG Düsseldorf, DB 1955, 1044; Röhsler, AR-Blattei, D, Krankheit des Arbeitnehmers I, C I 2 a; Kaiser, Dunkl, § 1 LFZG, Rr. 123; Daum, Verhaltenspflichten, S. 94; Schelp, Trieschmann, Arbeitsverhältnis, S. 44; Feichtinger, Zweifelsfragen, S. 158; Diekhoff, BB 1966, 1145, 1146; Brill, DOK 1975, 817, 818; Heimeier, DB 1953, Beilage 2 zu Heft 4, D II.

287 Kaiser, Dunkl, § 1 LFZG, Rr. 123; Daum, Verhaltenspflichten, S. 95; Schelp, Trieschmann, Arbeitsverhältnis, S. 44; Brill, DOK 1975, 817, 818.

288 ArbG Ulm, DB 1957, S. 996; LAG Düsseldorf, BB 1958, 776; Herschel, Löwisch, § 1 KSchG, Rr. 119; Kaiser, Dunkl, § 1 LFZG, Rr. 123; Daum, Verhaltenspflichten, S. 86, 93; Schäfer, NZA 1992, 529;

Um einen solchen "Extremfall" kann es bei der Wiedereingliederung jedoch nicht gehen. Zum einen hat der Gesetzgeber des GRG die Wiedereingliederung medizinisch als insoweit verzichtbar qualifiziert, als sie nicht als Sozialleistung gewährt werden muß [289]. Läßt sich der Arbeitnehmer also nicht wiedereingliedern, kann kaum angenommen werden, daß er leichtfertig mit seiner Gesundheit verfährt.

Zum anderen kann ebensowenig angenommen werden, daß sich der Arbeitnehmer in diesem Fall offensichtlich gewissenlos verhält, wenn sogar der Gesetzgeber selbst in den Gesetzesmaterialien zum GRG [290] davon spricht, daß eine stufenweise Wiedereingliederung zwar ermöglicht, nicht aber erzwungen werden soll.

Und schließlich ist zu bedenken, daß die Rehabilitationsbereitschaft tatbestandliche Voraussetzung des § 74 SGB V und insbesonders Voraussetzung für einen Wiedereingliederungserfolg ist [291]. Der Zweck der Wiedereingliederung würde aber in Frage gestellt, wenn der Arbeitnehmer sich nicht freiwillig bereit erklärte, sondern verpflichtet würde.

3.) Obliegenheit i.S.d. Entgeltfortzahlungsgesetzes (§ 3 I 1 EFZG)

Die Entgeltfortzahlung des Arbeitgebers im Krankheitsfall setzt voraus, daß den Arbeitnehmer an der Arbeitsunfähigkeit und - über den Wortlaut hinaus - an ihrer Verlängerung kein Verschulden trifft.

Möglich wäre, daß der Arbeitnehmer die Arbeitsunfähigkeit jedoch schuldhaft verlängerte, wenn er eine ihm gebotene Wiedereingliederungsmöglichkeit ausschlägt.

a) Verschulden gegen sich selbst

Bei diesem Verschulden gem. § 3 I 1 EFZG geht es um einen gröblichen Verstoß gegen das von einem verständigen Menschen im eigenen Interesse zu erwartenden Verhalten,

---

Löwisch, AcP 165, 1965, 421, 447; Pauly, DB 1981, 1282, 1283f.; Eich, BB 1988, 197, 200; Barwasser, DB 1976, 1332, 1334.

289 vgl. § 5 II.

290 BR-Drucks. 200/88, zu § 82, S. 192

291 vgl. § 4 III

dessen Folgen auf den Arbeitgeber abzuwälzen unbillig wäre [292], d.h. um ein Verschulden gegen sich selbst, eine Obliegenheitsverletzung [293].
Schuldhaftes Verhalten während des Entgeltfortzahlungszeitraumes muß also nicht als solches eine Verletzung einer arbeitsvertraglichen Pflicht, insbesondere der Treuepflicht, darstellen [294]. Allerhöchstens gibt die Treuepflicht den Maßstab dafür, ob der Arbeitnehmer die Folgen seines Verhaltens auf den Arbeitgeber abwälzen darf [295].

b) Erfaßte Fälle

Auch das Verschulden gegen sich selbst erfaßt - ähnlich der Treuepflicht - "Extremfälle". Es genügt nicht, daß der Arbeitnehmer sich die Krankheit oder ihre Verlängerung selbst zuzuschreiben hat, vielmehr muß es sich um ein leichtfertiges, unverständiges oder mutwilliges Verhalten handeln, das nicht als allgemeines Lebensrisiko betrachtet werden kann [296].

Diese enge Auslegung des Begriffes des Verschuldens rechtfertigt sich daraus, daß die Vergütungsfortzahlung im Krankheitsfall eine gesetzliche Konkretisierung der allgemeinen Fürsorgepflicht des Arbeitgebers ist [297], mit der es unvereinbar ist, wenn der Fortzahlungsanspruch schon bei kleineren Verstößen auszuschließen wäre, die erfahrungsgemäß jedem einmal unterlaufen und die geradezu der sozialtypische Fall einer Erkrankung und deren Verlängerung sind [298].
Auch widerspräche eine andere Auslegung der gesetzgeberischen Grundentscheidung der Entgeltfortzahlung für den arbeitsrechtlichen Weg der Arbeitnehmersicherung im Krank-

292 BAG AP Nr.8, 25, 26, 30, 44, 45, 49, 77 zu § 1 LohnFG; BAG AP Nr.28 zu § 63 HGB; LAG Bayern AP Nr.20 zu § 1 LohnFG; Birk, GK-EFZR-Birk, § 1 LFZG, Rr. 235, 237; Schmitt, § 1 LFZG, Rr. 60; Kehrmann, Pelikan, § 1 LFZG, Rr. 47; Kaiser, Dunkl, § 1 LFZG, Rr. 121f.; MK-Schaub, § 616, Rr. 62; Schmatz, Fischwasser, § 1 LFZG, Rr. 96; Schulte-Mimberg, Sabel, Rechtsprechung, S. 117; Hunold, Krankheit, S. 105; Marburger, DB 1980, 399; Eich, BB 1988, 197, 199.

293 a.A. für eine Anlehnung an § 276 BGB: Erman-Hanau, § 616, Rr. 34; Jäger, Krankheit, S. 40; Küchenhoff, Gemeinsame Anmerkung zu BAG AP Nr.25, 26 zu § 1 LohnFG; Künzl, BB 1989, 62, 64; Lepke, DB 1974, 430ff., 478, 481; Kruse, BB 1976, 984.

294 so aber: LAG Bayern AP Nr.20 zu § 1 LohnFG; Schelp, Trieschmann, Arbeitsverhältnis, S. 44; Hunold, Krankheit, S. 142; Feichtinger, Zweifelsfragen, S. 43.

295 Hueck, Nipperdey, I, S. 332 FN 32; vice versa: Löwisch, AcP 165, 1965, 421, 447.

296 BAG AP Nr.28 zu § 63 HGB; LAG Bayern AP Nr.20 zu § 1 LohnFG; Birk, GK-EFZR-Birk, § 1 LFZG, Rr. 277; Schmitt, § 1 LFZG, Rr. 61; Schmatz, Fischwasser, § 1 LFZG, Rr. 96; Kehrmann, Pelikan, § 1 LFZG, Rr. 47; Kaiser, Dunkl, § 1 LFZG, Rr. 122; MK-Schaub, § 616, Rr. 62; Schelp, Trieschmann, Arbeitsverhältnis, S. 40; Hunold, Krankheit, S. 105; Schulte-Mimberg, Sabel, Rechtsprechung, S. 117; Jäger, Krankheit, S. 44; Nikisch I, S. 615; Schäfer, NZA 1992, 529, 533f.; Eich, BB 1988, 197, 199f.; Brill, DOK 1975, 817f.; Gola, DB 1985, 2044, 2047; Zeuner, ArbuR 1975, 300, 301; Lepke, DB 1974, 430ff., 478, 481; Kruse, BB 1976, 984, 985.

297 h.M.: BAG AP Nr.25, 30, 34 zu § 1 LohnFG; BAG SAE 1987, 241; LAG Bayern AP Nr. 20 zu § 1 LohnFG; Schulte-Mimberg, Sabel, Rechtsprechung, S. 117; Künzl, BB 1989, 62, 63.

298 BAG AP Nr.28 zu § 63 HGB; MK-Schaub, § 616, Rr. 62; Schmitt, § 1 LFZG, Rr. 63; Löwisch, AcP 165, 1965, 421, 446; Künzl, BB 1989, 62, 63; Hofmann, ZfA 1979, 275, 281, 306; Marburger, DB 1980, 399.

heitsfall, wie sie in der sozialpolitischen Lastenverteilung zwischen Arbeitgeber und Krankenkasse erkennbar wird. Die grundsätzlich subsidiäre Leistungspflicht der Krankenkasse würde durch einen extensiven Verschuldensbegriff ausgehöhlt [299].

Für ein schuldhaftes Verhalten des Arbeitnehmers während der Entgeltfortzahlung finden sich folglich in Rechtsprechung und Lehre im Grunde dieselben Kriterien für ein gesundheitsgefährdendes Verhalten wie für die Verletzung der Treuepflicht durch den Arbeitnehmer, nämlich insbesondere der Fall der Mißachtung von ärztlichen Anordnungen, Verordnungen und Empfehlungen [300].

Kann aus der Treuepflicht jedoch keine Wiedereingliederungsverpflichtung abgeleitet werden, kann dies aus denselben Gründen [301] ebensowenig aus der Obliegenheit des § 3 I 1 EFZG.

4.) Verweigerung der stufenweisen Wiedereingliederung als verhaltensbedingter Kündigungsgrund i.S.d. § 1 II 1 KSchG

Lehnt der arbeitsunfähige Arbeitnehmer eine stufenweise Wiedereingliederung ab, obwohl ihm der Arbeitgeber die Möglichkeit bietet, fehlt es mit anderen Worten an der für den Tatbestand des § 74 SGB V erforderlichen Rehabilitationsbereitschaft, kann hierin kein Anlaß zu einer verhaltensbedingten Kündigung gesehen werden. Denn mangels Rehabilitationsbereitschaft liegt keine positive Gesundheitsprognose vor [302]. Dem Arbeitnehmer kann also kein Fehlverhalten vorgeworfen werden.

---

299 Münchener Handbuch-Schulin, Bd 1, IndAR I, § 81, Rr. 85; Schmitt, § 1 LFZG, Rr. 63; Schulin, Anmerkung zu BAG vom 6.8.1986-5 AZR 607/80, SAE 1987, 242, 243; vgl. BAG NJW 1979, 2326.

300 BAG DB 1986, 976; Schmitt, § 1 LFZG, Rr. 83; Kehrmann, Pelikan, § 1 LFZG, Rr. 54; Kaiser, Dunkl, § 1 LFZG, Rr. 123; Erman-Hanau, § 616, Rr. 45; Münchener Handbuch-Schulin, Bd 1, IndAR I, § 81, Rr. 91; Schulte-Mimberg, Sabel, Rechtsprechung, S. 124; Schelp, Trieschmann, Arbeitsverhältnis, S. 44; Hunold, Krankheit, S. 142; Feichtinger, Zweifelsfragen, S. 43, 159; Jäger, Krankheit, S. 44; Hueck, Nipperdey, I, S. 333; Brill, DOK 1975, 817, 818; Eich, BB 1988, 197, 200; Lepke, DB 1974, 430ff., 478, 481.

301 vgl. soeben 3.)

302 vgl. § 4 III 2..

II. Rechtsgrundlagen einer sozialversicherungsrechtlichen Pflicht

Auch sozialrechtlich ist zu untersuchen, ob der arbeitsunfähige Versicherte nicht aufgrund einer sozialversicherungsrechtlichen Vorschrift zur Teilnahme an einem Wiedereingliederungsverfahren gem. § 74 SGB V verpflichtet werden kann.

1.) Mitwirkungspflichten gem. §§ 60-64 SGB I

a) Adressat der Mitwirkungspflichten

Die §§ 60-64 SGB I setzen als Adressaten der Mitwirkungspflichten der Sozialgesetzbücher denjenigen Versicherten voraus, der Sozialleistungen beantragt oder erhält. Auf andere Bereiche als den Sozialleistungsbereich können die Vorschriften nicht, auch nicht entsprechend, angewandt werden [303].

Ausgangspunkt einer Mitwirkungspflicht kann daher nicht die Wiedereingliederung an sich sein, da sie nicht als Sozialleistung gewährt wird [304].
Eine Mitwirkungspflicht des arbeitsunfähigen Versicherten wird jedoch regelmäßig trotzdem nicht an dieser Voraussetzung scheitern; denn im allgemeinen erhält er infolge seiner Arbeitsunfähigkeit eine Sozialleistung, nämlich ärztliche Behandlung oder Krankengeld.

b) Untersuchungsverpflichtung

§ 62 SGB I, der zu einer ärztlichen oder psychologischen Untersuchung verpflichtet, kommt nur insofern in Betracht, als eine Untersuchung zur Feststellung der Arbeitsunfähigkeit bzw. der Voraussetzungen der Arbeitsunfähigkeitsbescheinigung gem. § 74 SGB V erforderlich ist.
Zu einer Teilnahme an der Wiedereingliederung an sich reicht diese Verpflichtung zu diagnostischen Maßnahmen dagegen nicht aus.

c) Verpflichtung zur Teilnahme an einer Heilbehandlung

Möglich wäre jedoch, daß sich der wegen Krankheit arbeitsunfähige Versicherte gem. § 63 SGB I auf Verlangen der Krankenkasse einer Wiedereingliederung unterziehen müßte, sofern die Wiedereingliederung eine Heilbehandlung darstellte.

---

303 BSGE 50, 152, 153; Krauskopf, vor § 60 SGB I, Rr. 7; Rüfner, VSSR 1977, 347, 349.
304 vgl. § 5 II 3.).

Zwar betrifft § 63 SGB I therapeutische Maßnahmen, da Heilbehandlungen im Sinne dieser Vorschrift alle Maßnahmen sind, die sich eignen, Gesundheitsstörungen zu beseitigen, zu bessern bzw. ihre Verschlimmerung zu verhüten [305].
§ 63 SGB I ist aber keine Rechtsgrundlage für die Gewährung einer Heilbehandlung, sondern setzt voraus, daß die entsprechende Heilbehandlung zum Leistungskatalog des jeweiligen Leistungsträgers gehört: der Leistungsträger kann nur zu einer im jeweiligen Leistungsbereich vorgesehenen Heilbehandlung auffordern [306].
Da die stufenweise Wiedereingliederung jedoch gerade keine Krankenbehandlung i.S.d. Krankenversicherungsrechts ist [307], wie sie mangels Sozialleistungseigenschaft auch dem sonstigen Leistungskatalog des SGB V nicht zugeordnet werden kann [308], kann die Krankenkasse den Versicherten nicht gem. § 63 SGB I zur Wiedereingliederung verpflichten [309].

2.) Leistungsbeschränkung bei Selbstverschulden (§ 52 SGB V)

Das gesetzliche Krankenversicherungsrecht ermöglicht mit § 52 SGB V, die vom Versicherten bezogenen Sozialleistungen zu beschränken, wenn er sie durch gemeinschaftsverträgliches Verhalten hätte vermeiden können.
Fraglich ist, ob ein Versicherter, der aufgrund seiner Arbeitsunfähigkeit Leistungen der GKV (ärztliche Behandlung, Krankengeld) erhält, an einer Wiedereingliederung teilzunehmen hat, wenn er nicht eine solche Leistungsbeschränkung hinnehmen will.

a) Herbeiführung eines Versicherungsfalles

§ 52 SGB V verlangt, daß der Versicherte sich vorsätzlich eine Krankheit zugezogen hat. Schon am Wortlaut dieser Vorschrift scheitert eine entsprechende Verpflichtung. Denn § 52 SGB V sanktioniert nur die **Herbeiführung** des Versicherungsfalles Krankheit, d.h. die Verursachung einer Krankheit und nicht die Verlängerung des Versicherungsfalles, worum es bei der Wiedereingliederung eventuell gehen könnte.

---

305 BSG SozR 1200 § 63 SGBI Nr.1; Hauck, Haines, § 63 SGB I, Rr. 6; Peters, Handbuch, § 63 SGB AT, Anm. 2; Wannagat, § 63 SGB AT, Rr. 11; Burdenski, GK-SGB AT-Burdenski, § 63, Rr. 3; KassKom-Seewald, § 63 SGB I, Rr. 13; Bley, Gitter-Schroeter, § 63 SGB I, Anm. 3; Koch, Hartmann-Harthun-Kindl, Fichte, § 63 SGB AT, Rr. 4, 14; BochKom-Freitag, § 63 SGB AT, Rr. 10; Krauskopf, § 63 SGB I, Rr. 1; SRH-Maier, 7.Kapitel, Rr. 81f.; Brackmann, Handbuch, S. 80e II; Gitter, in: FS Jauch, S. 79, 85; Gronwald, SGb 1989, 17, 19; Rüfner, VSSR 1977, 347, 356.

306 Krauskopf, § 63 SGB I, Rr. 1; BochKom-Freitag, vor § 63 SGB AT, Rr. 2f. und § 63 SGB AT, Rr. 12; Hauck, Haines, § 63 SGB I, Rr. 7.

307 vgl. § 5 II 1..

308 vgl. § 5 II 2., 3..

309 a.A. Brocke, SGb 1990, 45, 47, der die Wiedereingliederung ja als Sozialleistung betrachtet.

Die Wortlautinterpretation des § 52 SGB V wird durch sein Verhältnis zu den §§ 60ff. SGB I bestätigt: behandelt § 52 SGB V die Herbeiführung der Krankheit, betreffen die §§ 60ff. SGB I die Frage der "Schadensminderung" im Hinblick auf den Krankheitsverlauf nach Eintritt des Versicherungsfalles [310].

b) Enge Auslegung

Die Vorschrift des § 52 SGB V kann auch nicht erweiternd oder entsprechend auf Fälle der vorsätzlichen Verlängerung der Krankheit angewandt werden. Denn infolge des Schutzzweckes der sozialen Krankenversicherung ist § 52 SGB V eine Ausnahmevorschrift zu dem Grundsatz, daß die Ursachen der Krankheit für die Leistungsgewährung keine Rolle spielen; sie ist daher eng auszulegen [311].

3.) Nebenpflicht aus dem Sozialversicherungsverhältnis

Eine ungeschriebene Verpflichtung zur Teilnahme an einer stufenweisen Wiedereingliederung könnte aus dem Sozialversicherungsverhältnis herzuleiten sein.

a) Sozialversicherungsverhältnis

Unter einem Sozialversicherungsverhältnis versteht man ein öffentlich-rechtliches Schuldverhältnis, das aus der Gesamtheit der Rechtsbeziehungen zwischen einem Sozialversicherungsträger und einem Versicherten, sowie gegebenenfalls dritten Personen besteht; diese Rechtsbeziehungen ergeben sich aus dem Sozialversicherungsrecht und sind der Systemfunktion entsprechend darauf angelegt, durch Vorsorge vor bestimmten Versicherungsfällen und ihren Folgen zu schützen [312].

---

310 Dalichau, Schiwy, zu § 52 SGB V; Peters, Handbuch, § 192 RVO, Anm. 9; Faude, Selbstverantwortung, S. 163, 172; Steck, BKK 1992, 349, 351.

311 BSGE 9, 232, 237; 13, 240, 242; SG Darmstadt, WzS 1964, 85, 86; KassKom-Höfler, § 52 SGB V, Rr. 3; Krauskopf, 2.Aufl., § 192 RVO, Anm. 1; Gitter, in: Tomandl (Hg), Grenzen der Sozialversicherung, S. 27, 35; Peters, Handbuch, § 192 RVO, Anm. 2; Wulfhorst, VSSR 1982, 1, 10; Künnell, DOK 1990, 333, 334.

312 BSGE 34, 124, 127; 46, 124, 126; Bley, Kreikebohm, Sozialrecht, Rr. 51, 53, 319, 321; Krejci, Sozialversicherungsverhältnis, S. 5; Wannagat, Lehrbuch I, S. 299; Bley, Lexikon, "Sozialrechtsverhältnis", S. 47; Terwey, Betreuung, S. 83; Sammet, Leistungsstörungen, S. 38; Kirchhof, in: FS BSG Band 2, S. 537, 555; Gitter, VSSR 1977, 323, 323f.; Jülicher, SGb 1979, 445, 449; Bley, ZSR 1976, 69, 72; Henke, VSSR 1976, 41, 43f.; Löwer, NVwZ 1986, 793, 795; Schnapp, SGb 1979, 200, 204; Krejci, VSSR 1975, 212, 225; Meyer, SGb 1985, 57, 61; Schnapp, DÖV 1986, 811, 811f., 815;
allgemein zum Verwaltungsrechtsverhältnis: BGHZ 21, 214, 218f.; Ossenbühl, Staatshaftungsrecht, S. 296; Simons, Leistungsstörungen, S. 49; Häberle, Pluralismus, S. 251; von Einem, ZfS 1990, 1, 3, 5; Janson, DÖV 1979, 696, 697; Eckert, DVBl 1962, 11; Öhlinger, VVDStRL 45, 1987, 182, 189.

Seine Existenz ist heute allgemein anerkannt, über den konkreten Inhalt und seine Reichweite besteht dagegen keine Einigkeit.

b) Nebenpflichten aus Treu und Glauben

Aus dem schuldrechtlichen Charakter des Sozialversicherungsverhältnisses ergeben sich - wie im Zivilrecht aus § 242 BGB - aufgrund des Grundsatzes von Treu und Glauben und unter Berücksichtigung der Tatsache, daß das Sozialstaatsprinzip auch Pflichten mit sich bringt[313], für die Beteiligten des Sozialversicherungsverhältnisses Nebenpflichten, die den Leistungsvorgang begleiten und die zweckgerichtete Abwicklung des Schuldverhältnisses gewährleisten.
Im Sozialrecht ist ein solcher Rückgriff auf eine Vorschrift des Bürgerlichen Rechts zulässig, weil das BGB in § 242 einen allgemeinen Rechtsgedanken zum Ausdruck bringt, der in der gesamten Rechtsordnung, also auch im Sozialrecht, gilt [314].

Der Begründung von Nebenpflichten aufgrund des allgemeinen Rechtsgedankens von Treu und Glauben steht auch der Gesetzesvorbehalt des § 31 SGB I nicht entgegen, wonach Rechte und Pflichten in den Sozialleistungsbereichen nur begründet werden dürfen, soweit ein Gesetz es (vorschreibt oder) zuläßt. Denn als ein solches "zulassendes" Gesetz werden auch allgemeine, nicht kodifizierte Rechtsgrundsätze des (Sozial-) Verwaltungsrechts verstanden, wie etwa der Grundsatz von Treu und Glauben und die Anerkennung von Nebenpflichten aus dem öffentlich-rechtlichen Schuldverhältnis [315].

c) Mitwirkungspflichten im Rahmen der Nebenpflichten

Inhalt dieser Nebenpflichten ist allgemein, daß die Beteiligten des öffentlich-rechtlichen Versicherungsverhältnisses verpflichtet sind, über die Erfüllung der beiderseitigen Hauptpflichten hinaus, alle Handlungen vorzunehmen oder zu unterlassen, die zur

---

313 vgl. § 5 III 1..

314 BSGE 9, 199, 206; 13, 202, 204; 16, 151, 155; 19, 18, 20; 26, 129, 133; 60, 79, 82; Wannagat, Lehrbuch I, S. 202; Bley, Kreikebohm, Sozialrecht, Rr. 70; Terwey, Betreuung, S. 24, 27f.; Ossenbühl, Staatshaftungsrecht, S. 296; Hertwig, Verwaltungsverhältnis, S, 100; Sammet, Leistungsstörungen, S. 97; Kirchhof, in: FS BSG Band 2, S. 537, 555; Papier, Forderungsverletzung, S. 71, 76; Gitter, VSSR 1977, 323, 331; von Einem, ZfS 1990, 1, 4; Schnapp, SGb 1979, 200, 204; Jakumeit, Wilde, SGb 1971, 375; Janson, DÖV 1979, 696, 697f.; Eckert, DVBl 1962, 11, 14; Hill, NJW 1986, 2602, 2609.

315 Regierungsbegründung zum Gesetzentwurf zum SGB AT, BT-Drucks. 7/868, zu § 31, S. 27; BSGE 7, 51, 53; 54, 286, 292; SozR 1200 § 31 SGB I Nr.1; Wannagat, § 31 SGB AT, Rr. 7; Krauskopf, § 31 SGB I, Rr. 2; KassKom-Seewald, § 31 SGB I, Rr. 9; Hauck, Haines, § 31 SGB I, Rr. 5; Jahn-Metzger, § 31 SGB I, Rr. 3; Terwey, Betreuung, S. 32; Jülicher, SGb 1979, 445, 449;
einschränkend: BochKom, § 31 SGB AT, Rr. 31; Peters, Handbuch, § 31 SGB AT, Anm. 5; Brackmann, Handbuch, S. 79w;
ablehnend: Bley, Gitter-Bley, § 31 SGB I, Anm. 6b.

Verwirklichung des Sozialversicherungsverhältnisses notwendig sind, insbesondere alles in ihren Kräften Stehende und Zumutbare zu tun, um sich gegenseitig vor vermeidbaren, das Versicherungsverhältnis betreffenden Schäden zu bewahren [316].

Hierzu könnte eine über die §§ 60ff. SGB I hinausgehende Mitwirkungspflicht des Versicherten gehören, zur Überwindung seiner Arbeitsunfähigkeit an einer Wiedereingliederung gem. § 74 SGB V teilzunehmen.
Fraglich ist jedoch, ob Mitwirkungspflichten des Sozialversicherten nicht in den §§ 60ff. SGB I abschließend geregelt sind.

(1) Es kann als allgemeine Ansicht betrachtet werden, daß dem Versicherten über die §§ 60ff. SGB I hinaus Mitwirkungspflichten aufgrund des Sozialversicherungsverhältnisses obliegen.
Dafür daß die §§ 60ff. SGB I nicht abschließend sind, spricht schon die Regierungsbegründung zum Gesetzentwurf des SGB AT, wo es zum 3. Abschnitt heißt, daß er (nur) Regelungen enthalte, die für die Rechte und Pflichten in **allen** Sozialleistungsbereichen einheitlich gelten, im übrigen hier nur Regelungen getroffen seien, soweit wegen der besonderen Verhältnisse des Sozialrechts Klarstellungen oder Abweichungen von allgemeinen Grundsätzen des Verwaltungsrechts erforderlich seien oder der Sachzusammenhang es zweckmäßig erscheinen lasse [317].

Auch sind weitergehende Mitwirkungspflichten erforderlich, damit die Sozialversicherungsträger mit Rücksicht auf ihre Finanzierbarkeit und Funktionsfähigkeit wirksam handeln können, im übrigen der in § 1 I SGB I niedergelegten Sozialrechtsfunktion besser gerecht werden [318].

---

316 BSGE 34, 124, 127; 41, 126, 128; 45, 119, 121f.; 50, 152, 154; 51, 82, 84; 55, 40, 43; SG Darmstadt, WzS 1964, 85, 86; KassKom-Seewald, vor §§ 60-67 SGB I, Rr. 10; Bley, Lexikon, "Sozialrechtsverhältnis", S. 48; Bley, Kreikebohm, Sozialrecht, Rr. 70; Terwey, Betreuung, S. 89f.; Simons, Leistungsstörung, S. 134; Friedrichs, in: FS Schickel, S. 107, 110f.; Kolb, Seidel, Rehabilitationsrecht, Rr. 115; Mrozynski, Rehabilitationsrecht, Rr. 83; Brackmann, Handbuch, S. 80c I; Gitter, in: FS Jauch, S. 79, 80; SRH-Maier, 7. Kapitel, Rr. 2, 64; Löwer, NVwZ 1986, 793, 795; von Einem, ZfS 1990, 1, 4f.; Krejci, VSSR 1975, 212, 223; Krause, BlStSozArbR 1979, 145; Hill, NJW 1986, 2602, 2609, 2611; Geschwinder, ZfS 1981, 101, 104; Schmidt, DOK 1980, 192; Jülicher, SGb 1979, 445, 449; Henke, VSSR 1976, 41, 43; Rüfner, VSSR 1977, 347, 348; Wulfhorst, VSSR 1982, 1, 2, 8; Steck, BKK 1992, 349, 352.

317 Regierungsbegründung zum Gesetzentwurf zum SGB AT, BT-Drucks. 7/868, A. Allgemeiner Teil, S. 22

318 Koch, Hartmann-Harthun-Kindl, Fichte, Vorbemerkung vor §§ 60-67 SGB I, Rr. 11; Peters, Handbuch, Vorbemerkung zu § 60 SGB AT; SRH-Maier, 7. Kapitel, Rr. 64; Sammet, Leistungsstörungen, S. 135; Terwey, Betreuung, S. 88-90; Henke, VSSR 1976, 41, 44; Öhlinger, VVDStRL 1987, 182, 193; Krejci, VSSR 1975, 212, 223; Gronwald, SGb 1989, 17; Bley, ZSR 1976, 69, 80; Meyer, SGb 1985, 57, 61; Wulfhorst, VSSR 1982, 1, 8.

Schließlich regeln die §§ 60ff. SGB I Mitwirkungspflichten des Versicherten nicht abschließend, weil sie nur auf bestimmte Sachverhalte passen, andere aber - wie z.B. die Pflicht, der Heilwirkung einer Maßnahme schädigende Handlungen zu unterlassen - unberücksichtigt lassen [319].

(2) Die Erweiterung von Mitwirkungspflichten darf jedoch nur zurückhaltend erfolgen; insbesondere gibt es keine umfassende Pflicht des Versicherten zu Wohlverhalten [320]. Nicht nur gäbe es kaum Kriterien für den Umfang von umfassenderen Mitwirkungspflichten, die diese sachgerecht begrenzten [321].
Auch ist zu bedenken, daß der Gesetzgeber mit den §§ 60ff. SGB I von einer begrenzten Mitverantwortung des Versicherten ausgeht, die kodifiziert werden mußte, weil umfassende Nebenpflichten sich gerade nicht von selbst verstehen, die Inpflichtnahme des Versicherten vielmehr unter Abwägung der berührten Interessen abgegrenzt wurde und nicht einseitig erfolgte [322].

Daher ist es sachgerecht, daß eine Mitwirkungspflicht (nur) dann gegeben ist, wenn ihre Nichtvornahme als Rechtsmißbrauch erscheint. Denn im Rahmen des Risikoverteilungs- und Schadensausgleichssystems der Sozialversicherung ist nur mit "durchschnittlicher Rücksicht auf die anderen" zu rechnen, was ein "gewisses Maß an Fehlverhalten" einschließt [323].
Dieser Rechtsmißbrauch hat neben den in anderen Rechtsgebieten entwickelten Voraussetzungen zusätzlich die soziale Sicherungsfunktion von Sozialleistungen sowie die grundsätzliche Unbeachtlichkeit des Verhaltens des Leistungsberechtigten an der Entstehung des Sozialleistungsfalles zu berücksichtigen.

(3) Diese vorsichtige Konstituierung von ungeschriebenen Mitwirkungspflichten aus dem Sozialversicherungsverhältnis bedeutet für die stufenweise Wiedereingliederung, daß eine Pflicht zur Teilnahme nicht bestehen kann.

---

319 Faude, Selbstverantwortung, S. 416; Mrozynski, Rehabilitationsrecht, Rr. 83; Jülicher, SGb 1979, 445, 449.
320 BSGE 51, 82, 84; NJW 1981, 2718, 2719; VG Braunschweig, ZfSH/SGB 1985, 470; VGH Kassel, NJW 1986, 1129; Mrozynski, Rehabilitationsrecht, Rr. 73; Schnorr von Carolsfeld, in: FS Wannagat, S. 473, 480; Wulfhorst, VSSR 1982, 1, 10.
321 Hertwig, Verwaltungsrechtsverhältnis, S. 156; Krasney, DOK 1982, 705, 708.
322 BSG Breith. 1981, 417, 419f.; Hertwig, Verwaltungsrechtsverhältnis, S. 178, 237; Kirchhof, in: FS BSG, S. 537, 560; Gitter, in: FS Jauch, S. 79, 81; Jülicher, SGb 1979, 445, 448; Schnapp, DÖV 1986, 811, 817; Rüfner, VSSR 1977, 347, 350; Grupp, VerwArch 1989, 44, 48.
323 Wulfhorst, VSSR 1982, 1, 10;
auch: KassKom-Wulfhorst, vor §§ 60-67 SGB I, Rr. 11; Schnorr von Carolsfeld, in: FS Wannagat, S. 473, 480 FN 35; Hill, NJW 1986, 2602, 2611;
vgl. BSGE 34, 124, 128 und 29, 33f.; 19, 18, 20.

Hierfür ausschlaggebend ist die Überlegung, daß der Gesetzgeber zumindest in Bezug auf denjenigen Versicherten, der wegen Krankheit Sozialleistungen beantragt oder erhält, in § 63 SGB I dessen Mitwirkungspflichten an einer Heilbehandlung abschließend kodifiziert hat. In diesem Bereich besteht kein ungeregelter Sachverhalt, der eine ungeschriebene Pflicht des Versicherten rechtfertigen würde. Der Gesetzgeber hat zum Ausdruck gebracht, daß er Kranke nur zu ärztlich verordneten, angeordneten und überwachten Heilbehandlungen i.S.d. Krankenversicherungsrechts verpflichten möchte.
Verweigert der Rekonvaleszent dann die seiner Eigenverantwortung und nicht unmittelbar ärztlicher Verantwortung entspringende Wiedereingliederung, ist hierin zumindest kein zu sanktionierender Rechtsmißbrauch zu sehen.

Damit läßt sich auch sozialversicherungsrechtlich keine Pflicht zur Teilnahme an einer Wiedereingliederungstätigkeit herleiten (vgl. auch Arbeitsunfähigkeits-Richtlinie Nr.33).

III. Möglichkeit einer jederzeitigen Unterbrechung der Tätigkeit

Das für den Arbeitnehmer/Versicherten geltende Prinzip der Freiwilligkeit der stufenweisen Wiedereingliederung, das somit auf jeden Fall die Aufnahme der Wiedereingliederung erfaßt, könnte zu der Überlegung führen, daß der Rehabilitand seine Wiedereingliederungstätigkeit jederzeit unterbrechen darf und sie nicht regelmäßig wahrnehmen muß.

1.) Medizinisch indizierte Unterbrechung

Nicht in Frage steht dabei die medizinisch indizierte Unterbrechung, bei der der behandelnde Arzt eine Erholungspause für erforderlich hält. Hier fallen schon die Tatbestandsvoraussetzungen des § 74 SGB V - die positive Wiedereingliederungsprognose - weg [324].

---

324 Institut für Empirische Soziologie, S. 80; Wiedereingliederungs-Richtlinien der Siemens AG, ZP-Rundschreiben 10/90 vom 2.1.1990, Nr.5.1, 5.2 und 15/93 vom 12.3.1993, Nr. 5.1, 5.2; Vereinbarung Rodenstock, München und BKK vom 28.10.1983, Nr.6; Berliner Senator für Inneres, Rundschreiben II Nr. 17/1989 vom 8.2.1989, Nr.5.4.

2.) Sonstige Unterbrechungen

Sonstigen Unterbrechungen, die nicht medizinisch angezeigt sind, stehen jedoch folgende Überlegungen entgegen:

a) Widerspruch zur medizinischen Ausrichtung der Wiedereingliederung

Mit der Arbeitsunfähigkeitsbescheingung legt der behandelnde Arzt fest, welche Tätigkeit in welchem Umfang für den Arbeitnehmer die bestmögliche Rehabilitationsmaßnahme ist. Es steht im Hinblick auf den Zweck der stufenweisen Wiedereingliederung nicht im freien Belieben des Arbeitnehmers, in welchem Umfang er tätig sein will, zumindest solange er grundsätzlich rehabilitationsbereit ist. Grundlose Unterbrechungen laufen der medizinischen Ausrichtung der Wiedereingliederung zuwider.

b) Widerspruch zur Rücksichtnahmepflicht (§ 242 BGB)

Daneben wird das Wiedereingliederungsverhältnis als Schuldverhältnis [325] vom Grundsatz von Treu und Glauben beherrscht (§ 242 BGB), der den Vertragspartnern als Nebenpflicht auferlegt, auf die Interessen des anderen Teils Rücksicht zu nehmen [326], insbesondere die Vertrauensgrundlage des Vertrages nicht durch schwere Unzuverlässigkeit zu gefährden.
Soweit der Arbeitgeber in der ordnungsgemäßen Durchführung der Wiedereingliederungstätigkeit erkennbar schutzwürdig ist, kann der Rehabilitand auch nicht unter Berufung auf Freiwilligkeit die stufenweise Wiedereingliederung grundlos unterbrechen.
Dies gilt beispielsweise, wenn der Arbeitgeber aufwendige Vorbereitungen getroffen hat, um dem Arbeitgeber die Wiedereingliederung zu ermöglichen, oder wenn der Arbeitgeber den Rehabilitanden in gewissem Umfang in den Betriebsablauf eingeplant hat und ohne die Wiedereingliederungstätigkeit es zu kurzfristigen Ausfällen käme.
In diesen Fällen begründet die allgemeine Interessenwahrnehmungspflicht eine Art Dispositionsschutz und Redlichkeitserwartung zugunsten des Arbeitgebers [327].

Möchte der Arbeitnehmer von der Wiedereingliederung Abstand nehmen, kann er dies nur unter Beendigung des Wiedereingliederungsverhältnisses [328] tun.

---

325 vgl. § 6 II. 2.
326 vgl. § 11.
327 Staudinger-Richardi, § 616, Rr. 8; MK-Kramer, Einleitung v. § 241, Rr. 34 und Roth, § 242, Rr. 148, 151; Palandt-Heinrichs, § 242, Rr. 30f.; Soergel-Teichmann, § 242, Rr. 40; Larenz, Schuldrecht Bd I, AT, S. 109.
328 vgl. § 16.

§ 9 Verpflichtung des Arbeitgebers, eine Wiedereingliederungsmöglichkeit anzubieten

Gesetzesmaterialien und Literatur [329] bemerken ebenso lapidar, daß auch der Arbeitgeber nicht verpflichtet werden kann, den arbeitsunfähigen Arbeitnehmer im Betrieb wiedereinzugliedern

I. Möglichkeit einer arbeitsrechtlichen Verpflichtung

1.) Fürsorgepflicht

a) Allgemeiner Inhalt

Nachdem die Lehre vom Arbeitsverhältnis als personenrechtliches Gemeinschaftsverhältnis überholt ist, wonach sich der Arbeitgeber für das Wohl seines Arbeitnehmers einzusetzen habe [330], betrachtet die heute h.M. die Fürsorgepflicht - ähnlich der Treuepflicht des Arbeitnehmers - als Bündel arbeitsvertraglicher Nebenpflichten des Arbeitgebers, die sich aus § 242 BGB ergeben [331].
Der Entwurf eines Arbeitsgesetzbuches, Allgemeines Vertragsrecht formuliert dies folgendermaßen: Der Arbeitgeber hat seine Verpflichtung aus dem Vertragsverhältnis so zu erfüllen, seine Rechte so auszuüben und die im Zusammenhang mit dem Arbeitsverhältnis stehenden Interessen des Arbeitgebers so zu wahren, wie es unter Berücksichtigung der Belange des Betriebes und der Interessen der anderen Arbeitnehmer des Betriebes nach Treu und Glauben billigerweise verlangt werden kann (§ 69).
Inhalt und Umfang sind nicht abstrakt bestimmbar, sondern ergeben sich aus den Umständen des Einzelfalles, insbesondere der betrieblichen Übung und der Verkehrsauffassung unter Abwägung der berechtigten beiderseitigen Interessen [332].

329 für eine Verpflichtung i.R.d. betrieblich Möglichen: Gunder, ErsK 1991, 139, 142; Dalichau, Schiwy, zu § 74 SGB V.
330 Hueck, Nipperdey, I, S. 390; Nikisch I, S. 471.
331 BAG AP Nr.1 zu § 103 BetrVG 1972, AP Nr.6 zu § 611 BGB Öffentlicher Dienst; BAGE 47, 169, 173; BAG BB 1992, 211, 213; Schaub, Handbuch, S. 818; Münchener Handbuch-Blomeyer, Bd 1, IndAR I, § 92, Rr. 1, 11; MK-Söllner, § 611, Rr. 378; Erman-Hanau, § 611, Rr. 482; Staudinger-Richardi, § 611, Rr. 791; Söllner, Grundriß, S. 268; Hübner, Versetzungsbefugnis, S. 194; Weber, RdA 1980, 289, 294.
332 BAG AP Nr.1, 27 zu § 611 BGB Fürsorgepflicht; BB 1992, 211, 213; Schaub, Handbuch, S. 819, 825; Münchener Handbuch-Blomeyer, Bd 1, IndAR I, § 92, Rr. 16f..

b) Präventiver Gesundheitsschutz gem. §§ 618 I BGB, 62 I HGB, 120a GewO

Da es im Rahmen des § 74 SGB V um das Schutzgut der Gesundheit des Arbeitnehmers geht, kämen die §§ 618 I BGB, 62 I HBG, 120a GewO als gesetzlich konkretisierter Teilbereich der Fürsorgepflicht in Betracht.

Diese Vorschriften sind jedoch nicht einschlägig, da sie den vorbeugenden Schutz vor Gefahren betreffen, die dem Arbeitnehmer im Zusammenhang mit seiner Tätigkeit an Leben und Gesundheit drohen [333].
Die stufenweise Wiedereingliederung behandelt dagegen nicht den präventiven Gesundheitsschutz, vielmehr die aktuelle Krankheitsbekämpfung, bei der dazuhin die Krankheit nicht unabdingbar mit der Arbeitsleistung in Zusammenhang stehen muß.

c) Menschengerechte Gestaltung des Arbeitsplatzes

Ebensowenig geht es bei der allmählichen Arbeitsaufnahme um die menschengerechte Gestaltung des Arbeitsplatzes, d.h. um die Förderung der Gesamtheit der den Menschen an seinem Arbeitsplatz beeinflussenden Bedingungen.

Denn diese Gestaltungspflicht erstreckt sich nur auf **Arbeits**bedingungen, d.h. auf Gegebenheiten, die mit den Arbeitsabläufen, dem Arbeitssystem, der Arbeit an sich in Zusammenhang stehen [334] , folglich erstreckt sie sich nicht auf die Wiedereingliederung, die gerade keine Arbeitsleistung darstellt.

Im übrigen unterscheidet sich die ratio der Förderung: geht es bei § 74 SGB V primär um medizinische Belange des Arbeitnehmers, geht es bei der Gestaltung menschengerechter Arbeitsplätze um die freie Entfaltung der Arbeitnehmerpersönlichkeit im Betrieb, d.h. um den Persönlichkeitsschutz [335].

d) Zuweisung eines anderen Arbeitsplatzes

Gleichfalls um das Schutzgut der Gesundheit geht es, wenn die h.M. anerkennt, daß der Arbeitgeber aufgrund seiner Fürsorgepflicht gehalten sein kann, den Arbeitnehmer auf ei-

---

333 Erman-Hanau, § 618, Rr.1; Soergel-Kraft, § 618, Rr. 1, 7; MK-Lorenz, § 618, Rr. 1; Palandt-Putzo, § 611, Rr. 98; Schaub, Handbuch, S. 820; Zöllner, Loritz, Arbeitsrecht, S. 182; Nikisch I, S. 474; Weber, RdA 1980, 289, 296.

334 Münchener Handbuch-Blomeyer, Bd 1, IndAR I, § 95, Rr. 28f.; Staudinger-Richardi, § 611, Rr. 830; Zöllner, RdA 1973, 212, 213.

335 Münchener Handbuch-Blomeyer, Bd 1, IndAR I, § 95, Rr. 29; Staudinger-Richardi, § 611, Rr. 830; Zöllner, RdA 1973, 212, 214f..

nem anderen Arbeitsplatz zu beschäftigen, wenn das durch besondere, in der Person des Arbeitnehmers liegende Gründe - insbesondere gesundheitliche Gründe - geboten und dem Arbeitgeber zumutbar ist [336].

Da die Fürsorgepflicht hierbei das Direktionsrecht des Arbeitgebers konkretisiert bzw. eventuell darüber hinaus dem Arbeitnehmer einen anderen Arbeitsplatz zuweist, die Wiedereingliederung jedoch nicht aufgrund des Direktionsrechts ermöglicht werden kann [337] bzw. keine Arbeitsleistung an einem Arbeitsplatz ist [338], kommt auch diese Verpflichtungsmöglichkeit nicht in Betracht.

e) Allgemeiner Beschäftigungsanspruch

Eine weitere Ausprägung der Fürsorgepflicht, ausgefüllt durch die Wertentscheidung des Art. 1 und 2 GG, stellt der allgemeine Beschäftigungsanspruch des Arbeitnehmers dar [339]. Hiernach hat der Arbeitgeber den Arbeitnehmer im vertraglich festgelegten Tätigkeitsbereich tatsächlich zu beschäftigen, um die Persönlichkeitsinteressen des Arbeitnehmers zu wahren.

Da der Rekonvaleszent jedoch gerade keine Arbeitsleistung aufgrund seines ursprünglichen Arbeitsvertrages erbringt, sondern die Wiedereingliederung außerhalb des Arbeitsvertrages erfolgt, scheidet der Anspruch aus [340].

f) Öffentlich-rechtliche Verpflichtung

Die Verpflichtung des Arbeitgebers könnte sich ferner daraus ergeben, daß dem Arbeitgeber - ähnlich der Abführung von Sozialversicherungsbeiträgen - aufgrund der Sozialgesetzbücher eine entsprechende Pflicht auferlegt wäre. Solche öffentlich-rechtlichen Verpflichtungen des Arbeitgebers aus der Sozialversicherung sind, zumindest wenn sie den Schutz des Arbeitnehmers bezwecken, gleichzeitig arbeitsrechtliche Verpflichtung des

---

336 BAG AP Nr.27 zu § 611 BGB Fürsorgepflicht; AP Nr.2 zu § 297 BGB; AP Nr. 18 zu § 1 KSchG; LAG Berlin AP Nr.2 zu § 19 SchwBeschG; Schaub, Handbuch, S. 266; Münchener Handbuch-Blomeyer, Bd 1, IndAR I, § 46, Rr. 51; Hübner, Versetzungsbefugnis, S. 195f.; Hueck, Nipperdey, I, S. 414; Schelp, Trieschmann, Arbeitsverhältnis, S. 174; Pelz, in: FS Gaul, S. 83, 93; Schlömp-Röder, Westermann, AiB 1988, 340, 343f.; von Hoyningen-Huene, Boemke, Versetzung, S. 114; Moll, AR-Blattei, D, Arbeitspflicht I, C III 4.

337 vgl. § 8 I 1.

338 vgl. § 6 II 1..

339 BAG AP Nr. 14 zu § 611 BGB Beschäftigungspflicht; MK-Söllner, § 611, Rr. 359; Erman-Hanau, § 611, Rr. 351; Münchener Handbuch-Blomeyer, Bd 1, IndAR I, § 93, Rr. 1, 4, 6; Schaub, Handbuch, S. 845f..

340 Gitter, Wiedereingliederungs-These Nr. 5.

Arbeitgebers gegenüber dem Arbeitnehmer (sog. Doppelnatur der zugunsten der Arbeitnehmer erlassenen Sozialversicherungsvorschriften) [341].

Da § 74 SGB V jedoch den Arbeitgeber sozialversicherungsrechtlich nicht verpflichten kann, dem arbeitsunfähigen Arbeitnehmer eine Wiedereingliederungsmöglichkeit anzubieten[342], kann er auch arbeitsrechtlich im Rahmen einer inhaltsgleichen Fürsorgepflicht nicht verpflichtet werden.

g) Allgemeine Fürsorgepflicht

Entspricht die allmähliche Arbeitsaufnahme nicht den soeben besprochenen typisierten Fürsorgepflichten, könnte eine Verpflichtung allenfalls der allgemeinen Fürsorgepflicht des Arbeitgebers entspringen, die von den Umständen des Einzelfalles abhängt.

Einer solchen Pflicht kann die Wiedereingliederung jedoch wegen ihrer arbeitsrechtlichen Rechtsnatur als freiwillige betriebliche Sozialleistung nicht unterfallen: denn für freiwillige betriebliche Sozialleistungen, die Entgeltcharakter haben, scheidet die - einseitig vom Arbeitgeber gewährte - Fürsorgepflicht nach allgemeiner Meinung als Anspruchsgrundlage aus; ein Anspruch des Arbeitnehmers auf betriebliche Sozialleistungen kann nur aufgrund einer individual- oder kollektivarbeitsrechtlichen Vereinbarung entstehen [343].

h) Einfluß der Fürsorgepflicht auf die Wiedereingliederung

Die Fürsorgepflicht des Arbeitgebers kann allenfalls die inhaltliche Ausformung der stufenweisen Wiedereingliederung beeinflussen; so hat beispielsweise der wiedereingliederungsbereite Arbeitgeber größere Anstrengungen für und im Rahmen einer Wiedereingliederung für einen Arbeitnehmer zu erbringen, dessen Arbeitsunfähigkeit betriebsbedingt ist, z.B. durch einen Arbeitsunfall.

---

341 h.M: BAG AP Nr.56, 79 zu § 611 BGB Fürsorgepflicht; Erman-Hanau, § 611, Rr. 489; MK-Söllner, § 611, Rr. 265, 386f.; Hueck, Nipperdey, I, S. 410f.; Söllner, Grundriß, S. 53; Zöllner, Loritz, Arbeitsrecht, S. 185; Hueck, Anmerkung zu BAG AP Nr.76 zu § 611 BGB Fürsorgepflicht.

342 vgl. § 9 II.

343 BAG AP Nr.1 zu § 611 BGB Gratifikation; AP Nr.18 zu § 16 AOGÖ; LAG AP Nr.29 zu § 611 BGB Fürsorgepflicht; Staudinger-Richardi, § 611, Rr. 616; Palandt-Putzo, § 611, Rr. 83; MK-Söllner, § 611, Rr. 318; Münchener Handbuch-Blomeyer, Bd 1, IndAR I, § 92, Rr. 11; Schaub, Handbuch, S. 818; Richardi, in: Tomandl (Hg), Treuepflicht, S. 41, 61f.; Kramer, in: Tomandl (Hg), Treuepflicht, S. 107, 113; 115 FN 52; Schwerdtner, Fürsorgetheorie, S. 165f., 211; Knevels, Ortlepp, Gratifikationen, S. 18; Luhmann, Zach, Sonderzuwendungen, S. 16; Lipke, Gratifikationen, S. 10; Jahnke, Gratifikationen, S. 26; Reyer, Gratifikationen, S. 6; Söllner, Grundriß, S. 269; Moll, Mitbestimmung, S. 88f.; Richardi, ZfA 1976, 1, 11.

Auch ergibt sich aus dem Gedanken der arbeitgeberischen Fürsorge die Pflicht, den Arbeitnehmer über die mit dem Arbeitsverhältnis zusammenhängenden, für den Arbeitnehmer bedeutsamen Tatsachen zu unterrichten, sofern nicht überwiegende Interessen des Arbeitgebers entgegenstehen. Hierzu gehört es vor allem, auf die vom Arbeitgeber ermöglichten betrieblichen Sozialleistungen hinzuweisen [344].
Bietet der Arbeitgeber also Wiedereingliederungsverfahren im Betrieb an, muß er dies dem arbeitsunfähigen Arbeitnehmer mitteilen.

2.) Die Wiedereingliederung als milderes Mittel im Rahmen des KSchG

Der Arbeitgeber könnte im Rahmen des Kündigungsschutzes verpflichtet sein, dem Arbeitnehmer vor Ausspruch einer krankheitsbedingten ordentlichen Kündigung die Möglichkeit einer stufenweisen Wiedereingliederung zu eröffnen.

a) Kündigung wegen lang dauernder Krankheit

Eine stufenweise Wiedereingliederung kommt im allgemeinen erst in Betracht, wenn der Arbeitnehmer schon längere Zeit arbeitsunfähig war und seine Arbeitsunfähigkeit noch eine gewisse Zeit dauern wird. Der Arbeitgeber wird in diesen Fällen nicht selten die Möglichkeit prüfen, den insoweit "blockierten" Arbeitsplatz des arbeitsunfähigen Arbeitnehmers durch Auflösung von dessen Arbeitsvertrag frei zu bekommen.
Die Krankheit an sich ist kein die Kündigung rechtfertigender Umstand; sie ist jedoch Hauptfall einer personenbedingten Kündigung i.S.d. § 1 II 1 KSchG.

Eine Kündigung wegen lang andauernder Erkrankung ist sozial nur gerechtfertigt, wenn (1) der Arbeitnehmer zum Zeitpunkt der Kündigung arbeitsunfähig erkrankt ist und damit zu rechnen ist, daß er auch weiterhin arbeitsunfähig sein wird; (2) weiterhin zu erwarten ist, daß es durch die prognostizierte Arbeitsunfähigkeit zu erheblichen betrieblichen Beeinträchtigungen kommt und schließlich (3) bei Abwägung der beiderseitigen Interessen der Arbeitsvertragsparteien der Arbeitgeber hierdurch derartig belastet ist, daß die Fortsetzung des Arbeitsverhältnisses für ihn unzumutbar ist, die Kündigung also angemessen erscheint [345].

---

344 BAG AP Nr. 76 zu § 611 BGB Fürsorgepflicht; AP Nr. 3 zu § 1 BetrAVG Zusatzversorgungskassen; AP Nr.5, 6 zu § 611 BGB Öffentlicher Dienst; LAG Hamm, BB 1982, 1365; MK-Söllner, § 611, Rr. 390; Erman-Hanau, § 611, Rr. 489; Münchener Handbuch-Blomeyer, Bd 1, IndAR I, § 92, Rr. 23.

345 BAG AP Nr.6, 7 zu § 1 KSchG 1969 Krankheit, EzA § 1 KSchG Krankheit Nr.38; NZA 1993, 497, 498; Hueck, von Hoyningen-Huene, § 1 KSchG, Rr. 242; Becker, GK-KSchR-Becker, § 1 KSchG, Rr. 210a; Rohlfing, Rewolle, § 1 KSchG, Anm. 18a; Knorr, Bichlmeier, Kremheimer, Handbuch, 10.Kapitel, Rr. 70;

b) Negative Gesundheitsprognose

Die negative Gesundheitsprognose für eine solche Kündigung verlangt, daß nach den objektiven Umständen mit einer Wiederherstellung der Arbeitsfähigkeit des Arbeitnehmers in absehbarer Zeit nicht gerechnet werden kann [346].

Schon an dieser Voraussetzung wird eine personenbedingte Kündigung regelmäßig scheitern. Denn dem wiedereingliederungsbereiten Arbeitnehmer ist in der Arbeitsunfähigkeitsbescheinigung gem. § 74 SGB V bestätigt, daß er sich auf dem Weg der Gesundung befinde und er - zumindest **mit** einer Wiedereingliederung - in absehbarer Zeit dem Arbeitgeber wieder voll zur Verfügung stehen werde.

c) Erhebliche betriebliche Belastungen

Jedoch ist auch ohne eine solche negative Gesundheitsprognose eine krankheitsbedingte Kündigung noch denkbar, nämlich dann, wenn der Arbeitsplatz des arbeitsunfähigen Arbeitnehmers stante pedes aus betrieblichen Gründen wieder besetzt werden muß [347] , oder wenn die zwar absehbare, aber vom genauen Zeitpunkt her ungewisse voraussichtliche Dauer der Arbeitsunfähigkeit für den Arbeitgeber erhebliche betriebliche Belastungen zur Folge hat [348].
Auch in diesen Fällen kann eine Kündigung nur ultima ratio sein: stets ist - schon wegen des Zwecks des KSchG, den Bestand des Arbeitsverhältnisses zu sichern - der Grundsatz der Verhältnismäßigkeit zu beachten [349] .

Münchener Handbuch-Berkowsky, Bd 2, IndAR II, § 132, Rr. 10f.; Stahlhacke, Preis, Kündigung, Rr. 743; Berkowsky, Personenbedingte Kündigung, Rr. 91-93.

346 BAG AP Nr.6, 7 zu § 1 KSchG 1969 Krankheit; EzA § 1 KSchG Krankheit Nr.38; NZA 1993, 497, 498; Schaub, Handbuch, S. 1034; Hueck, von Hoyningen-Huene, § 1 KSchG, Rr. 244; Becker, GK-KSchR-Becker, § 1 KSchG, Rr. 213; Herschel, Löwisch, § 1 KSchG, Rr. 141f.; Rohlfing, Rewolle, § 1 KSchG, Anm. 18a; Kittner, Trittin, § 1 KSchG, Rr. 49; Münchener Handbuch-Berkowsky, Bd 2, IndAR II, § 132, Rr. 12; Stahlhacke, Preis, Kündigung, Rr. 728; Lepke, Kündigung, S. 54; Berkowsky, Personenbedingte Kündigung, Rr. 100; Liebig, Krankheit, S. 89, 93; Denck, JuS 1978, 156, 157; Eich, BB 1988, 197, 204; Tschöpe, DB 1987, 1042, 1043; Popp, DB 1981, 2611, 2615; Eser, BB 1985, 1473, 1474.

347 Schaub, Handbuch, S. 1034; Denck, JuS 1978, 156, 157.

348 BAG AP Nr.6, 7 zu § 1 KSchG 1969 Krankheit; NZA 1993, 497; Hueck, von Hoyningen-Huene, § 1 KSchG, Rr. 247, 249; Becker, GK-KSchR-Becker, § 1 KSchG, Rr. 213; Kittner, Trittin, § 1 KSchG, Rr. 67f.; Rohlfing, Rewolle, § 1 KSchG, Anm. 18a; Knorr, Bichlmeier, Kremhelmer, 10.Kapitel, Rr. 55; Stahlhacke, Preis, Kündigung, Rr. 746; Liebig, Krankheit, S. 120f.; Hunold, Krankheit, S. 275, 277; Tschöpe, DB 1987, 1042, 1044; Eich, BB 1988, 197, 204; Popp, DB 1981, 2611, 2614.

349 BAG AP Nr.6 zu § 1 KSchG 1969 Krankheit; AP Nr. 70 zu § 626 BGB; Hueck, von Hoyningen-Huene, § 1 KSchG, Rr. 139; Herschel, Löwisch, § 1 KSchG, Rr. 136; Rohlfing, Rehwolle, § 1 KSchG, Anm. 18a; Kittner, Trittin, § 1 KSchG, Rr. 69; Knorr, Bichlmeier, Kremhelmer, 10.Kapitel, Rr. 8; Stahlhacke, Preis, Kündigung, Rr. 616; Berkowsky, Personenbedingte Kündigung, Rr. 66; Hunold, Krankheit, S. 276; Boewer, NZA 1986, 678, 681.; Popp, DB 1981, 2611, 2613.

(1) Dem Verhältnismäßigkeitsprinzip entspricht es, daß der Arbeitgeber dem Arbeitnehmer eine Weiterbeschäftigungsmöglichkeit, gegebenenfalls auch nach Verschlechterung der Arbeitsbedingungen anbieten muß (vgl. § 1 II 2, 3 KSchG) [350].

Als eine Weiterbeschäftigungsmöglichkeit kommt die stufenweise Wiedereingliederung jedoch nicht in Betracht, da es sich um einen anderen, vorhandenen **Arbeits**platz und nicht um einen zu schaffenden betrieblichen Rehabilitationsplatz handeln muß.

(2) Nach dem ultima-ratio-Prinzip ist eine Kündigung desweiteren erst zulässig, wenn dem Arbeitgeber die Durchführung von Überbrückungsmaßnahmen nicht (mehr) möglich oder zumutbar ist [351].
Fraglich ist, ob die stufenweise Wiedereingliederung eine solche Überbrückungsmaßnahme sein könnte.
In Rechtsprechung und Literatur werden als Beispiele angeführt: Einstellung von Aushilfskräften; Mehrarbeit; Personalreserve; zeitweise Übertragung der Aufgaben des arbeitsunfähigen Arbeitnehmers auf andere; personelle Umstellung und organisatorische Änderungen.
All diesen Maßnahmen ist gleich, daß sie nicht ein Bemühen des kranken Arbeitnehmers betreffen, vielmehr ihn ersetzen und seine Fehlzeiten ausfüllen.

Anders dagegen bei der stufenweisen Wiedereingliederung: hier ist der arbeitsunfähige Arbeitnehmer in persona betroffen, er würde sich gewissermaßen selbst mit einer andersgearteten Beschäftigung ersetzen. Diese Beschäftigung hat jedoch nicht das Ziel, seine ausgefallene Arbeitsleistung zu übernehmen oder umzuorganisieren, vielmehr hat sie therapeutischen Charakter. Mangels Funktionsidentität kann damit die stufenweise Wiedereingliederung keine Überbrückungsmaßnahme sein.

(3) Schließlich sind in § 1 II 3 KSchG als milderes Mittel von Gesetzes wegen zumutbare Fortbildungsmaßnahmen erwähnt.
In Anlehnung an §§ 1 III BBiG, 41 AFG [352] bzw. §§ 96-98 BetrVG betrifft die Fortbildung - anders als die Umschulung - die bisherige berufliche Tätigkeit. Fortbil-

---

350 ganz h.M: BAG AP Nr.6 zu § 1 KSchG 1969 Krankheit.

351 BAG AP Nr.6 zu § 1 KSchG 1969 Krankheit; Schaub, Handbuch, S. 1034; Hueck, von Hoyningen-Huene, § 1 KSchG, Rr. 249; Becker, GK-KSchR-Becker, § 1 KSchG, Rr. 213; Rohlfing, Rewolle, § 1 KSchG, Anm. 18a; Kittner, Trittin, § 1 KSchG, Rr. 69; Stahlhacke, Preis, Kündigung, Rr. 747; Knorr, Bichlmeier, Kremhelmer, 10.Kapitel, Rr. 56; Liebig, Krankheit, S.133f., 136; Hunold, Krankheit, S.289; Otto, Anmerkung zu BAG EzA § 1 KSchG Krankheit Nr.10; Maydell, Eylert, Anmerkung zu BAG EzA § 1 KSchG Krankheit Nr.5; Popp, DB 1981, 2611, 2613; Boewer, NZA 1988, 678, 685; Eser, BB 1985, 1473, 1474.

352 BAG NZA 1991, 806, 807.

dungsmaßnahmen dienen der Erhaltung der beruflichen Kenntnisse und Fertigkeiten. Als qualifikationserhaltende Maßnahmen haben sie die Aufgabe, den Kenntnisstand des Arbeitnehmers an die veränderten Produktionsanforderungen anzupassen; daneben bezwecken sie eine berufliche Fortentwicklung i.S.e. Kenntnisvermehrung [353].

Auch diese Eigenschaften kann ein stufenweise Wiedereingliederung nicht erfüllen: Schon dem Wortlaut von § 74 SGB V nach geht es hier um die Wiedereingliederung in den Beruf, während es dort um Fortbildung im Beruf geht. Hier geht es um die Wiedererlangung eines ehemals innegehabten Standards an Fertigkeiten und Kenntnissen, dort geht es um die Weiterentwicklung dieses Standards. Und schließlich geht es hier um eine medizinisch-therapeutische Maßnahme, während es dort um eine Maßnahme mit Bildungscharakter geht.

Da somit die stufenweise Wiedereingliederung kein milderes Mittel i.S.d. KSchG ist, kann sie dem Arbeitgeber nicht abverlangt werden.

3.) Teilnahme an einer Wiedereingliederungsmöglichkeit aufgrund des Gleichbehandlungsgrundsatzes

Schließlich könnte jedoch der Gleichbehandlungsgrundsatz einen Rechtsanspruch des Arbeitnehmers auf Teilnahme an einem betrieblichen Wiedereingliederungsverfahren begründen.

a) Inhalt der Gleichbehandlung

Der zum Strukturprinzip des Arbeitsrechts gewordene Rechtsgrundsatz der Gleichbehandlung verwehrt es dem Arbeitgeber, in seinem Betrieb einzelne Arbeitnehmer oder Gruppen von Arbeitnehmern willkürlich und ohne sachlichen Grund gegenüber anderen, in vergleichbarer Lage sich befindenden Arbeitnehmern schlechterzustellen [354].

---

353 zum betriebsverfassungsrechtlichen Begriff: BAG AP Nr.2 zu § 98 BetrVG 1972; Fitting, Auffarth, § 96 BetrVG, Rr. 9, 13; Fabricius, GK-BetrVG-Kraft, § 96 BetrVG, Rr. 3; Galperin, Löwisch, vor § 96 und § 97 BetrVG, Rr. 4; Dietz, Richardi, § 96 BetrVG, Rr. 4; Oetker, Mitbestimmung, S. 85; Kraft, NZA 1990, 457, 457, 459; Becker, GK-KSchR-Becker, § 1 KSchG, Rr. 396..

354 BAG AP Nr.4, 40 zu § 242 BGB Gleichbehandlung; MK-Söllner, § 611, Rr. 419; Schaub, Handbuch, S. 862; Münchener Handbuch-Richardi, Bd 1, IndAR I, § 14, Rr. 1; Zöllner, Loritz, Arbeitsrecht, S. 198; Reyer, Gratifikationen, S. 11; Knevels, Ortlepp, Gratifikationen, S. 22; Jahnke, Gratifikationen, S. 36; Luhmann, Zach, Sonderzuwendungen, S. 24; Lipke, Gratifikationen, S. 31; Schaub, NZA 1984, 73; Fritsch, BB 1992, 701; Hunold, DB 1984, Beilage 5, S. 3.

Voraussetzung ist jedoch der kollektive Charakter der Maßnahme des Arbeitgebers i.S.e. allgemeinen Regelung: nur wenn von der Maßnahme mehrere Arbeitnehmer betroffen sind und der Arbeitgeber zu erkennen gibt, daß er bei dieser Maßnahme nach gewissen Regeln vorgeht, kann das Prinzip der Gleichbehandlung überhaupt Anwendung finden [355] .

b) Gleichbehandlung bei der Wiedereingliederung

Bzgl. der stufenweisen Wiedereingliederung kann sich der wiedereingliederungswillige Arbeitnehmer auf den Grundsatz der Gleichbehandlung berufen, wenn der Arbeitgeber eine Möglichkeit zur schrittweisen Arbeitsaufnahme nicht nur aufgrund von ausgehandelten Einzelverträgen anbietet, sondern wenn die Wiedereingliederung kollektiv, insbesondere durch entsprechende Richtlinien im Betrieb, geregelt ist.

Wird der Arbeitnehmer grundlos von der Anwendung der Wiedereingliederungs-Richtlinien nicht erfaßt, werden die Richtlinien im Vergleich zu anderen wiedereinzugliedernden Rehabilitanden benachteiligend auf ihn angewandt, oder grenzt der Arbeitgeber die Voraussetzungen der Richtlinien so ab, daß bestimmte arbeitsunfähige Arbeitnehmer seines Betriebes aus willkürlichen Gründen ausgeschlossen bleiben [356] , kann der benachteiligte Arbeitnehmer die ihm unzulässig vorenthaltene Wiedereingliederung entsprechend den Richtlinien verlangen.

Es ist jedoch zu beachten, daß für eine abweichende Behandlung des einzelnen Arbeitnehmers oftmals ein sachlicher Grund gegeben sein wird, vor allem im Hinblick darauf, ob dessen Arbeitsplatz im Rahmen der Betriebsorganisation überhaupt die Möglichkeit bietet, der Wiedereingliederung zu dienen und im Hinblick darauf, ob der Betriebsablauf bei dem betroffenen Arbeitnehmer eine Wiedereingliederung erlaubt.

355 BAG AP Nr.4, 42 zu § 242 BGB Gleichbehandlung; Schaub, Handbuch, S. 865; Münchener Handbuch-Richardi, Bd 1, IndAR I, § 14, Rr. 13; Zöllner, Loritz, S. 196; Jahnke, Gatifikationen, S. 39; Hunold, DB 1984, Beilage 5, S.3; Schaub, NZA 1984, 73, 74.

356 Münchener Handbuch-Richardi, Bd 1, IndAR I, § 14, Rr. 22; Staudinger-Richardi, § 611, Rr. 269; Jahnke, Gratifikationen, S. 39; Luhmann, Zach, Sonderzuwendungen, S. 31.

II. Rechtsgrundlagen einer sozialversicherungsrechtlichen Pflicht

1.) Mitwirkungspflichten gem. §§ 60 ff. SGB I

a) Adressat der Mitwirkungspflichten

Zur Mitwirkung verpflichtet ist grundsätzlich nur, wer Sozialleistungen beantragt oder erhält, somit grundsätzlich nicht Dritte wie der Arbeitgeber des Versicherten [357].

b) Ausdehnung dieses Adressatenkreises

Die h.M. hat darüber hinaus die Mitwirkungspflichten, zumindest die Untersuchungspflicht gem. § 62 SGB I, auf nicht sozialleistungsberechtigte Dritte ausgedehnt, sofern es von diesen dritten Personen abhängt, ob und in welchem Umfang ein Sozialleistungsanspruch entsteht [358].

Diese Erweiterung kann jedoch für den Arbeitgeber bzgl. § 74 SGB V nicht gelten:
Die erweiternde Auslegung der Mitwirkungspflichten müßte für die Wiedereingliederung nicht nur - wie das die h.M. bei § 62 SGB I macht - auf der Tatbestandsseite, nämlich in Bezug auf den Adressatenkreis der Mitwirkungsverpflichtung erfolgen, sondern auch auf der Rechtsfolgenseite. Denn die §§ 60 ff SGB I enthalten keine Verpflichtung, die die Wiedereingliederung erfassen könnte; insbesondere stellt - wie erörtert [359] - die Wiedereingliederung keine Heilbehandlung i.S.d. § 63 SGB I dar, die dazuhin der Arbeitgeber nicht durchführen, sondern anbieten müßte.
Eine solche Ausdehnung der Rechtsfolgen hat der Gesetzgeber jedoch nicht gewollt [360], da die Mitwirkungspflichten, jedenfalls bzgl. der in § 63 SGB I geregelten Sachverhalte, insoweit abschließend sind [361].

---

357 OLG Köln, NJW 1979, 278; Hauck, Haines, § 60 SGB I, Rr. 6; Wannagat, § 60 SGB AT, Rr. 3; Krauskopf, vor § 60 SGB I, Rr. 5; KassKom-Seewald, vor §§ 60-67 SGB I, Rr. 15; Peters, Handbuch, SGB AT, § 62, Anm. 3; Rüfner, VSSR 1977, 347, 352; Krasney, DOK 1982, 705, 708.

358 BSGE 17, 186, 189; 42, 20, 22; OVG Münster, ZfS 1988, 342, 343; Koch, Hartmann-Harthun-Kindl, Fichte, § 62 SGB AT, Rr. 6; KassKom-Seewald, § 62 SGB I, Rr. 4; Peters, Handbuch, § 62 SGB I, Anm. 3; Rüfner, VSSR 1977, 347, 354 FN 32;
einschränkend: Krauskopf, § 62 SGB I, Rr. 1 und vor § 60 SGB I, Rr. 5.

359 vgl. § 8 III 1..

360 vgl. VGH Kassel, NJW 1986, 1129; VG Braunschweig, ZfSH/SGB 1985, 470.

361 vgl. § 8 III 3.

2.) Beteiligungspflichten aus dem Sozialversicherungsverhältnis

Besteht zwischen dem versicherten Arbeitnehmer und dem Sozialversicherungsträger ein Sozialversicherungsverhältnis, so ist der Arbeitgeber an diesem Sozialversicherungsverhältnis als Träger eigener Rechte und Pflichten unmittelbar beteiligt [362].

Diese Beteiligung ist jedoch nicht so umfassend wie das zwischen Versicherungsträger und Versichertem bestehende Sozialversicherungsverhältnis, denn sie konstituiert - abgesehen von wenigen Rechten des Arbeitgebers wie z.B. in § 44 SGB IV (Zusammensetzung der Selbstverwaltungsorgane) - vornehmlich Pflichten des Arbeitgebers, hauptsächlich Melde-, Auskunfts- und Aufzeichnungspflichten. Dagegen ist der Arbeitgeber nicht Begünstigter der Sozialgesetzbücher, da er nicht Inhaber der in § 1 I 2 SGB I kodifizierten sozialen Rechte ist, aus denen sich die Sozialleistungen ableiten.

Aus dieser abgeschwächten Beteiligung des Arbeitgebers am Sozialversicherungsverhältnis folgt eine zurückhaltende Entwicklung von ungeschriebenen Beteiligungspflichten des Arbeitgebers[363]. Sie ergeben sich aus einem zwingenden Zusammenhang mit den ausdrücklich im Gesetz genannten Pflichten des Arbeitgebers; diese wiederum rechtfertigen sich aus ihrem Zweck, nämlich der Indienstnahme Privater für öffentliche Aufgaben [364].

Doch selbst wenn man annimmt, daß die Beteiligung des Arbeitgebers am Sozialversicherungsverhältnis zwischen Arbeitnehmer und Versicherungsträger nicht nur aus einer Indienstnahme des Arbeitgebers herrührt, können Beteiligungspflichten des Arbeitgebers nur im Zusammenhang mit den für ihn gesetzlich geregelten Sachverhalten bestehen.
Dazu gehört **nicht** der gesamte Bereich der von der Sozialversicherung gewährten Sozialleistungen.
Genau um diese, insbesondere um die ärztliche Behandlung und das Krankengeld, bzw. um deren gerechte, möglichst kostengünstige Zuteilung geht es jedoch bei der stufenweisen Wiedereingliederung: im Rahmen ihrer ökonomischen Zielsetzung verfolgt sie die Verringe-

---

362 Bley, Kreikebohm, Sozialrecht, Rr. 65, 417; Bley, Lexikon, "Sozialrechtsverhältnis", S. 48; von Maydell, Schellhorn, GK-SGB X-Schellhorn, § 98, Rr. 1;
teilweise wird es als dreiseitiges öffentlich-rechtliches Rechtsverhältnis zwischen Versicherungsträger, Arbeitnehmer und Arbeitgeber bezeichnet: BSGE 1, 115, 117; Merten, in: FS Sieg, S. 383, 385f.; Krejci, Sozialversicherungsverhältnis, S. 87f.; Schnapp, SGb 1979, 200, 205;
ablehnend: Hertwig, Verwaltungsrechtsverhältnis, S. 257.

363 BSGE 41, 297, 301; 48, 195, 197; SozR 2200 § 317 RVO Nr.2, von Maydell, Schellhorn, GK-SGB X-Schellhorn, § 98, Rr. 1; Merten, in: FS Sieg, S. 383, 397f.; Bley, Lexikon, "Mitwirkungspflichten", S. 55; Hertwig, Verwaltungsrechtsverhältnis, S. 253; Krejci, Sozialversicherungsverhältnis, S. 187.

364 z.B. Heranziehung des Arbeitgebers bei der Beitragsberechnung und -abführung;
BSGE 41, 297, 298; 48, 195, 197; SozR 2200 § 317 RVO Nr.2; vgl. BVerfGE 30, 292, 311; 33, 240, 244; Bley, Kreikebohm, Sozialrecht, Rr. 417.

rung dieser Sozialleistungen [365]. Stehen dem Arbeitgeber aber keine Sozialleistungen zu, kann er auch nicht dazu angehalten werden, sie mittels Wiedereingliederung gering zu halten.

Folglich ist auch der Arbeitgeber sozialversicherungsrechtlich nicht zum Angebot einer stufenweisen Wiedereingliederung verpflichtet (vgl. Arbeitsunfähigkeits-Richtlinie Nr.31).

EXKURS: Folge der fehlenden sozialversicherungsrechtlichen Verpflichtungsmöglichkeit für den Rechtscharakter der stufenweisen Wiedereingliederung

Aus der Tatsache, daß weder Arbeitnehmer noch Arbeitgeber sozialversicherungsrechtlich zur Wiedereingliederung verpflichtet werden können, ist abzuleiten, daß das Wiedereingliederungsverhältnis privatrechtlicher und nicht öffentlich-rechtlicher Natur ist.

a) Zwar gibt es im Sozialversicherungsrecht Rechtsbeziehungen zwischen Privaten im Gleichordnungsverhältnis, die öffentlich-rechtlichen Charakter haben (so z.B. § 257 SGB V Beitragszuschuß des Arbeitgebers) [366]. Für gleichgeordnete Private gilt dies jedoch nur, solange einem von ihnen im Verhältnis zum anderen öffentlich-rechtliche Verpflichtungen auferlegt werden und diese Verpflichtungen hinsichtlich Voraussetzung und Rechtsfolgen auf dem Gebiet des Sozialversicherungsrechts liegen und dessen eigentümlichen Sicherungszweck dienen [367].
Von einer solchen sozialversicherungsrechtlichen Verpflichtung von Arbeitnehmer oder Arbeitgeber ist im Fall der stufenweisen Wiedereingliederung jedoch gerade nicht auszugehen. Denn weder gibt es eine sozialversicherungsrechtliche Möglichkeit, die Beteiligten hierzu zu verpflichten, noch dient die Wiedereingliederung dem spezifischen Sicherungszweck der Krankenversicherung, nämlich Sozialleistungen für die Gesundheit der Versicherten bereitzustellen. Vielmehr fällt die Wiedereingliederung in die Eigenverant-

---

365 vgl. § 5 I 2..

366 BSGE 37, 292, 293f.; 65, 133, 135; Krauskopf, 2.Aufl., § 405 RVO, Anm. 1; Peters, Sautter, Wolff, § 51 SGG, Rr. 34; Schmidt, Unterscheidung, S. 275f.; Gitter, Anmerkung zu GmSOBG vom 4.6.1974 - GmS - OBG 2/73, SGb 1975, 507, 507f.;
a.A.: Merten, in: FS Sieg, S. 383, 398 und VerwArch 1975, 387, 394f.; Müller, DB 1977, 997, 998; Grunsky, Anmerkung zu GmSOBG vom 4.6.1974 - GmS - OBG 2/73, ArbuR 1975, 94, 95.

367 BSGE 36, 238, 239; 37, 292, 295; 43, 148, 149; 51, 108, 109; 65, 133, 135; BVerwGE 37, 243, 244f.; Peters, Sautter, Wolff, § 51 SGG, Rr. 30, 34; Meyer-Ladewig, § 51 SGG, Rr. 2, 5; Krauskopf, 2.Aufl., § 405 RVO, Anm. 1; Schmidt, Unterscheidung, S. 275f.; Müller, DB 1977. 997, 999; Gitter, Anmerkung zu GmSOBG vom 4.6.1974 - GmS - OBG 2/73, SGb 1975, 507.

wortung der Beteiligten, die gerade nicht staatliche Aufgabe, sondern Aufgabe des Privaten ist [368].

b) Darüber hinaus ist zu bedenken, daß eine Verpflichtung zum Angebot einer Wiedereingliederung allenfalls aus dem Gleichbehandlungsgrundsatz folgt [369], die Wiedereingliederung sich im übrigen als freiwillige betriebliche Sozialleistung aus dem Arbeitsvertrag herleitet.
Rechtsbeziehungen, die aber mit dem Arbeitsverhältnis im Zusammenhang stehen, können nicht öffentlich-rechtlicher Natur sein [370].

368 a.A. könnte sonst Brocke, SGb 1990, 45, 47 sein, der § 74 SGB V als materielle Grundlage für eine i.R.d. Krankenbehandlumg vorzunehmende Rehabilitationsmaßnahme betrachtet und den Arbeitnehmer gem. § 63 SGB V zur Teilnahme verpflichtet wissen möchte;
vgl. Meyer-Ladewig, § 51 SGG, Rr. 23.

369 vgl. § 9 I 3..

370 BAGE 22, 318, 323; BSGE 11, 218, 221; Merten, in: FS Sieg, S. 383, 390, 398f.; Grunsky, Anmerkung zu GmSOBG vom 4.6.1974 - GmS - OGB 2/73, ArbuR 1975, 94, 95; Gitter, Anmerkung zu GmSOGB vom 4.6.1974 - GmS - OGB 2/73, SGb 1975, 507; Müller, DB 1977, 997, 999.

§ 10 Entgeltlichkeit der Wiedereingliederungstätigkeit

I. Entgeltlichkeit der Wiedereingliederung

Leistet der arbeitsunfähige Arbeitnehmer im Betrieb die Wiedereingliederungstätigkeit, stellt sich die Frage, ob diese vergütet werden muß.

1.) Argumente für die Entgeltlichkeit

a) Die Wiedereingliederung als Arbeitsleistung

Die Stimmen in der Literatur, die eine Vergütungspflicht für die Wiedereingliederung verlangen, legen der Wiedereingliederung die Annahme zugrunde, daß der Arbeitnehmer mit der Wiedereingliederung seinem Arbeitsvertrag teilweise nachkomme, folglich zumindest anteilig Arbeitsentgelt anfalle [371].

Diese Annahme ist jedoch abzulehnen, weil die Wiedereingliederungstätigkeit keine Arbeitsleistung darstellt [372].

b) Gesetzesmaterialien

Daneben werden die Gesetzesmaterialien angeführt, wonach die durch die Wiedereingliederung erzielte Vergütung auf das Krankengeld anzurechnen sei [373], woraus folge, daß der Gesetzgeber die Wiedereingliederungsvergütung als Arbeitsentgelt i.S.d. §§ 49 I Nr.1 SGB V, 14 SGB IV qualifiziere und bestimme, daß die Wiedereingliederungstätigkeit, die dem Arbeitgeber geldwerte Vorteile bringe, nicht zu Lasten der GKV gehen dürfe [374].

Doch läßt sich weder den Gesetzesmaterialien eine Vergütungspflicht entnehmen, sondern nur eine Anrechnungspflicht, noch muß die Wiedereingliederungstätigkeit dem Arbeitgeber unabdingbar produktive Arbeit bringen, die den Arbeitgeber ungerechtfertigt

---

371 Glaubitz, NZA 1992, 402; Gunder, ErsK 1992, 136, 141; Institut für Empirische Soziologie, S 76.
372 vgl. § 6 II 2
vgl. LAG Berlin LAGE 47, Nr.5 zu § 611 BGB; BAG vom 29.1.1992, U 1-3; Berenz, NZA 1992, 1019; Misera, Anmerkung zu BAG vom 29.1.1992-5 AZR 37/91, SAE 1992, 355, 357.
373 Regierungsbegründung zum Gesetzentwurf zum GRG, BT-Drucks. 11/2237, zu § 82, S. 192.
374 Bundesministerium für Arbeit, in: Gunder, ErsK 1992, 136, 140; vgl. Schaaf, SGb 1993, 506, 507.

bevorteilen würde. Vielmehr betonen die Gesetzesmaterialien selbst den therapeutischen Charakter der allmählichen Arbeitsaufnahme.

2.) Argumente gegen die Entgeltlichkeit

a) Do-ut-des-Prinzip

Wäre im Wiedereingliederungsverhältnis ein Austauschverhältnis zu sehen, in welchem der Arbeitgeber die Wiedereingliederungsvergütung als Gegenleistung für die Wiedereingliederungstätigkeit des Arbeitnehmers erbrächte, hätte der Arbeitnehmer einen entsprechenden Vergütungsanspruch.
Eine solche Entgeltlichkeit käme jedoch nur in Betracht, wenn die Leistung des Arbeitnehmers, seine Wiedereingliederungstätigkeit, auf die Befriedigung der Interessen des Arbeitgebers abzielte [375], ihm zumindest potentiell ein wirtschaftliches Ergebnis brächte.

Die Wiedereingliederungstätigkeit liegt jedoch primär im eigenen Interesse des Arbeitnehmers. Ob sie dem Arbeitgeber ein wirtschaftliches Ergebnis bringt, ist nicht vorhersehbar und hängt mehr vom Zufall ab. Dieses Risiko ist vom Arbeitgeber zu tragen, verlangt dann aber auch keine Entlohnung.
Damit liegt der Wiedereingliederung kein vergütungspflichtiges Austauschverhältnis zugrunde [376].

Mit diesem Ergebnis kann vermieden werden, daß der Arbeitgeber aus der Besorgnis heraus, den Arbeitnehmer zwar nicht dem Arbeitsvertrag entsprechend beschäftigen zu können, aber ohne entsprechende Arbeitsleistung Entgelt zahlen zu müssen, auf das Angebot einer Wiedereingliederungsmöglichkeit verzichtet.

---

375 vgl. § 5 I, 6 II 1..

376 BAG vom 29.1.1992, U 1-3; LAG Berlin LAGE 47, Nr.5 zu § 611 BGB; Spitzenverbände der Krankenkassen vom 3./4. 3. 1993; KassKom-Hess, § 5 SGB VI, Rr. 60; Krauskopf, § 74 SGB V, Rr. 4; Schmatz, Fischwasser, § 74 SGB V, Rr. 7; Gitter, Wiedereingliederungs-These Nr. 4; Schulin, Sozialrecht, Rr. 88a; Bundesarbeitsgemeinschaft für Rehabilitation, Arbeitshilfe, S. 15; von Hoyningen-Huene, NZA 1992, 49, 52; Compensis, NZA 1992, 631, 633; Misera, Anmerkung zu BAG vom 29.1.1992-5 AZR 37/91, SAE 1992, 355,357; Boemke, Anmerkung zu BAG AR-Blattei, ES, Krankheit des Arbeitnehmers, Entscheidung Nr. 186; Berliner Senator für Inneres, Rundschreiben II Nr. 17/1989; Finanzministerium von Baden-Württemberg, Hinweis Nr.15 zu § 37 BAT vom 6.8.1993, S. 3..

b) § 612 BGB

(1) Ein Vergütungsanspruch kann sich auch nicht aus der Fiktion des § 612 I BGB ergeben [377]. Denn bei § 612 BGB kommt es darauf an, daß Dienst- bzw. Arbeitsleistungen versprochen sind und nur die Vergütung nicht explizit vereinbart wurde [378].

Sind im Rahmen von § 74 SGB V keine Arbeitsleistungen versprochen, kann die Fiktion des § 612 I BGB nicht eingreifen.

(2) Ebensowenig möglich ist die Ausdehnung des § 612 BGB auf die Fälle, daß jemand einem anderen in Erwartung künftiger Vermögenszuwendungen Dienste erbringt, ohne dafür eine sonstige Vergütung zu vereinbaren, und später die in Aussicht gestellte Vermögenszuwendung unterbleibt [379].

Nicht nur werden hier ebenso dienst- bzw. arbeitsvertragliche Beziehungen vorausgesetzt. Auch kann nicht davon gesprochen werden, daß die zur Wiedereingliederung aufgenommene Tätigkeit nach den Umständen eine spätere Zuwendung erwarten ließ, schon im Hinblick auf den Rehabilitationscharakter und darauf, daß die Arbeitsunfähigkeit des Arbeitnehmers fortbesteht, damit seine daran anknüpfenden Ansprüche, wie Entgeltfortzahlung bzw. Krankengeld.

c) §§ 812, 818 II BGB

Ein Wertersatzanspruch im Rahmen der §§ 812 ff. BGB kommt nicht in Betracht, weil aufgrund der Wiedereingliederungsvereinbarung kein bereicherungsrechtliches Abwicklungsverhältnis vorliegt [380].

---

377 von Hoyningen-Huene, NZA 1992, 49, 52; Misera, Anmerkung zu BAG vom 29.1.1992-5 AZR 37/91, SAE 1992, 355, 357; Boemke, Anmerkung zu BAG AR-Blattei, ES, Krankheit des Arbeitnehmers, Entscheidung Nr. 186;
a.A.: Gunder, ErsK 1992, 136, 141.

378 BAG NJW 1974, 380; Erman-Hanau, § 612, Rr. 1; MK-Schaub, § 612, Rr. 4; Palandt-Putzo, § 612, Rr. 1; Staudinger-Richardi, § 612, Rr. 5.

379 h.M: BAG AP Nr.13, 23, 24, 29 zu § 612 BGB; BGH AP Nr.3 zu § 196 BGB; Erman-Hanau, § 612, Rr. 5; MK-Schaub, § 612, Rr. 1, 7; Staudinger-Richardi, § 612, Rr. 7f..

380 BAG vom 29.1.1992, U 1-3; von Hoyningen-Huene, NZA 1992, 49, 53.

3.) Zulässigkeit einer Wiedereingliederung ohne Vergütungspflicht (§ 138 BGB)

Zwar wird somit festgestellt, daß dem Arbeitnehmer keine gesetzliche Anspruchsgrundlage für eine Vergütung seiner Wiedereingliederungstätigkeit zur Verfügung steht.
Ein Wiedereingliederungsvertrag ohne Vergütungspflicht könnte jedoch an § 138 BGB scheitern.

a) Wuchergeschäft gem. § 138 II BGB

Er könnte ein Wuchergeschäft gem. § 138 II BGB darstellen. Ein Wuchergeschäft liegt vor, wenn sich der Arbeitgeber unter Ausbeutung einer Zwangslage des Arbeitnehmers eine Gegenleistung versprechen läßt, die in einem auffälligen Mißverhältnis zu seiner eigenen Leistung steht, wobei das auffällige Mißverhältnis im Hinblick auf den wirtschaftlichen Zweck des Geschäfts und seine Begleitumstände festzustellen ist; es fordert eine Abwägung der beiderseitigen Leistungen nach Inhalt, Umfang und objektivem Wert [381].

Erhält der Arbeitnehmer keine Vergütung, ist seine Wiedereingliederungstätigkeit mit der Leistung des Arbeitgebers, die in der Bereitstellung einer Wiedereingliederungsmöglichkeit besteht, zu vergleichen. Seitens des Arbeitnehmers ist nicht eine Arbeitsleistung, sondern eine in seinem Interesse stehende Rehabilitationstätigkeit in Rechnung zu stellen, von der oft nicht feststeht, ob sie dem Arbeitgeber vorhersehbare Vorteile in nennenswertem Umfang bringt [382], seitens des Arbeitgebers die Nutzungsvorteile der Wiedereingliederungsmöglichkeit.

Ein auffälliges Mißverhältnis kann zwischen beiden nicht festgestellt werden, und zwar schon deswegen nicht, weil es an einer solchen Auffälligkeit fehlt, wenn mit der Leistung - hier des Arbeitnehmers - ein erhebliches Risiko verbunden ist [383].
Ein solches Risiko ist mit der Wiedereingliederungstätigkeit verbunden, weil der Arbeitnehmer grundsätzlich zu jedem Zeitpunkt und in jedem Umfang seine Tätigkeit wieder aufgeben kann [384], der Arbeitgeber somit das Risiko trägt, ob die Wiedereingliederungstätigkeit überhaupt ausgeführt wird, wie er auch das Risiko des wirtschaftlichen Ergebnisses der allmählichen Arbeitsaufnahme trägt [385].

---

[381] BAG AP Nr.1 zu § 138 BGB; LAG Rheinland-Pfalz, NZA 1986, 293, 294; Erman-Brox, § 138, Rr.10-14; Soergel-Hefermehl, § 138 BGB, Rr. 70, 74; RGRK-Krüger-Nieland, Zöller, § 138 BGB, Rr. 46, 54; MK-Mayer-Maly, § 138, Rr. 98, 118, 124; Palandt-Heinrichs, § 138, Rr. 66f., 70, 74.

[382] von Hoyningen-Huene, NZA 1992, 49, 52f..

[383] Soergel-Hefermehl, § 138, Rr. 74; Palandt-Heinrichs, § 138, Rr. 67; Staudinger-Krüger-Nieland, Zöller, § 138, Rr. 99; Erman-Brox, § 138, Rr. 14.

[384] vgl. § 16 III.

[385] von Hoyningen.Huene, NZA 1992, 49, 52f..

b) Sittenwidrigkeit i.S.d. § 138 I BGB

Genausowenig liegt Sittenwidrigkeit i.S.d. § 138 I BGB vor, wo die Wiedereingliederungsvereinbarung nach dem ihrem Inhalt, Zweck und Beweggrund zu entnehmenden Gesamtcharakter gegen das Anstandsgefühl aller billig und gerecht Denkenden verstoßen müßte[386].

Eine solche Gesamtwürdigung ergibt, daß die vornehmlich dem Interesse des Arbeitnehmers dienende Wiedereingliederung, die den Arbeitgeber mit den unter a) genannten Risiken belastet, auch ohne Vergütung keine grundlegenden Wertungen der Rechtsordnung verletzt[387].
Der Arbeitnehmer braucht für seine Heilung nicht "bezahlt" zu werden.

Somit wird die Wiedereingliederung grundsätzlich und erlaubterweise nicht vergütet [388].

4.) Freiwillige Vereinbarung einer Vergütung aufgrund eines Vertrages sui generis

Besteht auch kein Zwang zur Gewährung einer Wiedereingliederungsvergütung, so kann eine Vergütung doch freiwillig vereinbart werden.

a) Bedingter Vertrag sui generis

Die freiwillige Vereinbarung einer Vergütung für die Wiedereingliederungstätigkeit erfolgt aufgrund eines Vertrages sui generis [389].
Er ist, wie der Wiedereingliederungs-Inhaltsvertrag, bedingt, kann aber einen anderen Inhalt der Bedingung haben wie dieser. Hierzu gehört insbesondere die aufschiebende Bedingung, daß eine Vergütung erst ab einer gewissen Dauer der Wiedereingliederungstätigkeit [390] oder ab einer gewissen Intensität gewährt wird.

---

386 BAG NJW 1976, 1958; BGHZ 10, 232; Soergel-Hefermehl, § 138, Rr. 19; RGRK-Krüger-Nieland, Zöller, § 138, Rr. 25; Palandt-Heinrichs, § 138, Rr. 2, 8; Erman-Brox, § 138, Rr. 34f., 37.

387 vgl. LAG Rheinland-Pfalz, NZA 1986, 293, 294.

388 BAG vom 29.1.1992, U 1-3; LAG Berlin LAGE 47, Nr. 5 zu § 611 BGB; Bundesarbeitsgemeinschaft für Rehabilitation, Arbeitshilfe, S. 15; Moswald, S. 11; von Hoyningen-Huene, NZA 1992, 49, 52f.; Misera, Anmerkung zu BAG vom 29.1.1992-5 AZR 37/91, SAE 1992, 355, 357f.; Compensis, NZA 1992, 631, 633; Jaeger, Anmerkung zu BAG vom 29.1.1992-5 AZR 37/91, BetrR 1992, 98; Boemke, Anmerkung zu BAG AR-Blattei, ES, Krankheit des Arbeitnehmers, Entscheidung Nr. 186..

389 von Hoyningen-Huene, NZA 1992, 49, 52; Compensis, NZA 1992, 631, 635; Jaeger, Anmerkung zu BAG vom 29.1.1992-5 AZR 37/91, BetrR 1992, 98.

390 vgl. z.B. Siemens-Modell (vgl. § 2 II).

Stets ist das Ende der Vergütungsvereinbarung jedoch durch die Beendigung der Wiedereingliederung auflösend bedingt.

b) Freiwillige betriebliche Sozialleistung

Wird die vom Arbeitgeber gewährte Möglichkeit der stufenweisen Wiedereingliederung als freiwillige betriebliche Sozialleistung gewährt, gilt dies auch für deren Vergütung:
Sie ist freiwillig, weil sie - anders als die Arbeitsvergütung - auf freiem Entschluß des Arbeitgebers beruht;
sie ist eine vermögenswerte Zuwendung, nämlich eine Geldleistung;
sie ist eine Sozialleistung, weil sie für die Wiedereingliederung gewährt wird, die sozialen Charakter trägt [391] ;
und sie wird mit Rücksicht auf das Arbeitsverhältnis bezahlt, weil - wie erörtert - die Wiedereingliederungsmöglichkeit ihren Rechtsgrund im Arbeitsverhältnis hat.

II. Vergütungsfortzahlung im Rahmen der Wiedereingliederung

Nimmt der arbeitsunfähige Arbeitnehmer an einer Wiedereingliederungsmaßnahme teil und erhält er hierfür eine vereinbarte Vergütung, so fragt es sich, ob er, wenn sich sein Gesundheitszustand verschlechtert und er nicht einmal mehr der Wiedereingliederungstätigkeit nachkommen kann, Entgeltfortzahlung i.S.d. § 3 I 1 EFZG für die Wiedereingliederungstätigkeit erhält.

1.) Nichtvorliegen der Tatbestandsvoraussetzungen der Entgeltfortzahlung

Ein solcher Entgeltfortzahlungsanspruch scheitert jedoch bereits an den Tatbestandsvoraussetzungen. Denn jeder Entgeltfortzahlungsanspruch setzt grundsätzlich als Berechtigten einen Arbeitnehmer voraus, der infolge einer Krankheit an der Ausübung seiner Arbeitsleistung verhindert ist.
Der Rehabilitand übt dagegen mit der Wiedereingliederungstätigkeit keine Arbeitsleistung aus[392].

391 vgl. § 6 II 2.
392 vgl. § 6 II 1.

2.) Unangemessenheit einer Analogie

Die Vorschriften zur Entgeltfortzahlung können mangels Funktionsidentität auch nicht entsprechend angewandt werden.
Zweck der Vorschriften ist es, den Arbeitnehmer im Krankheitsfalle wirtschaftlich sicherzustellen und zur Herstellung seiner Arbeitskraft sozial abzusichern [393].

Diese Funktion ist aber im Falle der Wiedereingliederung nicht erheblich; denn zum einen dient die Wiedereingliederung, anders als eine Arbeitsleistung, nicht der wirtschaftlichen Sicherung des Arbeitnehmers, sondern seiner Gesundheit.
Zum anderen ist der Rehabilitand während der Zeit der Wiedereingliederung durch die Entgeltfortzahlung aus seinem Arbeitsvertrag bzw. nach Ablauf der grundsätzlich sechswöchigen Dauer der Fortzahlung durch die Krankengeldgewährung finanziell abgesichert.
Denn kann der Arbeitnehmer der Wiedereingliederungstätigkeit nicht mehr nachkommen, erhält er also die vereinbarte Vergütung nicht mehr, leben seine Entgeltfortzahlungs- bzw. Krankengeldansprüche in vollem Umfang wieder auf, da er arbeitsunfähig ist. Dann bedarf es aber keiner weiteren sozialen Absicherung des Arbeitnehmers durch eine Fortzahlung der Wiedereingliederungsvergütung [394].

---

393 BAG AP Nr.38 zu § 1 LohnFG; AP Nr. 65 zu § 616 BGB; Münchener Handbuch-Schulin, Bd 1, IndAR I, § 80, Rr. 23; Schulte-Mimberg, Sabel, Rechtsprechung, S. 27.

394 Institut für Empirische Soziologie, S. 73; Bundesarbeitsgemeinschaft für Rehabilitation, Arbeitshilfe, S. 14; Gitter, Wiedereingliederungs-These Nr. 4; von Hoyningen-Huene, NZA 1992, 49, 53; Compensis, NZA 1992, 631, 633;
Merkblatt der Firma Schmidt+Clemens GmbH+Co, Lindlar vom 28.4.1986; Vereinbarung Rodenstock, München und BKK vom 28.10.1983, Nr.3; Wiedereingliederungs-Richtlinien der Siemens AG, ZP-Rundschreiben 10/90 vom 2.1.1990, Nr.4.1.

§ 11 Nebenpflichten bei der stufenweisen Wiedereingliederung

Im Wiedereingliederungsverhältnis bestehen für den Rehabilitanden und für den Arbeitgeber, wie im Rahmen anderer Vertragsverhältnisse auch, verschiedene Nebenpflichten.
Fraglich ist jedoch, ob diese auf dem ursprünglichen Arbeitsverhältnis oder auf dem Wiedereingliederungsverhältnis beruhen. Das BAG sieht in ihnen die "fortwirkende Ausstrahlung des in seinen Hauptpflichten weiter ruhenden Arbeitsverhältnisses" [395].

I. Nebenpflichten des wiedereinzugliedernden Arbeitnehmers

1.) Rechtliche Grundlage

Ausgangspunkt der Überlegung sind die sich widerstreitenden Interessenlagen von Arbeits- und Wiedereingliederungsverhältnis. Geht es bei den im Rahmen des Arbeitsverhältnisses bestehenden Nebenpflichten des Arbeitnehmers darum, die Arbeitgeberinteressen zu wahren [396], geht es bei der stufenweisen Wiedereingliederung primär um die eigenen (therapeutischen) Interessen des Arbeitnehmers.
Allein dadurch, daß die Hauptpflicht des Arbeitnehmers infolge seiner Arbeitsunfähigkeit ruht, und der Arbeitgeber die Gesundheit des Arbeitnehmers zum vorrangigen Ziel seines Handelns macht, kann nicht folgen, daß auch alle übrigen arbeitsvertraglichen Pflichten des Arbeitnehmers ruhen, das Wiedereingliederungsverhältnis gewissermaßen dominiert.
Allein daraus, daß der Arbeitsvertrag auch bei Arbeitsunfähigkeit fortbesteht, die stufenweise Wiedereingliederung als betriebliche Sozialleistung darin sogar ihren Ursprung hat [397], kann aber auch nicht folgen, daß die arbeitsvertraglichen (Neben-) Pflichten des Arbeitnehmers uneingeschränkt fortbestehen.

Vielmehr ergibt eine Interessenharmonisierung von Arbeits- und Wiedereingliederungsverhältnis, daß diejenigen arbeitsvertraglichen Nebenpflichten, die mit dem Wiedereingliederungszweck nicht kollidieren oder mit der Wiedereingliederung nicht in Zusammenhang stehen, fortbestehen, während die mit dem Wiedereingliederungszweck nicht vereinbaren Nebenpflichten ruhen.

---

395 BAG vom 29.1.1992, U 1-3; Jaeger, Anmerkung zu BAG vom 29.1.1992-5 AZR 37/91, BetrR 1992, 93; Gitter, Wiedereingliederungs-These Nr. 5.

396 BAG AP Nr.1 zu § 103 BetrVG 1972; AP Nr.1, 6, 7, 9, 10 zu § 611 BGB Treuepflicht; Schaub, Handbuch, S. 323; Münchener Handbuch-Blomeyer, Bd 1, IndAR I, § 49, Rr. 1; Erman-Hanau, § 611, Rr. 482; MK-Söllner, § 611, Rr. 393; Staudinger-Richardi, § 611, Rr. 372f.; Palandt-Putzo, § 611, Rr. 40; Hueck, Nipperdey, I, S. 242; Nikisch I, S. 446; Zöllner, Loritz, Arbeitsrecht, S. 154, 157-159; Mayer-Maly, in: Tomandl (Hg), Treuepflicht, S. 71, 86; Schwerdtner, Fürsorgetheorie, S. 91; Schwarz, Holzer, Treuepflicht, S. 41, 46f.; Gaul, Arbeitsrecht I, F I, Rr. 4; Schwarz,in: FS Wilburg, 355, 364; Buchner, ZfA 1979, 335, 337f..

397 vgl. § 6 II 1..

Gleichzeitig sind neue, die allmähliche Arbeitsaufnahme begleitenden Nebenpflichten aus dem Wiedereingliederungsverhältnis zu konstituieren.

Diese Lösung hat den Vorteil, daß sie die arbeitsvertraglichen Nebenpflichten nicht berührt, insbesondere keine inhaltlichen Modifikationen dieser Pflichten für die Zeit der Wiedereingliederung erforderlich macht, allenfalls nur einzelne Pflichten insgesamt ruhen läßt.
Sie hat daneben die Klarheit der Lösung auf ihrer Seite - Fortbestand von gewissen Nebenpflichten einerseits, Neubegründung aufgrund des neuen Schuldverhältnisses der Wiedereingliederung andererseits - und braucht nicht auf die Konstruktion der "fortwirkende[n] Ausstrahlung" des Arbeitsverhältnisses wie das BAG zurückzugreifen. Denn was dogmatisch unter dieser fortwirkenden Ausstrahlung zu verstehen ist, läßt das BAG offen.

2.) Aus dem Arbeitsverhältnis fortbestehende Nebenpflichten

a) Nebenleistungspflichten

Keine Bedeutung für das Wiedereingliederungsverhältnis haben die sog. unselbständigen Nebenleistungspflichten, die zu den Hauptleistungspflichten, d.h. im Falle des Arbeitnehmers zu der Arbeitspflicht, akzessorisch sind (z.B. Mitteilung über den Stand der Arbeiten, Auskunft über ihre Durchführung, Pflicht zur Mehrarbeit, Rechenschaftslegung) [398] .
Da solche Pflichten funktional der Hauptleistungspflicht zugeordnet sind, die wegen der Arbeitsunfähigkeit des Arbeitnehmers jedoch ruht, ruhen auch sie während des Wiedereingliederungsverfahrens.

b) Unterlassungspflichten

Dagegen bleibt die Mehrheit der aus dem Loyalitätsgedanken herzuleitenden Unterlassungspflichten des Arbeitnehmers aus dem Arbeitsvertrag aufrecht erhalten. Dazu gehören vor allem Wettbewerbsverbote, Verschwiegenheitspflichten, das Verbot von ruf- und kreditschädigenden Mitteilungen an Dritte, von unternehmensschädlichen Einwirkungen auf Kollegen, das Abwerbungs- und Schmiergeldverbot sowie das Verbot von

398 Münchener Handbuch-Blomeyer, Bd 1, IndAR I, § 49, Rr. 16; Erman-Werner, § 242, Rr. 54; Palandt-Heinrichs, Einl. vor § 241, Rr. 6 und § 242, Rr. 27; Soergel-Teichmann, § 242, Rr. 162; MK-Roth, § 242, Rr. 142; Staudinger-Richardi, § 611, Rr. 372, 376; Zöllner, Loritz, Arbeitsrecht, S. 157; Herschel, BB 1978, 569, 570.

Nebentätigkeiten, die eine konkrete Gefahr der Beeinträchtigung der Arbeitskraft mit sich bringen [399].

Solche Pflichten knüpfen nicht unmittelbar an die Arbeitsleistung des Arbeitnehmers an, vielmehr an seine Stellung als Vertragspartner. Da sie von der gesundheitsfördernden Bedeutung der Wiedereingliederung nicht berührt werden, gelten sie während der Wiedereingliederung weiter.

3.) Aufgrund des Wiedereingliederungsverhältnisses konstituierte Nebenpflichten

a) Nebenleistungspflichten

Für das Wiedereingliederungsverhältnis bestehen wie für jedes Schuldverhältnis Nebenleistungspflichten, z.B. Sorgfalt in der Dürchführung der Wiedereingliederungstätigkeit, Mitteilungs-, Auskunfts- oder Rechenschaftslegungspflichten über die Wiedereingliederungstätigkeit, wie auch die Pflicht zur Anzeige der "Wiedereingliederungs-Unfähigkeit". Maßstab dieser den arbeitsvertraglichen Nebenleistungspflichten ähnelnden Pflichten ist die Wiedereingliederungstätigkeit und nicht die Arbeitsleistung, so daß ihr Rechtsgrund auch das Wiedereingliederungsverhältnis ist.

b) Rücksichts- und Loyalitätspflichten

Gleiches gilt für Rücksichts- und Loyalitätspflichten.

Aus dem Wiedereingliederungsverhältnis ergeben sich Unterlassungspflichten, die sich inhaltlich an die des Arbeitsvertrages anlehnen [400]. So verbietet beispielsweise die Verschwiegenheitspflicht dem Rehabilitanden, Geschäfts- und Betriebsgeheimnisse, die er durch seine Wiedereingliederungstätigkeit erfährt, Dritten mitzuteilen.

Ebenso leiten sich andere Rücksichtspflichten, wie z.B. die Wahrung der betrieblichen Ordnung oder der Schutz des Unternehmenseigentums, aus dem Wiedereingliederungsverhältnis ab. Zwar rühren diese Nebenpflichten von der Tatsache her, daß der Rehabilitand in den Betrieb eingebunden und in den Bereich der Sachherrschaft des Arbeitgebers integriert ist[401] . Diese organisatorische Einordnung in den Betrieb hat ihren Grund jedoch nicht in der Arbeitsleistung, sondern der allmählichen Arbeitsaufnahme.

---

399 Münchener Handbuch-Blomeyer, Bd 1, IndAR I, §§ 50, 51, 53.

400 vgl. soeben 2.b).

401 vgl. Münchener Handbuch-Blomeyer, Bd 1, IndAR I, § 51, Rr. 1, 3, 29; Zöllner, Loritz, Arbeitsrecht, S. 158.

Folglich handelt es sich um Nebenpflichten aus dem Wiedereingliederungsverhältnis, die wiederum inhaltlich den arbeitsvertraglichen Rücksichtspflichten gleichen.

c) Schutzpflichten

Schließlich hat der Arbeitnehmer Schutzpflichten, vor allem Handlungspflichten bei Störungen. Er muß drohende Schäden oder Gefahren in seinem Wiedereingliederungsbereich dem Arbeitgeber anzeigen, sie verhindern bzw. selbst beheben, soweit ihm dies möglich und zumutbar ist [402].

Anlaß für die Schutzpflichten ist auch hier nicht die Arbeit, sondern die Wiedereingliederungstätigkeit.

II. Nebenpflichten des Arbeitgebers

1.) Grundsatz

Auch für die Nebenpflichten des Arbeitgebers gilt, daß sie sich aus dem Arbeitsverhältnis ableiten, solange sie nicht mit dem Wiedereingliederungszweck kollidieren oder mit der Wiedereingliederung nicht im Zusammenhang stehen, während gleichzeitig neue Nebenpflichten aus dem Wiedereingliederungsverhältnis erwachsen.

2.) Aus dem Arbeitsverhältnis fortbestehende Nebenpflichten

a) Vermögenssorge für den Arbeitnehmer

Nebenpflicht des Arbeitgebers, die nicht unmittelbar die Arbeitsleistung des Arbeitnehmers voraussetzt, ist primär die Vermögenssorge des Arbeitgebers für den Arbeitnehmer [403], so z.B. sozialversicherungsrechtliche Pflichten des Arbeitgebers wie die Abführung von Sozialversicherungsbeiträgen während des Entgeltfortzahlungszeitraumes, Aufklärungs-, Belehrungs- und Mitteilungspflichten.

---

402 vgl. Münchener Handbuch-Blomeyer, Bd 1, IndAR I, § 52, Rr. 3, 6, 7; Zöllner, Loritz, Arbeitsrecht, S. 157.
403 Zöllner, Loritz, Arbeitsrecht, S. 185f..

b) Nebenpflichten im Zusammenhang mit der Entgeltfortzahlung

Erhält der Arbeitnehmer während seiner Wiedereingliederung noch Entgeltfortzahlung, so bleiben die damit zusammenhängenden Nebenpflichten, beispielsweise Auskunft über deren Zusammensetzung, bestehen [404].

3.) Aufgrund des Wiedereingliederungsverhältnisses konstituierte Nebenpflichten

a) Nebenleistungspflichten

Auch für den Arbeitgeber bestehen im Wiedereingliederungsverhältnis Nebenleistungspflichten, die an die Gewährung der Wiedereingliederungsmöglichkeit anknüpfen.

b) Schutzpflichten

Nebenpflichten des Arbeitgebers ergeben sich daneben hauptsächlich als Schutzpflichten. Hierzu gehört der Schutz von Leben und Gesundheit des Rehabilitanden (vgl. §§ 618 BGB, 62 HGB, 120a GewO) wie auch seiner eingebrachten Sachen.
Beide Pflichten sind Integritätspflichten und rühren aus der Pflicht des Arbeitgebers zur Sicherung eines bestimmten räumlich-gegenständlichen Verkehrsbereichs her, nämlich des Betriebs [405].
Inhaltlich entsprechen diese Pflichten den arbeitsvertraglichen Schutzpflichten. Ihr Rechtsgrund ist jedoch die Wiedereingliederung, weil der Arbeitnehmer sich diesen betriebsspezifischen Gefahren für Leben, Gesundheit und eingebrachte Vermögensgegenstände infolge der Wiedereingliederungstätigkeit aussetzt.

Gleiches gilt bzgl. der Verantwortlichkeit des Arbeitgebers für Eigenschäden des Arbeitnehmers, sofern der Schaden im Betätigungsbereich der Wiedereingliederung entstanden, nicht seinem Lebensbereich zuzurechnen und von diesem nicht verschuldet ist[406].

404 Zöllner, Loritz, Arbeitsrecht, S. 186.
405 Münchener Handbuch-Blomeyer, Bd 1, IndAR I, § 92, Rr. 13 und § 94; MK-Mertens, § 823, Rr. 182; Staudinger-Richardi, § 611, Rr. 791; Zöllner, Loritz, Arbeitsrecht, S. 182, 184; Söllner, Grundriß, S. 268; Richardi, in: Tomandl (Hg), Treuepflicht, S. 41, 60.
406 vgl. Münchener Handbuch-Blomeyer, Bd 1, IndAR I, § 94, Rr. 50.

c) Schutz der Arbeitnehmerpersönlichkeit

Desweiteren gründet sich auch der Schutz der Arbeitnehmerpersönlichkeit im Wiedereingliederungsverhältnis [407]. Da der Arbeitnehmer aufgrund der Wiedereingliederungstätigkeit dem Arbeitgeber ausgesetzt ist, ist das Wiedereingliederungsverhältnis Grundlage für den Schutz vor Eingriffen des Arbeitgebers in die Persönlichkeits- und Freiheitssphäre des Arbeitnehmers, wie auch der Arbeitnehmer infolge seiner Einordnung in den Betrieb vor Eingriffen Dritter zu schützen ist.

Dagegen fließen die dem arbeitsrechtlichen Persönlichkeitsschutz innewohnenden Elemente der Förderung der Arbeitnehmerpersönlichkeit wie auch der menschengerechten Gestaltung des Arbeitsplatzes [408] im Rahmen der Wiedereingliederung schon in die Wiedereingliederung an sich, d.h. in die Hauptleistungspflicht des Arbeitgebers ein. Denn der Arbeitgeber muß eine Wiedereingliederungsmöglichkeit zur Verfügung stellen, die den therapeutischen Zwecken des § 74 SGB V gerecht wird. Dazu gehört neben dem körperlichen auch das seelische Wohlbefinden des Rekonvaleszenten.

d) Vermögenssorge

Schließlich leiten sich aus dem Wiedereingliederungsverhältnis auch Pflichten des Arbeitgebers zur Vermögenssorge ab. Hierzu gehört vor allem die Freistellungspflicht des Arbeitgebers bei Haftung des Arbeitnehmers gegenüber Dritten und Betriebsangehörigen [409].

---

407 vgl. Münchener Handbuch-Blomeyer, Bd 1, IndAR I, § 95.
408 vgl. Münchener Handbuch-Blomeyer, Bd 1, IndAR I, § 95, Rr. 28f..
409 vgl. § 13 II, III.

§ 12 Konkretisierungsrecht (Weisungsrecht)

I. Erforderlichkeit eines Konkretisierungsrechts

Ähnlich den Nebenpflichten sieht das BAG auch das Weisungsrecht als "fortwirkende Ausstrahlung des in seinen Hauptpflichten weiter ruhenden Arbeitsverhältnisses" [410].
Daß das Gericht die fortwirkende Ausstrahlung als zweifelhafte rechtliche Konstruktion heranzieht, zeigt schon die Begriffsdefinition des Weisungsrechts. Denn es ist das Recht des Arbeitgebers, die im Arbeitsvertrag nur rahmenmäßig umschriebene Leistungspflicht des Arbeitnehmers näher zu bestimmen [411]. Wesentlich für das Direktionsrecht ist, daß es die **Arbeits**pflicht des Arbeitnehmers näher konkretisiert. Schon aus diesem Grund kann es im Rahmen des Wiedereingliederungsverhältnisses nicht um eine Fortwirkung des Direktionsrechts gehen; denn die Arbeitsleistung des Arbeitnehmers ruht, er führt eine Rehabilitationstätigkeit durch.

Daß ein - wie auch immer geartetes - anderes und nicht die Arbeitspflicht des Arbeitnehmers, sondern seine Wiedereingliederungstätigkeit betreffendes "Weisungsrecht" trotzdem bestehen muß, steht aber nicht in Frage. Denn zum einen erbringt der Rehabilitand seine Wiedereingliederungstätigkeit im Betrieb des Arbeitgebers im Rahmen von dessen arbeitsteiliger Organisation, wenn auch nicht mit uneingeschränkter Eingliederung in diese Organisation; und genau die Organisationsgewalt des Arbeitgebers ist Grund für die Existenz eines Weisungsrechts.
Zum anderen verweist die Wiedereingliederung in § 74 SGB V auf die bisherige Tätigkeit, die von einem solchen Weisungsrecht erfaßt wurde.

Daher ist es zweckmäßig, das Weisungsrecht in inhaltlicher Anlehnung an das arbeitsvertragliche Direktionsrecht, jedoch unter Berücksichtigung der Besonderheiten der Wiedereingliederung zu bestimmen.
Zur Unterscheidung vom arbeitsvertraglichen Weisungsrechts soll es hier Konkretisierungsrecht genannt werden.

---

410 BAG vom 29.1.1992, U 1-3.
411 vgl. § 8 I 1..

II. Inhalt und Umfang des Konkretisierungsrechts

1.) Inhalt und Umfang allgemein

Ähnlich dem Weisungsrecht bestimmen sich Inhalt und Umfang des Konkretisierungsrechts neben gesetzlichen und kollektivrechtlichen Bestimmungen primär nach dem Wiedereingliederungsvertrag.
Dieser wiederum verweist gem. § 74 SGB V auf den Arbeitsvertrag: Art, Ort, Zeit der Wiedereingliederungstätigkeit sowie das diese Tätigkeit des Arbeitnehmers begleitende Verhalten richten sich grundsätzlich nach der bisherigen Tätigkeit, jedoch mit anderer Intention: Ziel des Konkretisierungsrechts kann nicht wie beim Weisungsrecht eine fremdnützige Arbeitsleistung des Arbeitnehmers sein, vielmehr muß die Ausübung des Rechts stets dazu dienen, den Arbeitnehmer wieder ins Erwerbsleben einzugliedern.
Das Konkretisierungsrecht zeichnet sich also durch die Gleichgerichtetheit der Interessenlage aus, Arbeitnehmer und Arbeitgeber dienen beide der Gesundheit des Arbeitnehmers.

2.) Grenzen

a) Medizinische Grenzen des § 74 SGB V

Neben dem Arbeitsvertrag gibt es eine weitere Quelle zur Bestimmung des Konkretisierungsrechts, nämlich die gem. § 74 SGB V ausgestellte Arbeitsunfähigkeitsbescheinigung. Äußerste Grenze der Betätigungsfähigkeit des Arbeitnehmers ist stets - selbst wenn er sich zu anderer oder umfassender Tätigkeit in der Lage glaubt - die ärztlich-medizinische Einschätzung des Gesundheitszustandes des Arbeitnehmers. Den Rahmen der in der Arbeitsunfähigkeitsbescheinigung beschriebenen Tätigkeiten darf der Arbeitgeber bei Ausübung seines Konkretisierungsrechts keinesfalls überschreiten.

b) Billiges Ermessen gem. § 315 III BGB

Die Ausübung des Konkretisierungsrechts durch den Arbeitgeber muß - gleich dem Direktionsrecht - billigem Ermessen i.S.d. § 315 III BGB entsprechen, weil dem Arbeitgeber auch mit dem Konkretisierungsrecht ein einseitiges Gestaltungsrecht i.S.d. § 315 I BGB eingeräumt ist [412].

---

412 h.M. für das Weisungsrecht: BAG AP Nr.26, 27, 36 zu § 611 BGB Direktionsrecht; Schaub, S. 265; Münchener Handbuch-Richardi, Bd 1, IndAR I, § 12, Rr. 52 und Blomeyer, § 46, Rr. 24, 32; Erman-Hanau, § 611, Rr. 297; Söllner, Grundriß, S. 259; Söllner, Einseitige Leistungsbestimmung, S. 14, 23, 30,

Es entspricht billigem Ermessen, wenn die wesentlichen Umstände des Falles abgewogen und die beiderseitigen Interessen von Arbeitgeber und Arbeitnehmer angemessen berücksichtigt werden [413].
Bei dieser Interessenabwägung handelt es sich nicht um einen generellen Maßstab, sondern um einen innervertraglichen Beurteilungsrahmen. Ihr Ziel ist vertragliche Austauschgerechtigkeit [414].
Aus diesem Grund ist als Beurteilungskriterium insbesondere der Vertragszweck zu berücksichtigen sowie die beiderseitigen Bedürfnisse der Vertragspartner, im Falle des Konkretisierungsrechts im Rahmen des Wiedereingliederungsverhältnisses also vor allem der Rehabilitationszweck der allmählichen Arbeitsaufnahme.

c) Weisungen ohne Zusammenhang mit dem Wiedereingliederungszweck

Auf die Überschreitung eines so bestimmten Konkretisierungsrechts kann sich der Arbeitnehmer jedoch nicht berufen, wenn es um eine Anordnung des Arbeitgebers geht, die nicht im Zusammenhang mit dem therapeutischen Ziel der Wiedereingliederung steht. Hierzu gehören vornehmlich Anordnungen zu arbeitsbegleitendem oder betriebsorganisatorisch bedingtem Verhalten, wie z.B. Wahrung der betrieblichen Ordnung oder Einhaltung der Arbeitsschutzbedingungen. Hier gilt für den Rehabilitanden nichts anderes als für die übrigen Arbeitnehmer im Betrieb.

126; Gaul, Arbeitsrecht I, D II, Rr. 12; von Hoyningen-Huene, Billigkeit, S. 42; Adomeit, Rechtsquellenfragen, S. 100; Böttner, Direktionsrecht, S. 57; Berger-Delhey, DB 1990, 2266, 2267.

413 BAG AP Nr.26, 27 zu § 611 BGB Direktionsrecht; Staudinger-Mayer-Maly, § 315, Rr. 58; Soergel-Wolf, § 315, Rr. 38; Erman-Hanau, § 611, Rr. 297; Schaub, Handbuch, S. 265; Münchener Handbuch-Richardi, Bd 1, IndAR I, Blomeyer, § 12, Rr. 52 und § 46, Rr. 24, 32; von Hoyningen-Huene, Billigkeit, S. 22; Söllner, in: Hromadka (Hg), Änderung, S. 13, 16, 32; Adomeit, Rechtsquellenfragen, S. 100f.; Söllner, Einseitige Leistungsbestimmung, S. 23, 30; Gaul, Arbeitsrecht I, D II, Rr. 12.

414 Staudinger-Mayer-Maly, § 315, Rr. 58; Soergel-Wolf, § 315, Rr. 38; MK-Gottwald, § 315, Rr. 1; von Hoyningen-Huene, Billigkeit, S. 22, 24.

§ 13 Haftungsfragen im Wiedereingliederungsverhältnis

I. Haftung des Arbeitnehmers gegenüber dem Arbeitgeber

1.) Äußerste Grenze: Haftung wie im Arbeitsverhältnis

Die Haftung des Arbeitnehmers gegenüber dem Arbeitgeber im Wiedereingliederungsverhältnis folgt dem Grundsatz, daß der Arbeitnehmer an sich für jeden Schaden, den er schuldhaft verursacht, aus positiver Vertragsverletzung des Wiedereingliederungsvertrages oder Delikt einzustehen hat.

Jedoch kann äußerste Grenze dieser Haftung allenfalls diejenige Haftung sein, die dem Arbeitnehmer im Rahmen seines der Wiedereingliederung zugrundeliegenden Arbeitsverhältnisses obliegt. Dem Rehabilitanden müssen folglich zumindest diejenigen Haftungseinschränkungen zugute kommen, die Arbeitnehmer für fahrlässig verursachte Schäden bei der Ausführung von Arbeiten zustehen, die durch den Betrieb veranlaßt sind und aufgrund eines Arbeitsverhältnisses geleistet werden [415].

a) Erst-recht-Schluß

Dies folgt zum einen aus einem Erst-recht-Schluß: Kommen schon dem voll leistungsfähigen Arbeitnehmer Haftungsmilderungen zugute, muß dies erst recht für den eingeschränkt arbeitsfähigen Arbeitnehmer gelten.

b) Gesichtspunkte der arbeitsrechtlichen Haftungsmilderung

Zum anderen treffen die Gesichtspunkte, die zu der arbeitsrechtlichen Haftungsmilderung geführt haben, auch auf die Situation des Rehabilitanden zu:

(1) Aus sozialpolitischen Gründen ist eine uneingeschränkte Haftung des Arbeitnhmers in vielen Fällen untragbar. Sie würde zu außerordentlich großen Schadensersatzsummen führen, was die Existenz des Arbeitnehmers gefährden könnte; das Schadensrisiko stünde zumindest in keinem Verhältnis zu seinem Arbeitseinkommen [416].

---

[415] BAG Vorlagebeschluß AP Nr. 98 zu § 611 BGB Haftung des Arbeitnehmers; BAG GS Beschluß vom 12.6.1992, NZA 1993, 547, 548; BGH Beschluß vom 21.1.1993-GmS-OGB 1/93, ZIP 1994, 225.

[416] BAG Vorlagebeschluß AP Nr. 98 zu § 611 BGB Haftung des Arbeitnehmers; BAG GS Beschluß, NZA 1993, 547, 549; BAG AP Nr. 4 zu §§ 898, 899 RVO; Schaub, Handbuch, S. 305; Erman-Hanau, § 611, Rr. 338; Zöllner, Loritz, Arbeitsrecht, S. 226; Canaris, RdA 1966, 41, 45; von Hoyningen-Huene, BB 1989, 1889, 1894; Michels-Holl, Das Arbeitsrecht der Gegenwart 27, 1990, 253; Marhold, JuS 1991, 921.

Dieser Aspekt der übermäßigen finanziellen Belastung gilt in gleichem Maße für den Wiedereinzugliedernden, dessen Tätigkeit dazuhin - im Grundsatz - nicht einmal vergütet wird.

(2) Auch ist der dogmatische Ansatz der Arbeitnehmerhaftungserleichterung auf den Arbeitnehmer im Wiedereingliederungsverfahren anwendbar, wonach im Rahmen der Risikoverteilung zwischen Arbeitnehmer und Arbeitgeber nach dem Rechtsgedanken des § 254 BGB das Betriebsrisiko zuzurechnen ist. Es bestimmt sich dadurch, daß der Arbeitnehmer fremdbestimmte Arbeit innerhalb der Arbeitsorganisation des Arbeitgebers leistet, wo der Arbeitgeber den Betriebsablauf und den Arbeitsprozeß organisatorisch und technisch beherrscht, damit weitgehend auf das betriebliche Risikopotential Einfluß nehmen und Gefahrenmomenten, z.B. durch Veränderungen des Arbeitsablaufs, bessere Überwachung oder andere Sicherheitsvorkehrungen, entgegenwirken kann [417].

Zwar ist die Wiedereingliederungstätigkeit nicht wie die Arbeitsleistung fremdbestimmt[418] ; aber auch im Wiedereingliederungsverhältnis hat der Arbeitgeber die tatsächliche Organisations- und Personalhoheit inne, wenn auch mit gewissen Modifikationen infolge des Rehabilitationszwecks der Tätigkeit. Dem Arbeitgeber steht das Konkretisierungsrecht zu [419] , und er bestimmt grundsätzlich die Betriebsorganisation und den Arbeitsablauf. Denn der Rehabilitand verrichtet gem. § 74 SGB V teilweise seine bisherige Tätigkeit, die in der vom Betrieb vorgegebenen Organisation stattfindet.
Dem Arbeitgeber ist damit auch im Rahmen der Wiedereingliederung nach § 254 BGB das Betriebsrisiko zuzurechnen.

2.) Weitergehende Begrenzung der Haftung im Wiedereingliederungsverhältnis

Vorsätzliche Schadensherbeiführung muß auch im Wiedereingliederungsverhältnis uneingeschränkt schadensersatzpflichtig machen. Für einen Haftungsausschluß bei Vorsatz gibt es keinen Grund.

---

417 BAG AP Nr. 8, 28, 55, 82, 93, 97 zu § 611 BGB Haftung des Arbeitnehmers; BAG GS Beschluß, NZA 1993, 547, 548; MK-Söllner § 611, Rr. 423; Münchener Handbuch-Blomeyer, Bd 1, IndAR I, § 57, Rr. 19, 30; Zöllner, Loritz, Arbeitsrecht, S. 228; von Hoyningen-Huene, BB 1989, 1894, 1894f.; Canaris, RdA 1966, 41, 43, 45; Eich, NZA 1984, 65, 67f.; Wolgemuth, DB 1991, 910; Michels-Holl, Das Arbeitsrecht der Gegenwart 27, 1990, 253.

418 vgl. § 6 II 1..

419 vgl. § 12.

Jedoch könnte die Haftung des wiedereinzugliedernden Arbeitnehmers bei Fahrlässigkeit weitergehend begrenzt werden, um der Arbeitsunfähigkeit des Arbeitnehmers besser Rechnung zu tragen. In Betracht kommen folgende Lösungsmöglichkeiten:

(1) Durch den Wiedereingliederungsvertrag wird eine Haftungsbeschränkung vereinbart

(2) Der Arbeitgeber muß sich über das Betriebsrisiko hinaus durch das Angebot einer Wiedereingliederungsmöglichkeit eine zusätzliche Risikoerhöhung nach dem Rechtsgedanken des § 254 BGB zurechnen lassen

(3) Der Maßstab der Fahrlässigkeit ist für die Wiedereingliederungstätigkeit spezifisch zu bestimmen

a) Vereinbarung einer Haftungsbeschränkung

Die Haftung des Rehabilitanden könnte vertraglich gemildert sein (vgl. § 276 I 1 BGB). In Betracht käme eine Haftungsbegrenzung auf grobe Fahrlässigkeit.
Da im allgemeinen explizit keine entsprechende Vereinbarung zwischen Arbeitgeber und Arbeitnehmer im Wiedereingliederungsvertrag getroffen ist, ist allenfalls an eine stillschweigende Ausschlußabrede zu denken. Eine solche ist grundsätzlich möglich, und zwar bei entgeltlichen und unentgeltlichen Verträgen [420].
Jedoch ist Zurückhaltung geboten, weil die Annahme eines konkludenten Haftungsverzichts durch den Gläubiger, d.h. den Arbeitgeber, häufig eine unzulässige Willensfiktion ist [421].
Daher ist erforderlich, daß der Gläubiger sich der Möglichkeit einer Gefährdung durch den Umstand, der für den Schaden ursächlich wird, bewußt ist [422].

Der Arbeitgeber müßte sich also im Rahmen von § 74 SGB V darüber im klaren sein, daß die Wiedereingliederungstätigkeit mehr und leichter Schaden mit sich bringen kann als die sonstige Arbeitsleistung des Arbeitnehmers.
Ein solches Bewußtsein dem Arbeitgeber zu unterstellen, ist jedoch gekünstelt. Denn der Arbeitgeber, der wohl schon kaum daran denkt, daß die Wiedereingliederungstätigkeit keine Arbeitsleistung ist, rechnet, wenn er eine Wiedereingliederungstätigkeit anbietet, nicht damit, daß die Wiedereingliederung für den Betrieb ein größeres Gefährdungs- und Schadenspotential darstellt als die reguläre Arbeitnehmertätigkeit. Im Regelfall ist er sich

---

420 RGZ 128, 229, 231; BGHZ 2, 159, 160; 43, 72, 76; NJW 1979, 643, 644; LG Aachen, NJW-RR 1987, 800; Erman-Battes, § 276, Rr. 82; Soergel-Wolf, § 276, Rr. 88; RGRK-Alff, § 276, Rr. 89; Palandt-Heinrichs, § 276, Rr. 57; Staudinger-Löwisch, § 276, Rr. 72.

421 RGZ 128, 229, 232; BGHZ 2, 159, 163; LG Aachen, NJW-RR 1987, 800; Staudinger-Löwisch, § 276, Rr. 72.

422 BGHZ 2, 159, 161; Erman-Battes, § 276, Rr. 82; RGRK-Alff, § 276, Rr. 89.

allenfalls der Tatsache bewußt, daß die Wiedereingliederungstätigkeit "unsteter", d.h. freiwillig und jederzeit veränderbar, auch abbrechbar ist.
Für eine stillschweigende Haftungseinschränkung bleibt damit kein Raum.

b) Erhöhung des Betriebsriskos durch den Arbeitgeber nach dem Rechtsgedanken des § 254 BGB

Wird die Milderung der Haftung des Arbeitnehmers mit der durch den Arbeitgeber gesetzten Betriebsgefahr begründet, so muß auch anerkannt werden, daß ein weitergehendes, der Risikosphäre des Arbeitgebers zurechenbares Verhalten diese Betriebsgefahr nach § 254 BGB erhöht.
Die h.M. anerkennt dies beispielsweise für Organisationsmängel des Arbeitgebers, wo er notwendige Anweisungen nicht erteilt, notwendige Überwachungen nicht durchführt oder den Arbeitnehmer überfordert [423].
Hierum kann es bei der Beschäftigung eines Rehabilitanden nicht gehen.

Die h.M. anerkennt dies auch, wenn der Arbeitgeber um die mangelnde Berufserfahrung des Arbeitnehmers weiß [424]. Hier nehme der Arbeitgeber - unter Einsparung von Arbeitsentgelt - die Gefahren in Kauf, die aus der Unerfahrenheit des Arbeitnehmers entstünden.

Die Anwendung dieser Grundsätze auf die Wiedereingliederungstätigkeit ist jedoch abzulehnen.
Zum einen ist nicht anzunehmen, daß der Arbeitgeber bereit ist, im Rahmen des Wiedereingliederungsverhältnisses bewußt größere Schäden zu riskieren [425].
Zum anderen würde dies die Arbeitnehmerhaftung noch mehr verkomplizieren: was z.B. früher als grobfahrlässige Schadensherbeiführung vom Arbeitnehmer voll zu verantworten war, wäre jetzt mit dem Arbeitgeber zu quoteln; was früher als leicht fahrlässig mit dem Arbeitgeber zu teilen war, wäre heute hauptsächlich vom Arbeitgeber zu tragen.

c) Spezifische Bestimmung des Fahrlässigkeitsmaßstabes

Sachgerechter ist somit diejenige Lösung, die die Arbeitnehmerhaftung im Grunde unberührt läßt, insbesondere für die Schadensverteilung nach § 254 BGB keine neuen Kriterien

423 BAG AP Nr. 57, 59, 64 zu § 611 BGB Haftung des Arbeitnehmers; Münchener Handbuch-Blomeyer, Bd 1, IndAR I, § 57, Rr. 60; Schaub, Handbuch, S. 306; Eich, NZA 1984, 65, 67.
424 BAG AP Nr. 58, 59 zu § 611 BGB Haftung des Arbeitnehmers.
425 vgl. soeben a).

aufnimmt, vielmehr den Fahrlässigkeitsmaßstab für wiedereinzugliedernde Arbeitnehmer spezifisch bestimmt [426].

Die Fahrlässigkeit unterliegt einem objektiv-abstrakten Maßstab. Zu seiner Konkretisierung ist auf die durchschnittlichen Anforderungen Bezug zu nehmen, die einem gewissenhaften Angehörigen desjenigen Verkehrskreises, dem der Betroffene zuzurechnen ist, obliegen [427].
Der Verkehrskreis bestimmt sich einerseits gruppenspezifisch, andererseits vertragsspezifisch:

Einerseits prägen also Alter, Bildung, Beruf und sonstiger Betätigungs- und Lebenskreis der bestimmten Personengruppe den Sorgfaltsmaßstab [428], bei der stufenweisen Wiedereingliederung folglich nicht das Bild eines arbeitsfähigen Arbeitnehmers der betreffenden Berufsgruppe, sondern das eines Arbeitsunfähigen, der in der betreffenden Berufsgruppe eine Rehabilitationsmaßnahme durchführt.
Andererseits ist die im Verkehr erforderliche Sorgfalt im Falle der Vertragshaftung nicht der allgemeine Umgang unter Menschen, sondern der besondere Verkehr der Vertragspartner, der darauf abzielt, die vertragsmäßige Leistung sicherzustellen [429].
Wird zwischen Arbeitgeber und Arbeitnehmer also ein Wiedereingliederungsvertrag geschlossen, der den Arbeitnehmer als arbeitsunfähig voraussetzt und rehabilitativen Charakter hat, so ist nur diejenige Sorgfalt seitens des Arbeitnehmers zu beachten, die von ihm angesichts seiner Krankheit und seiner Tätigkeit zu Wiedereingliederungszwecken erwartet werden kann [430].

---

426 vgl. Marhold, JuS 1991, 921, 922.

427 Erman-Battes, § 276, Rr. 20, 26; MK-Hanau, § 276, Rr. 78f.; Soergel-Wolf, § 276, Rr. 75; RGRK-Alff, § 276, Rr. 19; Palandt-Heinrichs, § 276, Rr. 15f.; Staudinger-Löwisch, § 276, Rr. 16f..

428 BGHZ 39, 281, 286; BAG AP Nr. 69, 70, 74 zu § 611 BGB Haftung des Arbeitnehmers; Erman-Battes, § 276, Rr. 26; MK-Hanau, § 276, Rr. 82; Soergel-Wolf, § 276, Rr. 80-82; Palandt-Heinrichs, § 276, Rr. 17; Staudinger-Löwisch, § 276, Rr. 18, 21; Deutsch, Fahrlässigkeit, S. 130-136.

429 RGZ 199, 398, 400; BGH BB 1977, 1117, 1118; MK-Hanau, § 276, Rr. 86, 92; Staudinger-Löwisch, § 276, Rr. 24; Deutsch, Fahrlässigkeit, S. 306; Huber, in: FS E.R. Huber, S. 253, 281-283, 284; Löwisch, AcP 165, 1965, 421, 429f..

430 vgl. RGZ 119, 397, 398f.; Hueck, Nipperdey, I, S. 228f.; Dierks, Werkstatt für Behinderte, S. 83, 85f.; Leisten, Werkstatt für Behinderte, S. 180; Huber, in: FS E.R. Huber, S. 253, 284;
a.A. für eine "normale" Arbeitnehmerhaftung: Gitter, Wiedereingliederungs-These Nr. 5; Berliner Senator für Inneres, Rundschreiben II, Nr. 17/1989, Nr. 5.2., S. 5.

II. Haftung des Arbeitnehmers gegenüber betriebsfremden Dritten

1.) Haftung nach allgemeinen zivilrechtlichen Grundsätzen

Fügt der Arbeitnehmer in Ausführung seiner Tätigkeit einem betriebsfremden Dritten einen Schaden zu, haftet er ihm gegenüber nach allgemeinen zivilrechtlichen Regeln.
Eine Einschränkung nach den Grundsätzen der Arbeitnehmerhaftung kommt nicht in Betracht; sie gilt nur im Verhältnis zum Arbeitgeber [431].

2.) Freistellungsanspruch des Arbeitnehmers gegenüber dem Arbeitgeber

a) Freistellungsanspruch

Jedoch hat der Arbeitnehmer gegenüber dem Arbeitgeber einen Anspruch darauf, daß ihn der Arbeitgeber von den Risiken der betrieblichen Tätigkeit entsprechend den Grundsätzen der Arbeitnehmerhaftung entlastet. Er kann vom Arbeitgeber verlangen, daß dieser ihn von der Inanspruchnahme durch den geschädigten Dritten in der Höhe freistellt, in der dem Arbeitnehmer bei gleicher Schädigung des Arbeitgebers eine Haftungsminderung zuerkannt würde [432].

Im Rahmen des Wiedereingliederungsverhältnisses bedeutet dies, daß der Rehabilitand gegenüber dem Arbeitgeber einen Freistellungsanspruch hat, soweit der Arbeitnehmer im Innenverhältnis nach den unter I. dargelegten Grundsätzen nicht haften würde. Hierbei ist insbesondere der spezifische Haftungsmaßstab zu berücksichtigen.

b) Erstattungsanspruch

Hat der Arbeitnehmer den Schaden des Dritten schon beglichen, hat er einen entsprechenden Erstattungsanspruch gegenüber dem Arbeitgeber.

---

431 BAG AP Nr. 4 zu §§ 898, 899 RVO, AP Nr. 35 zu § 611 BGB Haftung des Arbeitnehmers; BGH NZA 1990, 100, 101; Schaub, Handbuch, S. 313; Münchener Handbuch-Blomeyer, Bd 1, IndAR I, § 58, Rr. 2; Erman-Hanau, § 611, Rr. 344; MK-Söllner, § 611, Rr. 431; Zöllner, Loritz, Arbeitsrecht, S. 229.

432 BAG AP Nr. 4 zu §§ 898, 899 RVO; AP Nr. 37 zu § 611 BGB Haftung des Arbeitnehmers; Schaub, Handbuch, S. 313; Münchener Handbuch-Blomeyer, Bd 1, IndAR I, § 58, Rr. 4; Erman-Hanau, § 611, Rr. 344; MK-Söllner, § 611, Rr. 431; Zöllner, Loritz, Arbeitsrecht, S. 229.

III. Haftung des Arbeitnehmers bei Schädigung von Betriebsangehörigen

1.) Haftung für Personenschäden gem. § 637 RVO

Fügt der Arbeitnehmer einem anderen Betriebsangehörigen im Laufe seiner betrieblichen Wiedereingliederungstätigkeit einen Personenschaden zu, greift § 637 RVO ein. Dieser schließt die Haftung des nicht vorsätzlich schädigenden Arbeitnehmers aus.

§ 637 RVO findet auch im Wiedereingliederungsverhältnis Anwendung, weil der Arbeitnehmer auch während seiner Wiedereingliederungstätigkeit gem. § 539 I Nr.1 RVO unfallversichert ist und ein Unfall, der sich dabei ereignet, als Arbeitsunfall i.S.d. § 548 I 1 RVO zu qualifizieren ist [433].

2.) Haftung für Sachschäden

a) Haftung nach allgemeinen zivilrechtlichen Vorschriften

Für Sachschäden haftet der Arbeitnehmer gegenüber Betriebsangehörigen grundsätzlich nach allgemeinen zivilrechtlichen Vorschriften.

b) Freistellungs-/Erstattungsanspruch

Er hat aber unter den in I., II.2. erörterten Rechtsgrundsätzen über die Haftungsbeschränkung bei der Wiedereingliederung einen Freistellungs- bzw. Erstattungsanspruch gegenüber dem Arbeitgeber [434].

---

433 vgl. § 21 IV.2.

434 BAG AP Nr. 16 zu § 611 BGB Haftung des Arbeitnehmers; AP Nr. 5 zu § 282 BGB; MK-Söllner, § 611, Rr. 433; Erman-Hanau, § 611, Rr. 344; Schaub, Handbuch, S. 314; Zöllner, Loritz, Arbeitsrecht, S. 231.

IV. Haftung des Arbeitgebers gegenüber dem Arbeitnehmer

1.) Haftung für Personenschäden des Arbeitnehmers

a) Haftung aus positiver Vertragsverletzung und Delikt

Erleidet der Rehabilitand an Körper und Gesundheit im Rahmen des. Wiedereingliederungsverhältnisses einen Schaden, haftet ihm der Arbeitgeber grundsätzlich aus einer positiven Vertragsverletzung des Wiedereingliederungsvertrages und aus Delikt.

b) Haftungsausschluß gem. § 636 RVO

Soweit jedoch ein Arbeitsunfall vorliegt, gilt der Haftungsausschluß des § 636 RVO. Denn gleich wie § 637 RVO (vgl. III.1.) muß § 636 RVO auch auf die Wiedereingliederungstätigkeit Anwendung finden, da der Rehabilitand während der Wiedereingliederungstätigkeit unfallversichert ist.

2.) Haftung für Sachschäden des Arbeitnehmers

a) Haftung aus positiver Vertragsverletzung und Delikt

Die Haftung des Arbeitgebers für Sachschäden, die der Arbeitnehmer erleidet, unterliegt grundsätzlich keinen Besonderheiten.
Er haftet aus positiver Vertragsverletzung des Wiedereingliederungsvertrages und aus unerlaubter Handlung.

b) Eigensachschäden des Arbeitnehmers

Darüber hinaus kann der Arbeitnehmer vom Arbeitgeber auch ohne dessen Verschulden unter bestimmten Voraussetzungen Aufwendungsersatz für Eigensachschäden beanspruchen.

(1) Der Arbeitnehmer kann Ersatz für solche eigene Schäden verlangen, die nicht seinem allgemeinen Lebensbereich, sondern dem Betätigungsbereich des Arbeitgebers zuzurechnen sind und die aus der besonderen Gefahr der Tätigkeit erwachsen [435].
Zwar trifft der als Rechtsgrundlage dienende, in § 670 BGB zum Ausdruck gekommene allgemeine Rechtsgedanke auf die Wiedereingliederungstätigkeit nicht vollständig zu, wonach der Geschäftsherr das spezifische Risiko der in seinem Interesse ausgeübten Tätigkeit tragen muß [436] . Denn der Rehabilitand übt mit der Wiedereingliederungstätigkeit keine Tätigkeit im fremden, sondern vorwiegend im eigenen Interesse aus [437].

Dem Aufwendungsersatz liegt aber auch der Gedanke zugrunde, daß die Schäden auf das vom Arbeitgeber geschaffene Risiko zurückzuführen sind.
Daß der Arbeitgeber ein solches Risiko auch im Wiedereingliederungsverhältnis schafft, wurde schon erörtert [438] : Dem Arbeitgeber obliegt auch bei der Wiedereingliederungstätigkeit grundsätzlich die Organisations- und Personalhoheit.

Nach § 254 BGB ist ein etwaiges Verschulden des Arbeitnehmers bei der Schadensentstehung oder nachfolgenden Schadensminderung zu berücksichtigen, wobei die Zurechnung unter Anwendung der Grundsätze über den innerbetrieblichen Schadensausgleich bei betrieblicher Betätigung zu erfolgen hat [439].
Dieses Verschulden bestimmt sich wiedereingliederungsspezifisch [440] und muß die Krankheit des Arbeitnehmers und den Wiedereingliederungszweck seiner Tätigkeit berücksichtigen.

(2) Auch im Wiedereingliederungsverhältnis muß der Arbeitgeber die sog. arbeitsadäquaten Schäden nicht tragen, mit denen der Arbeitnehmer nach Art und Natur

---

435 BAG AP Nr. 2, 3, 5, 7, 9 zu § 611 BGB Haftung des Arbeitnehmers; AP Nr. 8 zu § 20 BetrVG 1972; MK-Seiler, § 670, Rr. 17; Schaub, Handbuch, S. 637; Münchener Handbuch-Blomeyer, Bd 1, IndAR I, § 94, Rr. 50, 58; Mayer-Maly, NZA 1991, Beilage 3, S. 5, 15; Gick, JuS 1979, 638, 642; Canaris, RdA 1966, 41, 48.

436 h.M.: BAG AP Nr. 2 zu § 611 BGB Gefährdungshaftung des Arbeitgebers; Erman-Ehmann, § 670, Rr. 8; Schaub, Handbuch, S. 637; Zöllner, Loritz, Arbeitsrecht, S. 225; Löwisch, Anmerkung zu BAG AP Nr. 8 zu § 20 BetrVG 1972; Gick, JuS 1979, 638, 642; Canaris, RdA 1966, 41, 48.

437 vgl. § 6 II 1..

438 vgl. § 13 I 1 b (3).

439 BAGE 33, 108, 111; BAG AP Nr. 2, 7, 9 zu § 611 Gefährdungshaftung des Arbeitgebers; Schaub, Handbuch, S. 638; Münchener Handbuch-Blomeyer, Bd 1, IndAR I, § 94, Rr. 60; Gick, JuS 1979, 638, 642; Mayer-Maly, NZA 1991, Beilage 3, S. 5, 15.

440 vgl. § 13 I 2..

des Betriebs oder der Tätigkeit zu rechnen hat; sie sind im Arbeitsverhältnis mit dem Arbeitsentgelt bereits abgegolten [441].

Obwohl der Rehabilitand grundsätzlich keine Vergütung erhält, kann im Wiedereingliederungsverhältnis nichts anderes gelten: Dem Arbeitgeber kann eine Haftung für arbeitsadäquate Schäden nicht zugemutet werden; sie würde die Bereitschaft des Arbeitgebers, eine Wiedereingliederung anzubieten, unterlaufen.

---

441 BAG AP Nr. 2, 3, 9 zu § 611 BGB Gefährdungshaftung des Arbeitgebers, BAGE 33, 108, 110; MK-Söllner, § 611, Rr. 343; Münchener Handbuch-Blomeyer, Bd 1, IndAR I, § 94, Rr. 50; Gick, JuS 1979, 638, 642.

§ 14 Geringfügige Leistungsverhinderung

I. Anwendung des § 616 BGB

Wird der zur Dienstleistung Verpflichtete für eine verhältnismäßig nicht erhebliche Zeit aus persönlichen Gründen schuldlos an seiner Dienstleistung verhindert, behält er gem. § 616 BGB seinen Vergütungsanspruch, ohne zur Nachleistung seiner Dienste verpflichtet zu sein.

1.) Direkte Anwendung des § 616 BGB

Eine direkte Anwendung des § 616 BGB auf das Wiedereingliederungsverhältnis kommt nicht in Betracht, da die Vorschrift einen Dienst- oder Arbeitsvertrag voraussetzt; allenfalls ist an eine analoge Anwendung zu denken.

2.) Analoge Anwendung des § 616 BGB

Ausgehend vom Grundsatz "Ohne Arbeit kein Lohn" bezweckt § 616 BGB aus sozialpolitischen Gründen und - so die h.M. - in Erfüllung der Fürsorgepflicht des Arbeitgebers, daß der Arbeitgeber geringfügige Dienstverhinderungen hinzunehmen und dem Arbeitnehmer sein Entgelt, das regelmäßig dessen wirtschaftliche Existenzgrundlage bildet, trotzdem zu belassen hat[442].

Ob dies im vergüteten Wiedereingliederungsverhältnis auch gilt, ist fraglich. Denn die Rechtsfolge der Vorschrift, die Entgeltfortzahlung zur Existenzsicherung des Arbeitnehmers, ist regelmäßig bei der Wiedereingliederung nicht erforderlich, da sie zumeist - schon weil sie nicht vergütet zu sein braucht - nicht die finanzielle Basis des Rehabilitanden bildet .
Außerdem bleibt er auch bei Wegfall der Wiedereingliederungsvergütung durch das Aufleben des Entgeltfortzahlungsanspruchs aus dem Arbeitsvertrag bzw. des Krankengeldanspruchs insoweit wirtschaftlich versorgt.
Dies entspricht derjenigen Wertung, die zur Verneinung eines Fortzahlungsanspruchs der Wiedereingliederungsvergütung geführt hat [443] .

Darüber hinaus darf die im Zusammenhang mit § 74 SGB V bestehende Inpflichtnahme des Arbeitgebers nicht überspannt werden. Der Arbeitgeber erfüllt mit der Gewährung einer Wie-

---

442 BAG GS AP Nr.21, 22 zu § 616 BGB; Schaub, Handbuch, S. 718; Münchener Handbuch-Boewer, Bd 1, IndAR I, § 78, Rr. 1; Erman-Hanau, § 616, Rr. 1; MK-Schaub, § 616, Rr. 1; Staudinger, § 616, Rr. 7, 14; Brill, AR-Blattei,D, Arbeitsausfall IV, B I; Moll, RdA 1980, 138, 152.

443 vgl. § 10.

dereingliederungstätigkeit und deren Vergütung soziale Aufgaben zugunsten des Arbeitnehmers in erheblichem Umfang. Dann ist es ihm nicht zumutbar, dem Arbeitnehmer selbst bei Abwesenheit, d.h. für eine Zeit, die nicht einmal der Rehabilitation des Arbeitnehmers dient, die Wiedereingliederungsvergütung weiter zu zahlen.

II. Befreiung von der Wiedereingliederungstätigkeit bei persönlicher Verhinderung

1.) Freistellung von der Wiedereingliederungstätigkeit bei persönlicher Verhinderung

Wird dem Rehabilitanden die Erbringung der Wiedereingliederungstätigkeit für eine gewisse Zeit unverschuldet zwar nicht unmöglich, aber aufgrund seiner persönlichen Verhältnissen unzumutbar, so z.B. beim Tod eines nahen Angehörigen, der notwendigen Pflege eines erkrankten Kindes oder bei Eheschließung, so ist er gem. § 275 II BGB - unvergütet - freizustellen [444].

Denn in diesen Fällen darf dem Arbeitnehmer die Wiedereingliederungstätigkeit, wie dies auch für seine Arbeitsleistung gilt, nach Treu und Glauben nicht mehr abverlangt werden. Solche geringfügigen Leistungsverhinderungen kommen nach allgemeiner Erfahrung im Betriebsleben immer wieder vor, und zwar unabhängig davon, ob der Handelnde, der ausfällt, als Arbeitnehmer oder als Rehabilitand tätig ist; der Arbeitgeber muß mit ihnen rechnen und kann sie im voraus einplanen [445].

2.) Mitteilungspflicht

Der Arbeitgeber hat, als Nebenpflicht aus dem Wiedereingliederungsverhältnis, dem Arbeitgeber Grund und Dauer der Leistungsverhinderung möglichst frühzeitig mitzuteilen [446].

---

444 vgl. § 616 BGB und § 45 SGB V

445 BAG AP Nr.23 zu § 616 BGB; Erman-Hanau, § 616, Rr. 26, 28; Staudinger-Richardi, § 616, Rr. 37; Münchener Handbuch-Boewer, Bd 1, IndAR I, § 78, Rr. 13; Schaub, S. 718; Brill, AR-Blattei, D, Arbeitsausfall IV, B I.

446 Erman-Hanau, § 616, Rr. 65; Staudinger-Richardi, § 616, Rr. 84; Münchener Handbuch-Boewer, Bd 1, IndAR I, § 78, Rr. 21; Brill, AR-Blattei, D, Arbeitsausfall IV, B II 5..

§ 15 Urlaub während der Wiedereingliederung

I. Anspruch auf Urlaub aufgrund des Arbeitsverhältnisses

Unter Berufung auf sein reguläres Arbeitsverhältnis kann der Rehabilitand keinen Urlaub gem. § 1 BUrlG beanspruchen, da gem. § 9 BUrlG die Erfüllung des Urlaubsanspruchs nicht möglich ist, wenn der Arbeitnehmer - wie während der Wiedereingliederungszeit [447]- arbeitsunfähig ist [448]. Denn seine Arbeitspflicht ist während der krankheitsbedingten Arbeitsunfähigkeit bereits suspendiert, so daß er für die Gewährung von Urlaub nicht noch einmal freigestellt werden kann [449]

II. Anspruch auf Urlaub aufgrund des Wiedereingliederungsverhältnisses

1.) Geltungsbereich des BUrlG

Einen Urlaubsanspruch direkt aus dem BUrlG herzuleiten, scheitert schon am Geltungsbereich dieses Gesetzes. Denn § 2 BUrlG erfaßt nur Arbeitnehmer, wobei dieser Begriff der allgemeinen Abgrenzung im Arbeitsrecht entspricht [450].
Da der Wiedereinzugliedernde jedoch kein Arbeitnehmer ist [451], kommt höchstens eine analoge Anwendung des BUrlG in Betracht.

2.) Analoge Anwendung des BUrlG

Gerade in Fällen der vergüteten Langzeitwiedereingliederung drängt sich die Überlegung auf, daß auch dem Rekonvaleszenten ein Anspruch auf Urlaub zustehen könnte.
Unter Urlaub ist die Freistellung des Arbeitnehmers von seiner Arbeitspflicht zum Zwecke der Erholung zu verstehen [452]. Urlaub i.S.d. BUrlG ist Erholungsurlaub (vgl. § 1 BUrlG),

---

447 vgl. § 7 IV.
448 BAG EzA § 74 SGB V Nr. 2.
449 BAG AP Nr.4 zu § 7 BUrlG Übertragung, AP Nr. 11 zu § 3 BUrlG Rechtsmißbrauch; Münchener Handbuch-Leinemann, Bd 1, IndAR I, § 87, Rr. 30; Institut für Empirische Soziologie, S. 182.
450 Dersch, Neumann, § 2 BUrlG, Rr. 11; Stahlhacke, GK-BUrlG-Bleistein, § 2, Rr. 2; Natzel, § 2 BUrlG, Rr. 2; Schaub, Handbuch, S. 767.
451 vgl. § 6 II.
452 BAG AP Nr.1 zu § 611 BGB Urlaub und Kur; BAG AP Nr.1 zu § 1 BUrlG Nachurlaub; Schaub, Handbuch, S. 766; Münchener Handbuch-Leinemann, Bd 1, IndAR I, § 86, Rr. 1; Dersch, Neumann, § 1 BUrlG, Rr. 65; Stahlhacke, GK-BUrlG-Bleistein, § 1, Rr. 1; Natzel, BUrlR, § 1 BUrlG, Rr.1; Winderlich, ArbuR 1989, 300.

sozialpolitisches Anliegen des BUrlG ist somit Erholung, d.h. die Erhaltung und Wiederauffrischung der Arbeitskraft des Arbeitnehmers [453].

Für die entsprechende Anwendung der Vorschriften des BUrlG spricht, daß für den Urlaub neben dem Freistellungsanspruch die Fortzahlung des Entgelts (vgl. § 11 BUrlG) charakteristisch ist, somit die Wiedereingliederung mit einer Vergütungsvereinbarung dem vergüteten Arbeitsverhältnis (vgl. § 1 BUrlG "bezahlter" Erholungsurlaub) vergleichbar sein könnte. Daneben scheint es plausibel, daß auch ein Rehabilitand, der - in Anlehnung an § 4 BUrlG - schon mindestens 6 Monate an einem Wiedereingliederungsverfahren teilnimmt, erholungsbedürftig sein könnte, um sich körperlich, geistig und seelisch von der Wiedereingliederung zu regenerieren.

Überzeugender ist es jedoch, einen Urlaubsanspruch im Wiedereingliederungsverhältnis abzulehnen: Zum einen ist die für den Urlaub im Arbeitsverhältnis charakteristische Weitergewährung der Vergütung bei der Wiedereingliederung regelmäßig nicht erforderlich, da ihr Zweck, den Arbeitnehmer wirtschaftlich zu sichern [454], während der Wiedereingliederung grundsätzlich durch die Entgeltfortzahlung bzw. Krankengeldgewährung erreicht wird. Im übrigen würde der Arbeitgeber durch die Zahlung von Urlaubsentgelt unbillig in Anspruch genommen [455].
Daneben spricht auch die Rechtsnatur des Freistellungsanspruchs, der darauf gerichtet ist, die Hauptleistungspflicht des Arbeitnehmers - seine Arbeitspflicht - für die Urlaubsdauer auszuschließen [456], gegen einen Urlaubsanspruch. Nicht nur ist der Rehabilitand nicht zu einer **Arbeits**leistung verpflichtet, sondern ihn trifft überhaupt keine der Arbeitspflicht vergleichbare Pflicht im Rahmen der auf Freiwilligkeit gegründeten Wiedereingliederung [457].
Und schließlich kann der Urlaubszweck, die Erholung, bei einem Rehabilitationsverfahren keine Geltung erlangen, weil der Zweck der stufenweisen Wiedereingliederung dem Urlaubszweck nahe liegt. Zwar zielt die Wiedereingliederung nicht auf Erholung i.S.v. Wiederauffrischung ab, sondern auf die davon zu unterscheidende Zurückgewinnung der

453 Regierungsbegründung zum Gesetzentwurf zum BUrlG, BT-Drucks. IV, 785 und 207, S. 3; BAG AP Nr.1 zu § 611 BGB Urlaub und Kur; Münchener Handbuch-Leinemann, Bd 1, IndAR I, § 87, Rr. 12; Dersch, Neumann, § 1 BUrlG, Rr. 65; Stahlhacke GK-BUrlG-Bleistein, § 1, Rr. 2, 129 und Bachmann, § 8, Rr. 8; Natzel, § 1 BUrlG, Rr. 5; Winderlich, ArbuR 1989, 300, 303f.; Beckerle, RdA 1985, 352.

454 BAG AP Nr.11, 12 zu § 611 BGB Urlaubsrecht; Natzel, BUrlR, § 11 BUrlG, Rr. 3.

455 so schon die Rechtsgedanken zur Ablehnung der Anwendung des EFZG und von § 616 BGB, vgl. § 10 II und § 14 I.

456 BAG AP Nr.11, 14 zu § 3 BUrlG Rechtsmißbrauch; AP Nr.4 zu § 7 BUrlG Übertragung; AP Nr.1 zu § 611 BGB Urlaub und Kur; Dersch, Neumann, § 1 BUrlG, Rr. 65; Stahlhacke, GK-BUrlG-Bleistein, § 1, Rr. 2; Natzel, BUrlR, § 1 BUrlG, Rr. 6, 42; Schaub, Handbuch, S. 766; Münchener Handbuch-Leinemann, Bd 1, IndAR I, § 86, Rr. 1.

457 vgl. § 8.

Gesundheit [458]. Ihr Mittel ist nicht Freistellung von der Arbeitspflicht, sondern - im Gegenteil - Wiederaufnahme einer Beschäftigung. Ist bei § 74 SGB V jedoch die Beschäftigung das Mittel, würde dem die Gewährung von Urlaub, d.h. die Freistellung von dieser Beschäftigung, zuwiderlaufen; eine Unterbrechung der allmählichen Rückführung an den Arbeitsplatz würde deren therapeutischen Effekt mindern.
Bedarf der Rehabiliand der Erholung, so kann er damit nicht entsprechend den Vorschriften des BUrlG Urlaub nehmen [459].

Befürwortet der behandelnde Arzt eine Erholungspause, ist das Wiedereingliederungsverhältnis jedoch nach dem Zweck der stufenweisen Wiedereingliederung auszusetzen, denn in diesem Fall kann die voraussichtlich bessere Wiedereingliederung i.S.v. § 74 SGB V gerade nicht erreicht werden.
Im übrigen kann der Arbeitsunfähige die Wiedereingliederung jederzeit ohne sachlichen Grund beenden [460].

---

458 Beckerle, RdA 1985, 352; Winderlich, ArbuR 1989, 300, 304: die Erholung beginnt da, wo die Genesung endet.

459 Schaub, Handbuch, S. 768; Institut für Empirische Soziologie, S. 80, 181; Moswald, S. 17; Gitter, Wiedereingliederungs-These Nr. 5; von Hoyningen-Huene, NZA 1992, 49, 53; Köhn, Moch, BKK 1990, 485, 488f.;
Vereinbarung MTU Friedrichshafen GmbH mit dem Betriebsrat und der BKK vom 23. 6. 1986, Nr.1; Merkblatt der Firma Schmidt+Clemens GmbH+Co, Lindlar, vom 28.4.1986; Vereinbarung Rodenstock, München, mit der BKK vom 28.10.1983, Nr.6; REWE BKK, Informationsschrift zur Wiedereingliederung; Wiedereingliederungsrichtlinien der Siemens AG, ZP-Rundschreiben 10/90 vom 2.1.1990, Nr.5 und 15/93 vom 12.3.1993, Nr.5.3; Berliner Senator für Inneres, Rundschreiben II Nr.17/1989, Nr.5.4.

460 vgl. § 16 III

§ 16 Beendigung des Wiedereingliederungsverhältnisses

I. Ordentliche Kündigung

Die stufenweise Wiedereingliederung kann durch eine ordentliche Kündigung i.S.d. §§ 620ff. BGB, § 1 KSchG nicht beendet werden.

1.) Anwendbarkeit der §§ 620ff. BGB

Daß eine ordentliche Kündigung nicht in Betracht kommt, ergibt sich nicht nur daraus, daß die Wiedereingliederung kein Dienstverhältnis i.S.d. §§ 620ff. BGB ist.

Auch wäre, selbst wenn die §§ 620ff. BGB zur Anwendung kämen, eine ordentliche Kündigung deswegen ausgeschlossen, weil sie bei einem Dienstverhältnis, das nicht auf unbestimmte Dauer abgeschlossen ist, nicht möglich ist, sofern ihre Zulässigkeit nicht vertraglich vereinbart ist (vgl. § 620 II BGB) [461] .
Da die Wiedereingliederung auflösend bedingt ist [462], also eine Vertragshöchstdauer vorsieht, kann sie nicht ordentlich gekündigt werden.

2.) Anwendbarkeit des KSchG

Ebensowenig kann das KSchG zur Anwendung kommen [463].

Ein Wiedereingliederungsverhältnis unterliegt nämlich nicht dem KSchG, das in seinem Anwendungsbereich gem. § 1 KSchG nur Arbeitnehmer erfaßt, nicht aber wiedereinzugliedernde Rehabilitanden, deren Beschäftigung vorwiegend ihrer Heilung dient [464].

Auch kann die dem KSchG zugrundeliegende Interessenlage auf das Wiedereingliederungsverhältnis nicht übertragen werden.
Ziel des KSchG ist primär das Bestandsschutzinteresse des Arbeitnehmers an der Aufrechterhaltung seines Arbeitsverhältnisses, das für ihn in der Regel eine existenzielle wirtschaftliche Bedeutung hat und seinen Lebensunterhalt sichert [465].

---

461 BAG AP Nr.55 zu § 620 BGB Befristeter Arbeitsvertrag; Becker, GK-KSchR-Hillebrecht, § 620 BGB, Rr. 43 und § 622 BGB, Rr.6, 13; Erman-Hanau, § 620, Rr. 2 und § 622, Rr. 3; Staudinger-Neumann, § 620, Rr. 39; Zöllner, Loritz, Arbeitsrecht, S. 248; Gaul, Arbeitsrecht I, C III, Rr. 30.

462 vgl. § 6 II 2.b).

463 von Hoyningen-Huene, NZA 1992, 49, 53; Gitter, Wiedereingliederungs-These Nr. 6.

464 ArbG Berlin AP Nr.9 zu § 108 BetrVG 1972; Hueck, von Hoyningen-Huene, § 1 KSchG, Rr. 55; Herschel, Löwisch, § 1 KSchG, Rr. 20; Zöllner, Loritz, Arbeitsrecht, S. 41f..

Wie erörtert [466] ist ein solches Bestandsschutzinteresse beim Wiedereingliederungsverhältnis nicht berührt, weil schon aufgrund der grundsätzlichen Unentgeltlichkeit der Wiedereingliederung dem Arbeitnehmer mit einer Kündigung seine Lebensgrundlage nicht entzogen werden kann. Auch ist er durch die arbeitsvertragliche Entgeltfortzahlung bzw. die Fortgewährung des Krankengeldes insoweit finanziell abgesichert.

II. Außerordentliche Kündigung

Dagegen besteht im Wiedereingliederungsverhältnis, auch wenn es kein Dienstverhältnis i.S.d. § 626 BGB ist, für Arbeitgeber und Arbeitnehmer das Recht zur außerordentlichen Kündigung.

Denn jedes Dauerschuldverhältnis kann nach dem in den §§ 626, 671 II, III, 696, 723 I 2, II, 554a, 610 BGB, 89a, 133 HGB enthaltenen allgemeinen Rechtsgedanken bei Vorliegen eines wichtigen Grundes - in der Regel fristlos - gekündigt werden, wenn es für den Kündigenden nach § 242 BGB schlechterdings nicht mehr akzeptabel ist, am Vertrag festzuhalten.
Hierbei sind die Umstände des Einzelfalles zu berücksichtigen und die Interessen der Vertragsteile umfassend abzuwägen; die Wertung des Gesetzgebers bei verwandten Schuldverhältnissen ist mit in Betracht zu ziehen [467].

Diese Grundsätze finden auf das Wiedereingliederungsverhältnis Anwendung: Es ist Dauerschuldverhältnis, weil es zu einer dauernden Leistung während der Beschäftigungszeit verpflichtet und eine dauernde Bindung zwischen Rehabilitand und Arbeitgeber begründet [468].

Folglich ist es kündbar, wenn die Fortführung der Wiedereingliederung dem Arbeitnehmer oder Arbeitgeber nicht mehr zugemutet werden kann. Dies bestimmt sich in Anlehnung an den für das Arbeitsrecht geltenden wichtigen Grund i.S.d. § 626 BGB, muß aber die Besonderheiten der Wiedereingliederung als Rehabilitationsverhältnis berücksichtigen: je eher

---

465 BAG AP Nr.20 zu § 7 KSchG, AP Nr.19 zu § 9 KSchG 1969; Herschel. Löwisch, vor § 1 KSchG, Rr. 1f.; Hueck, von Hoyningen-Huene, KSchG, Einleitung, Rr. 4, 13 und § 1, Rr. 4; Becker, GK-KSchR-Wolf, Grundsätze, Rr. 15, 30, 44a; Stahlhacke, Preis, Kündigung, Rr. 607.

466 vgl § 10 II, § 14 I 2..

467 BGHZ 41, 104, 108; NJW 1978, 947, 948; 1986, 3134; OLG Stuttgart, NJW 1987, 782; Becker, GK-KSchR-Hillebrecht, § 626 BGB, Rr. 5; Palandt-Putzo, § 626 BGB, Rr. 1 und Heinrichs, Einl. vor § 241, Rr. 18; Erman-Hanau, § 626, Rr. 1; MK-Schwerdtner, § 626, Rr. 1 und Kramer, Einleitung vor § 241, Rr. 88; Gernhuber, Schuldverhältnis, S. 392, 394; Larenz, Schuldrecht I, AT, S. 32f..

468 Palandt-Heinrichs, Einl. vor § 241, Rr. 17; MK-Kramer, Einleitung vor § 241, Rr. 85; Gernhuber, Schuldverhältnis, S. 379; Larenz, Schuldrecht I, AT, S. 29f..

der wichtige Grund im Zusammenhang mit der Arbeitsunfähigkeit des Arbeitnehmers oder mit der therapeutischen Zielsetzung steht, desto weniger kann die Interessenabwägung eine außerordentliche Kündigung des Arbeitgebers, desto eher aber die eines Rehabilitanden rechtfertigen.

III. Eintritt der auflösenden Bedingung im Wiedereingliederungsverhältnis

1.) Eintritt der auflösenden Bedingung ohne entsprechende Willenserklärung

Da das Wiedereingliederungsverhältnis auflösend bedingt ist [469] , endet es per se, wenn die Bedingung eintritt (§ 158 II BGB); hierzu bedarf es grundsätzlich keiner entsprechenden Willenserklärung.

Dies gilt hauptsächlich für die Fälle, in denen keine positive medizinische Prognose für die bessere Wiedereingliederung in das Erwerbsleben mehr besteht, oder in denen die volle Arbeitsfähigkeit wieder erreicht ist.

2.) Abbruch der Wiedereingliederung

a) Entbehrlichkeit eines sachlichen Grundes zur Beendigung

Anders sieht es dagegen aus, wenn die Wiedereingliederung vom Arbeitnehmer oder Arbeitgeber aus anderen Gründen, unter Hinweis auf ihre Freiwilligkeit, abgebrochen wird.

In diesem Fall ist der Zeitpunkt der Vertragsbeendigung für den Vertragspartner nicht per se voraussehbar, so daß der Eintritt der Bedingung ausnahmsweise einer Willenserklärung bedarf [470] .

Für eine solche Beendigung des Wiedereingliederungsverhältnisses bedarf es keines sachlichen Grundes.

Zwar ist daran zu denken, den Abbruch der Wiedereingliederung wie die Widerruflichkeit von betrieblichen Sozialleistungen zu behandeln, wo - obwohl die Vereinbarung eines Widerrufsvorbehalts erforderlich ist [471] - der Widerruf billigem Ermessen i.S.v. § 315 I BGB entsprechen muß [472] , d.h. ein sachlicher Grund vorzuliegen hat.

---

469 vgl. § 6 II 2..

470 MK-Westermann, § 158, Rr. 44.

471 BAGE 11, 338, 343; BAG AP Nr. 4, 7, 77, 86 zu § 611 BGB Gratifikation; AP Nr.7 zu § 611 BGB Lohnzuschläge; Schaub, Handbuch, S. 494; Bürger, Oehmann, HwB AR, "Gratifikation", Rr. 12; Handbuch

Diesen Grundsatz kann man jedoch nicht auf die stufenweise Wiedereingliederung übertragen, da der Wiedereingliederung eine sehr weitgehende Freiwilligkeit eigen ist. Dies ergibt sich nicht nur aus den Gesetzesmaterialien [473], den mangelnden rechtlichen Möglichkeiten, Arbeitnehmer und Arbeitgeber zu einer Wiedereingliederung zu verpflichten [474], sondern dies ergibt sich auch aus der sozialpolitischen Notwendigkeit, Arbeitgeber und Arbeitnehmer einerseits zur Wiedereingliederung aufzufordern, sie andererseits aber nicht über Gebühr in die Pflicht zu nehmen.
Seitens des Arbeitgebers kommt darüber hinaus die Überlegung dazu, daß eine Wiedereingliederung weder den Betriebsablauf übermäßig stören noch einen großen finanziellen Aufwand bedeuten darf [475], der Arbeitgeber zumindest in diesen Fällen vom Wiedereingliederungsverhältnis problemlos Abstand nehmen darf.

b) Auslauffrist

Ähnlich der Rechtsprechung zur Zweckbefristung eines Arbeitsvertrages ist grundsätzlich zu verlangen, daß derjenige, der die Wiedereingliederung durch Willenserklärung beendet, die Beendigung mit einer Art Auslauffrist rechtzeitig ankündigen muß; ihre Länge bestimmt sich nach den Umständen des Einzelfalles [476].
Eine solche Auslauffrist ist aus Treu und Glauben (§ 242 BGB) als vertragliche Nebenpflicht des Wiedereingliederungsverhältnisses im Interesse des Erklärungsempfängers geboten und entspricht einem allgemeinen Rechtsgedanken, der z.B. auch in den §§ 671 II, 627 II, 675 HS 2 BGB zum Ausdruck kommt [477].

Ein schuldhaftes Unterlassen der rechtzeitigen Mitteilung ändert nichts an der Beendigung des Wiedereingliederungsverhältnisses, macht den Erklärenden jedoch unter Umständen schadensersatzpflichtig, sofern dem Erklärungsempfänger hieraus ein vermeidbarer Schaden entsteht (vgl. § 671 II BGB) [478].

---

des Gratifikationsrechts, Rr. 67; Lipke, Gratifikationen, S. 51; Luhmann, Zach, Sonderzuwendungen, S. 19; Röhsler, AR-Blattei, D, Gratifikation I, B V 2.; Däubler, Arbeitsrecht 2, S. 446f.; Jahnke, Gratifikationen, S. 75f.; Knevels, Ortlepp, Gratifikationen, S. 27f..

472 BAG AP Nr.77 zu § 611 BGB Gratifikation; AP Nr.5, 6 zu § 611 BGB Lohnzuschläge; AP Nr.10, 12 zu § 315 BGB; BB 1982, 1486; NZA 1988, 95, 96; Schaub, Handbuch, S. 494; Luhmann, Zach, Sonderzuwendungen, S. 20; Däubler, Arbeitsrecht 2, S. 447.

473 Regierungsbegründung zum Gesetzentwurf zum GRG, BT-Drucks. 11/2237, zu § 82, S. 192.

474 vgl. § 4 II 2. und 3.Kapitel.

475 vgl. von Hoyningen-Huene, NZA 1992, 49, 53.

476 vgl. BAG AP Nr.30, 103, 113 zu § 620 BGB Befristeter Arbeitsvertrag; Herschel, Löwisch, § 1 KSchG, Rr. 295; MK-Schwerdtner, § 620, Rr. 73; Schaub, Handbuch, S. 207; Münchener Handbuch-Richardi, Bd 1, IndAR I, § 42, Rr. 48; Bürger, Oehmann, HwB AR, "Befristung", Rr. 34; Löwisch, ZfA 1986, 1, 13; Hofmann, ZTR 1993, 399, 402.

477 Erman-Ehmann, § 671, Rr. 11; Staudinger-Wittmann, § 671, Rr. 13; RGRK-Steffen, § 671, Rr. 13; MK-Seiler, § 671, Rr. 12.

478 MK-Schwerdtner, § 620, Rr. 73; Schaub, Handbuch, S. 207.

c) Beendigung der Vergütungszusage

Die jederzeitige Beendigungsfreiheit ohne Begründungszwang gilt nicht nur für die Beendigung des Wiedereingliederungsverfahrens an sich, sondern auch für die der Vergütungszusage seitens des Arbeitgebers. Denn auch auf sie treffen die Gesichtspunkte der Freiwilligkeit [479] zu.

479 vgl. § 10 I.

6.KAPITEL: KOLLEKTIVARBEITSRECHTLICHE ASPEKTE DER STUFENWEISEN WIEDEREINGLIEDERUNG

§ 17 Wiedereingliederung und Tarifvertrag

I. Die Wiedereingliederung als normativer Inhalt eines Tarifvertrages

Grundsätzlich kann die stufenweise Wiedereingliederung gem. § 74 SGB V und ihre Vergütung in einem Tarifvertrag geregelt werden.

1.) Inhaltsnormen gem. § 1 I TVG

Die Normsetzungsbefugnis der Tarifvertragsparteien erfaßt gem. § 1 I TVG Inhaltsnormen. Inhaltsnormen sind diejenigen Bestimmungen, die nach dem Willen der Vertragsparteien den Inhalt von Arbeitsverhältnissen regeln, d.h. die als Rechte und Pflichten der Arbeitsvertragsparteien auch zum Gegenstand des einzelnen Arbeitsvertrages gemacht werden können [480]. Seitens des Arbeitgebers erfassen Inhaltsnormen vornehmlich die Gegenleistungspflicht des Arbeitgebers, also Vergütungsregelungen. Normiert kann nicht nur das Arbeitsentgelt i.e.S. werden, sondern jegliche Gegenleistung für die erbrachte Arbeit [481].

Die Wiedereingliederung und ihre Vergütung, die als betriebliche Sozialleistung, damit als Arbeitsentgelt i.w.S. vom Arbeitgeber erbracht werden, können damit grundsätzlich - wie z.B. Gratifikationen und Sonderzahlungen - durch einen Tarifvertrag festgelegt werden.

2.) Die Wiedereingliederung als Vertrag sui generis

Fraglich ist jedoch, ob die Regelungsbefugnis auch für Gegenleistungen des Arbeitgebers gilt, die, wie die allmähliche Arbeitsaufnahme, nicht vom Arbeitsvertrag, sondern von einem Vertrag sui generis geregelt werden. Denn der Tarifmacht unterworfen sind Arbeitgeber und Arbeitnehmer (nur) als Partner des **Arbeits**verhältnisses.
§ 1 TVG verlangt jedoch nicht, daß es sich ausschließlich um Bestimmungen zu handeln hat, die an sich durch einen Arbeitsvertrag vereinbart werden können. Ausreichend sind neben

480 BAG AP Nr.1 zu § 399 BGB; Schaub, Handbuch, S. 1507f.; Münchener Handbuch-Löwisch, Bd 3, KollAR, § 253, Rr. 1; Löwisch, Rieble, § 1 TVG, Rr. 24, 41; Wiedemann, Stumpf, § 1 TVG, Rr. 150f.; Hagemeier, Kempen-Zachert, § 1 TVG, Rr. 26; Hueck, Nipperdey, § 1 TVG, Rr. 44, 47; Maus, § 1 TVG, Rr. 61f., 72; Hueck, Nipperdey, II/1, S. 252; Nikisch II, S. 287; Däubler, Tarifvertragsrecht, Anm. 170.

481 Löwisch, Rieble, § 1 TVG, Rr. 43; Hueck, Nipperdey, § 1 TVG, Rr. 51; Maus, § 1 TVG, Rr. 73, 82; Münchener Handbuch-Löwisch, Bd 3, KollAR, § 253, Rr. 4; Däubler, TVG, Anm. 170; Nikisch II, S. 312f..

dem Arbeitsvertrag abgeschlossene andere bürgerlich-rechtliche Schuldverhältnisse, sofern sie in einem unmittelbaren Zusammenhang mit dem Arbeitsvertrag stehen. Hierzu muß die zusätzliche Rechtsbeziehung ihre Grundlage im Arbeitsverhältnis haben; sie wäre ohne das Arbeitsverhältnis gar nicht oder nicht zu den vereinbarten Konditionen zustandegekommen [482].

Um einen solchen Fall handelt es sich bei der stufenweisen Wiedereingliederung. Denn sie fordert als betriebliche Sozialleistung ihre Verankerung gerade im Arbeitsverhältnis [483]. Ohne das Arbeitsverhältnis, auf das auch § 74 SGB V Bezug nimmt, würde es die hier erörterte Gestalt nie annehmen können. Sie steht damit nicht nur lose, sondern unmittelbar mit dem Arbeitsvertrag im Zusammenhang.

3.) Grenzen der Tarifmacht

a) Berücksichtigung der Freiwilligkeit der Wiedereingliederung

Bei der Regelung der stufenweisen beruflichen Reintegration im Tarifvertrag muß die Tatsache Berücksichtigung finden, daß grundsätzlich das Angebot bzw. die Teilnahme an einer stufenweisen Wiedereingliederung sowie die Beendigung für den Arbeitnehmer und den Arbeitgeber freiwillig sind, insbesondere beim Arbeitnehmer Rehabilitationsbereitschaft bestehen muß [484].
Diese Freiwilligkeit muß auch die entsprechende Tarifnorm respektieren, denn als Teil der Rechtsordnung darf sie nicht gegen vorrangiges Recht verstoßen [485]. Vorrangig ist jedes staatliche Recht, also vor allem Gesetzesrecht. Schreibt es zwingendes Recht vor, ist im Tarifvertrag keine abweichende Regelung möglich. Ob es zwingend ist, ist eine Frage seiner Auslegung und ergibt sich aus Wortlaut, Entstehungsgeschichte, Sinn und Systemzusammenhang [486].

Insoweit ist § 74 SGB V zwingendes vorrangiges Recht, denn seine Auslegung ergibt, daß unabdingbare Eigenschaft der stufenweisen Wiedereingliederung ihre beiderseitige Freiwilligkeit ist. Dies kann also im Tarifvertrag nicht mißachtet werden.

---

[482] BAG AP Nr.68, 72 zu § 4 TVG Ausschlußfristen; AP Nr.1 zu § 399 BGB; Löwisch, Rieble, § 1 TVG, Rr. 36; Wiedemann, Stumpf, § 1 TVG, Rr. 150; Hueck, Nipperdey, § 1 TVG, Rr. 47; Schaub, Handbuch, S. 1508; Münchener Handbuch-Löwisch, Bd 3, KollAR, § 253, Rr. 23f.; Däubler, Tarifvertragsrecht, Anm. 929; Hueck, Nipperdey, II/1, S. 256;
a.A., allerdings zu Arbeitnehmerbeteiligungen: Loritz, DB 1985, 531, 534.

[483] vgl. § 6 II 2..

[484] vgl. § 4 III 2., 3.Kapitel und § 16 III.

[485] BAG AP Nr.4 zu Art 3 GG, AP Nr. 49 zu § 611 BGB Dienstordnung-Angestellte.

[486] Löwisch, Rieble, § 1 TVG, Rr. 218f.; Wiedemann, Stumpf, Einl., Rr. 89; Hagemeier, Kempen-Zilius, TVG, Einl., Rr. 169.

Regelungstechnisch muß eine Tarifnorm zur Regelung der stufenweisen Wiedereingliederung damit Arbeitnehmer und Arbeitgeber stets das "Ob" der Wiedereingliederung, respektive ihre Beendigung überlassen.
Dagegen können die Vergütung der Wiedereingliederung und Einzelheiten der Durchführung tarifvertraglich geregelt werden, wobei auch hier für die Spezifika der Wiedereingliederung, vor allem die medizinische Indizierung für Art und Dauer der Wiedereingliederungstätigkeit, Spielraum bestehen muß.

b) Normwirkung

Der Freiwilligkeit der Wiedereingliederung widerspricht auch nicht die Normwirkung eines Tarifvertrages, wonach die Rechtsnormen des Tarifvertrages unmittelbar gelten (4 I 1 TVG), d.h. das Arbeitsverhältnis wie ein Gesetz automatisch gestalten [487].

Die Unmittelbarkeit von Tarifnormen sagt nämlich noch nichts über die Herbeiführung des endgültigen Rechtserfolges aus. Dieser kann nicht nur durch die Tarifnorm selbst und unmittelbar bewirkt werden, sondern auch dadurch, daß die Tarifnorm ihre Umsetzung in die Hände von anderen Personen oder Institutionen - also auch den Arbeitsvertragsparteien - legt [488], wie dies beispielsweise bei Tarifverträgen geschieht, die Bestimmungsklauseln oder Rahmenbedingungen regeln [489].
Somit kann und muß die Tarifnorm bestimmen, daß erst die Arbeitsvertragsparteien die stufenweise Wiedereingliederung auslösen, dann jedoch mit dem tarifvertraglich geregelten Inhalt; sie kann und muß auch bestimmen, daß die Arbeitsvertragsparteien sie beenden können.

487 Löwisch, Rieble, § 4 TVG, Rr. 52; Wiedemann, Stumpf, § 4 TVG, Rr. 169; Hagemeier, Kempen-Zachert, § 1 TVG, Rr. 1, 25; Hueck, Nipperdey, § 4 TVG, Rr. 56, 59; Maus, § 4 TVG, Rr. 56; Däubler, Tarifvertragsrecht, Anm. 180; Hueck, Nipperdey, II/1, S. 534.

488 BAG DB 1988, 2106; Löwisch, Rieble, § 4 TVG, Rr. 6f.; Wiedemann, Stumpf, § 1 TVG, Rr. 297; Hagemeier, Kempen-Zachert, § 1 TVG, Rr. 200; Däubler, Tarifvertragsrecht, Anm. 186a.

489 BAG DB 1988, 2106; AP Nr. 15 zu § 1 TVG Tarifvertrag: Rundfunk; AP Nr.7 zu §§ 22, 23 BAT Zulagen; Wiedemann, Stumpf, § 1 TVG, Rr. 91, 296; Hagemeier, Kempen-Zachert, § 1 TVG, Rr. 200; Hueck, Nipperdey, § 1 TVG, Rr. 58; Maus, § 1 TVG, Rr. 100; Schaub, Handbuch, S. 1526; Däubler, Tarifvertragsrecht, Anm. 186a; Hueck, Nipperdey, II/1, S. 287; Nikisch II, S. 288f..

II. Die Regelung der Wiedereingliederung eines tarifgebundenen Arbeitnehmers ohne entsprechende Tarifnorm zur Wiedereingliederung (§ 4 III TVG)

Sofern die Arbeitsvertragsparteien tarifgebunden sind, ihr Tarifvertrag die Wiedereingliederung und deren Vergütung jedoch nicht regelt, findet ihre in einer Wiedereingliederungsvereinbarung zum Ausdruck kommende Vertragsautonomie nicht an der Tarifvertragsordnung ihre Grenze.

Zwar ist zu überlegen, ob die Regelung der Wiedereingliederung den Arbeitnehmer i.S.v. § 4 III Alt. 2 TVG im Vergleich zum Tarifvertrag schlechter stellt, wenn er - trotz Arbeitsunfähigkeit - ohne Wiedereingliederungsvergütung tätig ist, oder wenn die Wiedereingliederungsvergütung nicht die Höhe des Arbeitsentgelts i.e.S. erreicht.
Eine Schlechterstellung kommt jedoch nur in Betracht, wenn die Normen der Wiedereingliederungsregelung mit den Normen des Tarifvertrags vergleichbar wären, d.h. im Rahmen eines Sachgruppenvergleichs in einem offensichtlichen sachlichen Zusammenhang stünden und denselben Gegenstand beträfen [490].

An solchen Vergleichsgegenständen im Tarifvertrag fehlt es jedoch:
bzl. der Wiedereingliederung, weil sie im Tarifvertrag gerade nicht geregelt ist, im übrigen als betriebliche Sozialleistung nicht mit der Arbeitsleistung verglichen werden kann;
bzl. der Wiedereingliederungsvergütung, weil sie als Arbeitsentgelt i.w.S. nicht mit dem Arbeitsentgelt i.e.S. verglichen werden kann, im übrigen dem Arbeitnehmer über die in seinem Interesse stehende Wiedereingliederungsmöglichkeit zusätzlich zugute kommt, damit nicht benachteiligen kann.

Ein Wiedereingliederungsverhältnis scheitert also nicht an § 4 III TVG.

---

490 BAG AP Nr.1 zu § 4 TVG Sozialzulage; Löwisch, Rieble, § 4 TVG, Rr. 198, 203; Wiedemann, Stumpf, § 4 TVG, Rr. 240, 244; Hagemeier, Kempen, § 4 TVG, Rr. 163f.; Däubler, Tarifvertragsrecht, Anm. 205; Schaub, Handbuch, S. 1528; Zöllner, Loritz, Arbeitsrecht, S. 359.

§ 18 Die Wiedereingliederung in der Betriebsverfassung

I. Anwendbarkeit des BetrVG auf das Wiedereingliederungsverhältnis

1.) Keine Anwendbarkeit auf der Grundlage des Wiedereingliederungsverhältnisses

Auf das eigentliche Wiedereingliederungsverhältnis kann das BetrVG keine Anwendung finden.

Denn gem. § 5 I i.V.m. § 6 BetrVG ist dem vom BetrVG erfaßten Personenkreis grundsätzlich der allgemeine arbeitsrechtliche Begriff des Arbeitnehmers zugrunde zu legen [491] . Da der Rehabilitand bei seiner Wiedereingliederungstätigkeit jedoch kein aufgrund eines Arbeitsvertrages beschäftigter Arbeitnehmer ist [492] , fällt er nicht in den Anwendungsbereich des BetrVG.

Dies ergibt sich, selbst wenn er im Rahmen von § 74 SGB V eine Arbeitsleistung erbrächte, im übrigen aus § 5 II Nr.4 Variante 1 BetrVG, wonach Personen, deren Beschäftigung vorwiegend zum Zwecke ihrer Heilung erfolgt, nicht als Arbeitnehmer i.S.d. BetrVG gelten. Solche Heilzwecke stehen aber bei der stufenweisen Wiedereingliederung im Vordergrund. Denn sie verfolgt primär eine medizinische Zielsetzung und kann aufgrund der grundsätzlichen Unentgeltlichkeit auch nicht dem Erwerb des Arbeitnehmers dienen [493].

2.) Anwendbarkeit, soweit sich dies aus dem Arbeitsverhältnis rechtfertigt

Der erkrankte Arbeitnehmer scheidet infolge seiner Arbeitsunfähigkeit nicht aus dem Betrieb aus; es ruhen lediglich seine Haupt- und etliche Nebenpflichten aus dem Arbeitsvertrag .

Wegen dieser fortdauernden Zugehörigkeit des Arbeitnehmers zum Betrieb [494] findet das BetrVG weiterhin Anwendung, soweit sich seine Anwendbarkeit aus dem (insoweit ruhenden) Arbeitsverhältnis rechtfertigt.

---

491 Fitting, Auffarth, § 5 BetrVG, Rr. 8; Wlotzke, § 5 BetrVG, Anm. I 2 a; Löwisch, § 5 BetrVG, Rr. 1; Fabricius, GK-BetrVG-Kreutz, § 5, Rr. 9; Galperin, Löwisch, § 5 BetrVG, Rr. 4; Däubler, Kittner-Trümmer, § 5 BetrVG, Rr. 1; Dietz, Richardi, § 5 BetrVG, Rr. 1; Hess, Schlochauer-Hess, § 5 BetrVG, Rr. 3; Schaub, Handbuch, S. 1563.

492 vgl. § 6 II 1..

493 BAG AP Nr.40 zu § 5 BetrVG 1972; von Hoyningen-Huene, NZA 1992, 49, 54.

494 Dietz, Richardi, § 7 BetrVG, Rr. 16; Hess, Schlochauer-Schlochauer, § 7 BetrVG, Rr. 5; Fitting, Auffarth, § 7, Rr. 9; Fabricius, GK-BetrVG-Kreutz, § 7, Rr. 22; Galperin, Löwisch, § 7 BetrVG, Rr. 7; speziell zu § 74 SGB V: von Hoyningen-Huene, NZA 1992, 49, 53.

II. Der wiedereingliedernde Betrieb als Tendenzbetrieb i.S.d. § 118 BetrVG

Fraglich ist, ob derjenige Betrieb, der Wiedereingliederungsmöglichkeiten anbietet, als Tendenzbetrieb mit karitativer Bestimmung i.S.d. § 118 I 1 Nr.1 BetrVG betrachtet werden kann.

1.) Karitative Bestimmung

Voraussetzung hierfür ist, daß das Unternehmen eine karitative Zielsetzung verfolgt. Es muß seine Tätigkeit in den Dienst Hilfsbedürftiger stellen, deren Hilfsbedürftigkeit sich aus körperlichen, geistigen oder seelischen Leiden ergibt und die innere oder äußere Not zur Folge hat [495]. Das Unternehmen darf hierfür zwar kostendeckend arbeiten, aber nicht die Absicht der Gewinnerzielung in den Vordergrund stellen.

Grundsätzlich dient das Unternehmen, das sich an der stufenweisen Wiedereingliederung beteiligt, einer solchen karitativ-helfenden Betätigung. Denn es schafft Tätigkeitsmöglichkeiten, die den besonderen Verhältnissen der arbeitsunfähigen Arbeitnehmer Rechnung tragen, seine Wiedereingliederung in das Erwerbsleben und seine medizinische Rehabilitation fördern [496]. Jedoch kann von einer karitativen **Ausrichtung** nicht gesprochen werden, weil das Unternehmen des wiedereinzugliedernden Arbeitnehmers im allgemeinen unter kommerziellen Gesichtspunkten geführt wird und die Wiedereingliederung nur als betriebliche Sozialleistung angeboten wird.

2.) Tendenzcharakter

Im übrigen kann nicht von einem entsprechenden Tendenzcharakter des Unternehmens ausgegangen werden, da es gem. § 118 I 1 BetrVG "unmittelbar und überwiegend" der karitativen Bestimmung dienen müßte.

Zumindest an der überwiegenden Karitativität fehlt es jedoch. Unabhängig davon, ob dieses Merkmal qualitativ nach dem Gesamtgepräge des Unternehmens bestimmt wird [497] oder quantitativ nach dem Umfang des Einsatzes der personellen oder sonstigen Mittel des Unter-

---

495 BAG AP Nr.16, 37, 38 zu § 118 BetrVG 1972; BB 1989, 628; Fitting, Auffarth, § 118, BetrVG, Rr. 19; Fabricius, GK-BetrVG-Fabricius, § 118, Rr. 191, 199; Galperin, Löwisch, § 118 BetrVG, Rr. 16f.; Däubler, Kittner-Blanke, § 118 BetrVG, Rr. 27; Dietz, Richardi, § 118, Rr. 52; Hess, Schlochauer-Hess, § 118 BetrVG, Rr. 17; Löwisch, § 118 BetrVG, Rr. 6; Wlotzke, § 118 BetrVG, Anm. II 1 c und II 2 a; Stege, Weinspach, § 118 BetrVG, Rr. 2b; Münchener Handbuch-Mattes, Bd 3, KollAR, § 356, Rr. 14.

496 ähnlich für die Werkstatt für Behinderte: BAG AP Nr.16 zu § 118 BetrVG 1972.

497 Galperin, Löwisch, § 118 BetrVG, Rr. 46; Dietz, Richardi, § 118 BetrVG, Rr. 30, 32; Hess, Schlochauer-Hess, § 118 BetrVG, Rr. 11; Löwisch, § 118 BetrVG, Rr. 17; Stege, Weinspach, § 118 BetrVG, Rr. 5b.

nehmens für die Tendenzzwecke [498], kommt man zu dem Ergebnis, daß ein wirtschaftliches Unternehmen, das in Ausnahmefällen arbeitsunfähigen Arbeitnehmern die Möglichkeit der stufenweisen Wiedereingliederung anbietet, weder von seinem Gepräge her noch vom erforderlichen Aufwand an Personen und Produktionsmitteln her karitative Tendenz hat.

§ 118 I 1 Nr.1 BetrVG findet folglich keine Anwendung.

III. Mitbestimmung in sozialen Angelegenheiten (§ 87 BetrVG)

1.) Sozialeinrichtung (§ 87 I Nr. 8 BetrVG)

Wäre die stufenweise Wiedereingliederung eine betriebliche Sozialeinrichtung, stünde dem Betriebsrat ein Mitbestimmungsrecht bei der Form, Ausgestaltung und Verwaltung gem. § 87 I Nr.8 BetrVG zu.
Eine Sozialeinrichtung bedarf einer gewissen Institutionalisierung und erfaßt nicht alle Sozialleistungen des Betriebes. Sie setzt vielmehr ein zweckgebundenes Sondervermögen voraus, das aus abgesonderten Mitteln und eigenständiger Organisation besteht und der Verwaltung bedarf; nicht erfaßt werden Leistungen des Arbeitgebers aus laufenden Betriebsmitteln [499].

Von einer solchen Verselbständigung von sachlichen oder finanziellen Mitteln kann bei der stufenweisen Wiedereingliederung nicht die Rede sein. Weder wird sie aus einer abgesonderten Vermögensmasse gewährt, vielmehr aus dem laufenden Betriebsvermögen; noch unterliegt sie einer gesonderten Verwaltung, vielmehr findet sie im Rahmen der normalen betrieblichen Organisation statt.

---

[498] BAG AP Nr.3, 43, 47 zu § 118 BetrVG 1972; Fitting, Auffarth, § 118 BetrVG, Rr. 8; Däubler, Kittner-Blanke, § 118 BetrVG, Rr. 9; Wlotzke, § 118 BetrVG, Anm. II 1 b; Münchener Handbuch-Mattes, Bd 3, KollAR, § 356, Rr. 35.

[499] BAG AP Nr.5 zu § 87 BetrVG 1972 Lohngestaltung; AP Nr.16 zu § 75 BPersVG; Fitting, Auffarth, § 87 BetrVG, Rr. 92; Hess, Schlochauer-Glaubitz, § 87 BetrVG, Rr. 390, 392; Galperin, Löwisch, § 87 BetrVG, Rr. 171; Däubler, Kittner-Klebe, § 87 BetrVG, Rr. 207; Dietz, Richardi, § 87 BetrVG, Rr. 382, 385; Löwisch, § 87 BetrVG, Rr. 57; Wlotzke, § 87 BetrVG, Anm. II 8 a; Stege, Weinspach, § 87 BetrVG, Rr. 136, 138; Münchener Handbuch-Matthes, Bd 3, KollAR, § 331, Rr. 9.

2.) Betriebliche Lohngestaltung (§ 87 I Nr. 10 BetrVG)

a) Anwendbarkeit auf das individuell vereinbarte Wiedereingliederungsverhältnis

(1) Grundsätzlich fällt die stufenweise Wiedereingliederung unter den Lohnbegriff des § 87 I Nr.10 BetrVG. Denn er ist weit zu verstehen und enthält als Generalklausel alle Leistungen des Arbeitgebers mit Entgeltcharakter, die er mit Rücksicht auf das Arbeitsverhältnis gewährt [500] , somit auch die Gewährung einer Wiedereingliederungsmöglichkeit als freiwillige betriebliche Sozialleistung.

(2) Die betriebliche Lohngestaltung ist die Festlegung abstrakt-genereller Grundsätze zur Lohnfindung; es geht um die Strukturformen des Entgelts einschließlich ihrer näheren Vollziehungsformen [501].

Dies setzt voraus, daß es sich um die Regelung eines kollektiven Tatbestandes handelt. Die Angelegenheit muß nach ihrem Gegenstand einen kollektiven Bezug haben, weil sie eine Regelungsfrage stellt, die die Interessen der Arbeitnehmer des Betriebs berührt. Betroffen sein muß die gesamte Belegschaft, eine nach besonderen Merkmalen bestimmbare Arbeitnehmergruppe oder - funktionsbezogen - ein oder mehrere Arbeitsplätze [502] .

Die Regelung darf nicht lediglich einen Einzelfall betreffen. Eine Einzelfallregelung liegt vor, wenn es um die Gestaltung eines bestimmten Arbeitsverhältnisses geht und nur die den einzelnen Arbeitnehmer betreffenden Umstände die Maßnahme veranlassen oder inhaltlich bestimmen. Eine solche Regelung hängt von der Person und den individuellen Wünschen des Arbeitnehmers ab [503].

---

500 BAG AP Nr.1-4 zu § 87 BetrVG 1972 Altersversorgung; Fitting, Auffarth, § 87 BetrVG, Rr. 122; Wlotzke, § 87 BetrVG, Anm. II 10 a; Hess, Schlochauer-Glaubitz, § 87 BetrVG, Rr. 459; Däubler, Kittner-Klebe, § 87 BetrVG, Rr. 243; Fabricius, GK-BetrVG-Wiese, § 87, Rr. 614; Münchener Handbuch-Matthes, Bd 3, KollAR, § 333, Rr. 8; Joost, ZfA 1993, 257, 265; Matthes, NZA 1987, 289, 290; Jahnke, ZfA 1980, 863, 71.

501 BAG AP Nr.3, 4, 12 zu § 87 BetrVG 1972 Lohngestaltung; Fitting, Auffarth, § 87 BetrVG, Rr. 121; Wlotzke, § 87 BetrVG, Anm. II 10 a; Hess, Schlochauer-Glaubitz, § 87 BetrVG, Rr. 469; Dietz, Richardi, § 87 BetrVG, Rr. 499; Fabricius, GK-BetrVG-Wiese, § 87, Rr. 601; Stege, Weinspach, § 87 BetrVG, Rr. 166; Münchener Handbuch-Matthes, Bd 3, KollAR , § 333, Rr. 2; Joost, ZfA 1993, 257, 271; Matthes, NZA 1987, 289.

502 BAG AP Nr. 2, 5 § 56 BetrVG Entlohnung; AP Nr.3, 9, 18, 21 zu § 87 BetrVG 1972 Arbeitszeit; BAG GS AP Nr. 51 zu § 87 BetrVG 1972 Lohngestaltung; Hess, Schlochauer-Glaubitz, § 87 BetrVG, Rr. 23f.; Fabricius, GK-BetrVG, § 87, Rr. 13, 16; Wlotzke, § 87 BetrVG, Anm. I 1 c; Fitting, Auffarth, § 87 BetrVG, Rr. 18; Stege, Weinspach, § 87 BetrVG, Rr. 16; Münchener Handbuch-Matthes, Bd 3, KollAR , § 324, Rr. 25; Herbst, DB 1987, 738.

503 BAG AP Nr. 3, 9, 18, 21 zu § 87 BetrVG 1972 Arbeitszeit; AP Nr. 2 zu § 56 BetrVG; AP Nr. 2, 5 zu § 56 BetrVG Entlohnung; AP Nr.2 zu § 23 BetrVG 1972; AP Nr. 5 zu § 87 BetrVG 1972 Tarifvorrang; Hess, Schlochauer-Glaubitz, § 87 BetrVG, Rr. 470; Däubler, Kittner-Klebe, § 87 BetrVG, Rr. 16; Galperin, Löwisch, § 87 BetrVG, Rr. 7; Fabricius, GK-BetrVG-Wiese, § 87, Rr. 13; Wlotzke, § 87 BetrVG, Anm. I 1

Um eine solche mitbestimmungsfreie Einzelfallregelung geht es bei der einzeln vereinbarten stufenweisen Wiedereingliederung. Denn mit jedem Fall der Wiedereingliederung wird lediglich den individuellen Besonderheiten des betroffenen Arbeitnehmers Rechnung getragen. Die Wiedereingliederung wird hier in Abhängigkeit von der Person des wiedereinzugliedernden Arbeitnehmers geregelt; die nur ihn betreffenden Umstände, insbesondere sein Gesundheitszustand und die Art seines Arbeitsplatzes, veranlassen die Wiedereingliederung und prägen sie inhaltlich.

Insoweit kommt ein Mitbestimmungsrecht des Betriebsrats nicht in Betracht.

b) Anwendbarkeit bei Wiedereingliederungs-Richtlinien

Anders sieht es bei einer kollektiven Regelung der Wiedereingliederung aus, insbesondere bei betrieblichen Wiedereingliederungs-Richtlinien.

(1) Richtlinien betreffen - zumindest potentiell - eine größere Anzahl von Arbeitnehmern und legen nach abstrakt abgrenzbaren Merkmalen fest, welche Arbeitnehmer wann auf welche Art an einer allmählichen Arbeitsaufnahme teilnehmen können und wie die Wiedereingliederung beendet wird [504].
Sie werden nicht durch die besonderen Umstände allein in der Person des einzelnen wiedereinzugliedernden Arbeitnehmers bestimmt, begründen vielmehr eine bestimmte Ordnung der (Sozial-) Entlohnung im Betrieb. Das Mitbestimmungsrecht soll hierbei vor einer willkürlichen Lohngestaltung schützen und die Durchschaubarkeit des (Sozial-) Lohnes sichern [505].

Aufgrund dieses kollektiven Bezugs hat der Betriebsrat ein Mitbestimmungsrecht gem. § 87 I Nr.10 BetrVG, das jedoch nur die Aufstellung der allgemeinen Wiedereingliederungsgrundsätze erfaßt und nicht die Anwendung dieser Grundsätze im Einzelfall [506].

Insoweit besteht auch ein Initiativrecht des Betriebsrats [507].

---

c; Münchener Handbuch-Matthes, Bd 3, KollAR I, § 333, Rr. 99 und § 324, Rr. 26; Matthes, NZA 1987, 289, 294; Herbst, DB 1987, 738, Kraft, in: FS Molitor, S. 207, 219; Löwisch,Anmerkung zu BAG AR-Blattei, D, Betriebsverfassung XIV B, Entscheidung Nr. 91.

504 BAG AP Nr. 4 zu § 87 BetrVG 1972 Lohngestaltung.

505 BAG AP Nr. 1 zu § 87 BetrVG 1972 Lohngestaltung; Fitting, Auffarth, § 87 BetrVG, Rr. 121; Wlotzke, § 87 BetrVG, Anm. II 10 a; Hess, Schlochauer-Glaubitz, § 87 BetrVG, Rr. 463; Däubler, Kittner-Klebe, § 87, Rr. 241; Galperin, Löwisch, § 87 BetrVG, Rr. 218; Dietz, Richardi, § 87 BetrVG Rr. 493; Löwisch, § 87 BetrVG,Rr. 80; Münchener Handbuch-Matthes, Bd 3, KollAR , § 333, Rr. 3, 6; Jahnke, ZfA 1980, 863, 884; Eich, DB 1980, 1340. 1342.

506 BAG AP Nr. 4 zu § 87 BetrVG 1972 Lohngestaltung; Dietz, Richardi, § 87 BetrVG, Rr. 23.

(2) Der Arbeitgeber gewährt die Wiedereingliederungsmöglichkeit als **freiwillige** betriebliche Sozialleistung. Diese Freiwilligkeit schränkt das Mitbestimmungsrecht des Betriebsrats insoweit ein, als es erforderlich ist, um die Entscheidungsfreiheit des Arbeitgebers darüber zu erhalten, ob er überhaupt die Wiedereingliederungsmöglichkeit gewähren, in welchem Umfang er dafür finanzielle Mittel zur Verfügung stellen will, zu welchem Zweck die Leistung erbracht werden und welcher Personenkreis durch diese Leistung begünstigt werden soll [508].
In diesen Fragen ist auch ein Initiativrecht des Betriebsrats ausgeschlossen.

Im einzelnen:

Bei der Frage der Einführung der Wiedereingliederung mittels Richtlinien hat der Betriebsrat zwar kein Mitbestimmungsrecht; jedoch kann er die Einführung dadurch verhindern, daß er eine entsprechende Zustimmung verweigert [509].

Daneben hat der Betriebsrat im Rahmen der vom Arbeitgeber gesetzten mitbestimmungsfreien Vorgaben bei der Ausgestaltung der freiwilligen betrieblichen Sozialleistung in den Richtlinien ein Mitbestimmungsrecht. Er hat insbesondere bei der Bestimmung der näheren Leistungsvoraussetzungen mitzubestimmen [510].

---

507 BAG AP Nr. 1 zu § 87 BetrVG 1972; Fitting, Auffarth, § 87 BetrVG, Rr. 26; Hess, Schlochauer-Glaubitz, § 87 BetrVG, Rr. 42, 44; Däubler, Kittner-Klebe, § 87 BetrVG, Rr. 19; Galperin, Löwisch, § 87 BetrVG, Rr. 26; Dietz, Richardi, § 87 BetrVG, Rr. 46; Fabricius, GK-BetrVG-Wiese, § 87, Rr. 100, 102; Löwisch, § 87 BetrVG, Rr. 5; Stege, Weinspach, § 87 BetrVG, Rr. 19f.; Wlotzke, § 87 BetrVG, Anm. I 1 e; Matthes, NZA 1987, 289, 291.

508 BAG AP Nr. 1 zu § 87 BetrVG 1972 Lohngestaltung; AP Nr. 1 zu § 87 BetrVG 1972 Prämie; AP Nr. 1-4 zu § 87 BetrVG 1972 Altersversorgung; Fitting, Auffarth, § 87 BetrVG, Rr. 127; Wlotzke, § 87 BetrVG, Anm. II 10 c; Hess, Schlochauer-Glaubitz, § 87 BetrVG, Rr. 512; Däubler, Kittner-Klebe, § 87 BetrVG, Rr. 257; Galperin, Löwisch, § 87 BetrVG, Rr. 227; Dietz, Richardi, § 87 BetrVG, Rr. 34, 520; Fabricius, GK-BetrVG-Wiese, § 87, Rr. 621; Löwisch, § 87 BetrVG, Rr. 90; Stege, Weinspach, § 87 BetrVG, Rr. 172a; Molkenbur, Roßmanith, ArbuR 1990, 333f.; Schaub, ArbuR 1992, 193, 194; Wiese, NZA 1990, 793, 795; Matthes, NZA 1987, 289, 293; Jahnke, ZfA 1980, 863, 893f.; Hromadka, DB 1988, 2636, 2642.

509 BAG AP Nr. 1 zu § 87 BetrVG 1972 Prämie; AP Nr. 5 zu § 87 BetrVG Tarifvorrang; LAG Frankfurt, DB 1990, 126; Münchener Handbuch-Matthes, Bd 3, KollAR , § 333, Rr. 22; Däubler, Kittner-Klebe, § 87 BetrVG, Rr. 257; Fabricius, GK-BetrVG-Wiese, § 87, Rr. 622; Wiese, NZA 1990, 793, 795; Matthes, NZA 1987, 289, 293; Kraft, in: FS Molitor, S. 207, 218:
a.A. gegen ein Zustimmungsrecht: Galperin, Löwisch, § 87 BetrVG, Rr. 228; Löwisch, § 87 BetrVG, Rr. 90; Lieb, ZfA 1988, 413, 445.

510 BAG AP Nr. 1-4 zu § 87 BetrVG Altersversorgung; BAG GS AP Nr. 51 zu § 87 BetrVG Lohngestaltung; BAG AP Nr. 1 zu § 87 BetrVG 1972 Lohngestaltung; Wlotzke, § 87 BetrVG, Anm. II 10 c; Galperin, Löwisch, § 87 BetrVG, Rr. 227f.; Fabricius, GK-BetrVG-Wiese, § 87, Rr. 619, 644; Löwisch, § 87 BetrVG, Rr. 90; Stege, Weinspach, § 87 BetrVG, Rr. 172a, 174; Münchener Handbuch-Matthes, Bd 3, KollAR , § 333, Rr. 20, 30, 52; Kraft, in: FS Molitor, S. 207, 218; Molkenbur, Roßmanith, ArbuR 1990, 333, 334; Wiese, NZA 1990, 793, 795; Matthes, NZA 1987, 289, 293; Richardi, ZfA 1976, 1, 13f.; Jahnke, ZfA 1980, 863, 894; Hromadka, DB 1988, 2636, 2642.

Schließlich hat der Betriebsrat kein Mitbestimmungsrecht bei der Aufhebung der Wiedereingliederungsrichtlinien durch den Arbeitgeber, zumindest wenn die Aufhebung zum vollständigen Wegfall der Wiedereingliederungsmöglichkeit führt bzw. bei ihrer inhaltlichen Verkürzung, sofern die den Wiedereingliederungs-Richtlinien zugrunde liegenden Grundsätze unverändert bleiben [511].

Denn ist der Arbeitgeber in der Entscheidung frei, ob er eine freiwillige Leistung gewähren will, folgt daraus auch seine Freiheit, diese ohne Mitbestimmungsrecht des Betriebsrats wieder zu kürzen bzw. abzuschaffen. Dies gilt auf jeden Fall dann, wenn die Strukturform des betrieblichen Entgeltsystems unberührt bleibt und nur die Entgelthöhe betroffen ist.

c) Anwendbarkeit auf eine Wiedereingliederungsvergütung

(1) Wird dem Rehabilitanden für seine Wiedereingliederungstätigkeit vom Arbeitgeber eine Vergütung gewährt, so fällt diese freiwillige betriebliche Sozialleistung als Arbeitsentgelt i.w.S. grundsätzlich in den Anwendungsbereich des § 87 I Nr.10 BetrVG.

(2) Auch hier muß ein kollektiver Tatbestand bestehen.

Wird die Wiedereingliederungsvergütung individuell vereinbart, hat der Betriebsrat mangels kollektiver Regelung kein Mitbestimmungsrecht.

Wird dagegen die Vergütung generell in Wiedereingliederungs-Richtlinien vereinbart, bestimmt der Betriebsrat bei der Aufstellung solcher Richtlinien gem. § 87 I Nr.10 BetrVG mit. Hier liegt der Vergütung eine Art Entlohnungsgrundsatz zugrunde, d.h. ein System, nach dem sie ermittelt und für alle Wiedereinzugliedernde bemessen werden soll[512].

Sie richtet sich beispielsweise quantitativ nach der Stundenzahl der Wiedereingliederungstätigkeit oder qualitativ nach der Art der Wiedereingliederungstätigkeit, jeweils im Vergleich zu der arbeitsvertraglichen Tätigkeit. Möglich ist auch eine einheitliche Abgeltung der Wiedereingliederungstätigkeit unabhängig vom regelmäßigen Arbeits-

---

511 BAG AP Nr. 26 zu § 87 BetrVG 1972 Lohngestaltung; AP Nr. 16 zu § 75 BPersVG; Wlotzke, § 87 BetrVG, Anm. II 10 b und c; Fabricius, GK-BetrVG-Wiese, § 87, Rr. 625; Stege, Weinspach, § 87 BetrVG, Rr. 172a; Münchener Handbuch-Matthes, Bd 3, KollAR , § 333, Rr. 25, 33; Schaub, ArbuR 1992, 193, 195; Wiese, NZA 1990, 793, 797; Matthes, NZA 1987, 289, 293; Eich, DB 1988, 1340, 1342, 1344f.; a.A.: Däubler, Kittner-Klebe, § 87 BetrVG, Rr. 258.

512 BAG AP Nr. 3 zu § 87 BetrVG 1972 Lohngestaltung; Fitting, Auffarth, § 87 BetrVG, Rr. 134; Wlotzke, § 87 BetrVG, Anm. II 10 a; Hess, Schlochauer-Glaubitz, § 87 BetrVG, Rr. 477; Däubler, Kittner-Klebe, § 87 BetrVG, Rr. 246; Galperin, Löwisch, § 87 BetrVG, Rr. 219; Fabricius, GK-BetrVG-Wiese, § 87, Rr. 647; Löwisch, § 87 BetrVG, Rr. 83; Stege, Weinspach, § 87, Rr. 178.

entgelt des Arbeitnehmers oder ein Vergütungssystem, das eine Vergütung erst dann gewährt, wenn die Wiedereingliederungstätigkeit einen gewissen Leistungsgrad erreicht hat.
In allen Fällen soll der Betriebsrat die innerbetriebliche Lohngerechtigkeit gewährleisten.
Das Mitbestimmungs- respektive Initiativrecht des Betriebsrats - ist auch hier aufgrund der Freiwilligkeit der Gewährung einer Wiedereingliederungsvergütung eingeschränkt. Der Betriebsrat hat insbesondere bei der Entscheidung, ob für die allmähliche Arbeitsaufnahme eine Vergütung gezahlt werden soll, bei der Dotierungshöhe und der vollständigen bzw. die Verteilungsgrundsätze der Vergütung nicht berührenden teilweisen Aufhebung der Wiedereingliederungsvergütung keine Rechte, während er bei der Verteilung der vom Arbeitgeber zur Verfügung gestellten Gesamtmittel sowie der Berechnungsgrundsätze und Berechnungsmethoden mitzubestimmen hat.

d) Die Ausübung der Mitbestimmung richtet sich nach folgenden Grundsätzen:

(1) § 87 BetrVG ordnet keine bestimmte Form der Mitbestimmung an. Es genügt eine bloße Zustimmung zu den Richtlinien-Vorschlägen des Arbeitgebers, eine formlose Regelungsabrede oder eine förmliche Betriebsvereinbarung i.S.d. § 77 II BetrVG [513].

(2) Regelmäßig wird die Aufstellung von Wiedereingliederungsrichtlinien durch eine Betriebsvereinbarung erfolgen.

Besteht aber gleichzeitig eine tarifvertragliche Regelung der Wiedereingliederung, ist die Regelungsbefugnis per Betriebsvereinbarung eingeschränkt:

Eine erzwingbare Betriebsvereinbarung scheidet aufgrund des Tarifvorrangs gem. § 87 I 1 BetrVG aus, wenn ein einschlägiger Tarifvertrag besteht, der die Wiedereingliederung samt ihrer Vergütung abschließend regelt [514].

513 BAGE 12, 117, 122; Fitting, Auffarth, § 87 BetrVG, Rr. 27; Stege, Weinspach, § 87 BetrVG, Rr. 22; Galperin, Löwisch, § 87 BetrVG, Rr. 34, 36; Däubler, Kittner-Klebe, § 87 BetrVG, Rr. 9; Hess, Schlochauer-Glaubitz, § 87 BetrVG, Rr. 77; Dietz, Richardi, § 87 BetrVG, Rr. 54; Fabricius, GK-BetrVG-Wiese, § 87, Rr. 65.

514 Fitting, Auffarth, § 87 BetrVG, Rr. 8-10b; Wlotzke, § 87 BetrVG, Anm. I 3 b; Hess, Schlochauer-Glaubitz, § 87 BetrVG, Rr. 54-58; Stege, Weinspach, § 87 BetrVG, Rr. 28b, 33; Galperin, Löwisch, § 87 BetrVG, Rr. 47, 56; Fabricius, GK-BetrVG-Wiese, § 87, Rr. 36, 39, 49f.; Dietz, Richardi, § 87 BetrVG, Rr. 124f, 129; von Hoyningen-Huene, NZA 1987, 793, 796f.; Münchener Handbuch-Matthes, Bd 3, KollAR I, § 324, Rr. 15-18.

Der Tarifvorbehalt des § 77 III 1 BetrVG findet insofern bei Angelegenheiten, in denen der Betriebsrat nach § 87 BetrVG ein Mitbestimmungsrecht hat, keine Anwendung. Insoweit ist § 87 I BetrVG abschließend [515].

Auch ist die Vereinbarung einer freiwilligen Betriebsvereinbarung über die Wiedereingliederung gem. § 88 BetrVG nicht möglich, wenn i.S.v. § 77 III 1 BetrVG ein entsprechender Tarifvertrag besteht.

Zwar ist der Abschluß einer freiwilligen günstigeren Betriebsvereinbarung in sozialen Angelegenheiten gem. § 87 I BetrVG auch dann möglich, wenn i.S.v. § 87 I BetrVG ein Tarifvertrag über die Wiedereingliederung tatsächlich besteht [516] [517]. Solche freiwilligen Betriebsvereinbarungen unterliegen aber, soweit sie Arbeitsbedingungen - d.h. auch die Wiedereingliederung als Arbeitsentgelt i.w.S. - regeln, der tariflichen Sperrwirkung nach § 77 III 1 BetrVG [518].

3.) Dauer und Lage der Arbeitszeit (§ 87 I Nr.2, 3 BetrVG)

a) Keine Anwendbarkeit des BetrVG

Liegt dem Wiedereingliederungsverhältnis kein Arbeitsvertrag, sondern ein Vertrag sui generis zugrunde, und fällt der Rehabilitand aufgrund der Besonderheiten der Wiedereingliederungstätigkeit aus dem Anwendungsbereich des BetrVG, dann können hinsichtlich dieser Wiedereingliederungstätigkeit keine Beteiligungsrechte bestehen. Dies gilt gerade für die Mitbestimmung über Lage und Dauer der Arbeitszeit [519].

---

515 BAG AP Nr. 21 zu § 77 BetrVG 1972; Wlotzke, § 87 BetrVG, Anm. I 3 b; Däubler, Kittner-Berg, § 77 BetrVG, Rr. 37; Anmerkung Löwisch, Rieble zu BAG AR-Blattei, Betriebsverfassung IX B, Entscheidung Nr.102; von Hoyningen-Huene, NZA 1987, 793, 798;
a.A. Zwei-Schranken-Theorie: Fitting, Auffarth, § 87 BetrVG, Rr. 7; Hess, Schlochauer-Hess, § 77 BetrVG, Rr. 136 und Glaubitz, § 87, Rr. 63; Stege, Weinspach, § 87 BetrVG, Rr. 35; Fabricius, GK-BetrVG-Wiese, § 87, Rr. 37 und Kreutz, § 77, Rr. 118; Dietz, Richardi, § 77 BetrVG, Rr. 180 und § 87, Rr. 132.

516 BAG AP Nr. 1 zu § 2 ArbGG 1953 Betriebsvereinbarung; Fitting, Auffarth, § 87 BetrVG, Rr. 7; Wlotzke, § 87 BetrVG, Anm. I 3; Hess, Schlochauer-Glaubitz, § 87 BetrVG, Rr. 62; Galperin, Löwisch, § 87 BetrVG, Rr. 43; Fabricius, GK-BetrVG-Wiese, § 87, Rr. 39; Dietz, Richardi, § 87 BetrVG, Rr. 133; von Hoyningen-Huene, NZA 1987, 793, 797;.

517 auf die Tarifüblichkeit i.S.d. § 77 III 1 BetrVG wird es im Zusammenhang mit der Wiedereingliederung (noch) nicht ankommen, da sich eine diesbezügliche tarifvertragliche Regelung kaum eingebürgert hat.

518 Wlotzke, § 87 BetrVG, Anm. I 3 b; Fitting, Auffarth, § 87 BetrVG, Rr. 7; Hess, Schlochauer-Glaubitz, § 87 BetrVG, Rr. 62; Dietz, Richardi, § 87 BetrVG, Rr. 135; Münchener Handbuch-Matthes, Bd 3, KollAR , § 324, Rr. 22; von Hoyningen-Huene, NZA 1987, 793, 797.

519 von Hoyningen-Huene, NZA 1992, 49, 54.

b) Begriff der Arbeitszeit

Auch ergibt sich dies aus dem Begriff der Arbeitszeit i.S.d. § 87 I Nr.2, 3 BetrVG. Arbeitszeit ist derjenige Zeitraum, innerhalb dessen der Arbeitnehmer dem Arbeitgeber seine Arbeitskraft zur Verfügung stellen muß. Sie bestimmt den Umfang der vom Arbeitnehmer geschuldeten Leistung, für die der Arbeitgeber als Gegenleistung das vereinbarte Arbeitsentgelt zu zahlen hat (vgl. § 2 I AZO) [520].

Da die Arbeitszeit voraussetzt, daß in der betreffenden Zeit Arbeit geleistet wird, die Wiedereingliederungstätigkeit jedoch nicht als Arbeitsleistung qualifiziert werden kann, kommt § 87 Nr.2, 3 BetrVG nicht in Betracht.

c) Kein mitbestimmungsfähiger Gestaltungsspielraum

Im übrigen besteht für den Betriebsrat kein mitbestimmungsfähiger Gestaltungsspielraum, weil Lage und Dauer der Beschäftigungszeit im Rahmen von § 74 SGB V primär durch medizinische Notwendigkeiten vom behandelnden Arzt festgelegt werden [521].

---

520 BAG AP Nr. 33 zu § 242 BGB Betriebliche Übung; Hess, Schlochauer-Glaubitz, § 87 BetrVG, Rr. 141f.; Dietz, Richardi, § 87 BetrVG, Rr. 204; Däubler, Kittner-Klebe, § 87 BetrVG, Rr. 68.

521 von Hoyningen-Huene, NZA 1992, 49, 54.

IV. Mitbestimmung in personellen Einzelmaßnahmen (§§ 99 ff. BetrVG)

1.) Keine Anwendbarkeit des BetrVG

Aufgrund der Qualifizierung der Wiedereingliederung als Rehabilitation und mangels Arbeitnehmereigenschaft des Rehabilitanden kommt eine Mitbestimmung des Betriebsrats bei personellen Einzelmaßnahmen nicht in Betracht [522].

2.) Einzelmaßnahmen gem. § 99 BetrVG

Der Mangel an einer Mitbestimmungsmöglichkeit für den Betriebsrat ergibt sich auch aus den Tatbestandsvoraussetzungen selbst.

a) Einstellung

Mit der Aufnahme der Wiedereingliederungstätigkeit könnte eine Einstellung i.S.d. § 99 I BetrVG gegeben sein. Unter einer Einstellung versteht man die Eingliederung eines Beschäftigten in den Betrieb [523] , was erfordert, daß eine Eingliederung des Beschäftigten überhaupt noch erfolgen kann.

Dies ist nicht der Fall, wenn - wie bei der schrittweisen Zurückführung des Arbeitnehmers an seinen Arbeitsplatz - der Arbeitnehmer bereits in einem Arbeitsverhältnis steht, aufgrund dessen seine Betriebszugehörigkeit begründet wurde, selbst wenn seine Arbeitspflicht derzeit ruht. Hier ist die Eingliederung des Arbeitnehmers in den Betrieb schon erfolgt, so daß allenfalls eine Versetzung vorliegen kann [524].

b) Versetzung

Bei einer Versetzung i.S.d. § 99 I BetrVG wird dem Arbeitnehmer ein anderer Arbeitsbereich dauerhaft zugewiesen. Dem steht gleich, daß eine erhebliche Änderung der Umstände eintritt, unter denen die Arbeit zu leisten ist (§ 95 III BetrVG).

---

522 von Hoyningen-Huene, NZA 1992, 49, 54.

523 BAGE 51, 337, 342; AP Nr. 35 zu § 99 BetrVG 1972; NZA 1990, 229, 230; Galperin, Löwisch, § 99 BetrVG, Rr. 10; Dietz, Richardi, § 99 BetrVG, Rr. 23; Däubler, Kittner-Kittner, § 99 BetrVG, Rr. 37; Wlotzke, § 99 BetrVG, Anm. II 1; Münchener Handbuch-Matthes, Bd 3, KollAR I, § 344, Rr. 8f.; einschränkend: Fitting, Auffarth, § 99 BetrVG, Rr. 10; Hess, Schlochauer-Schlochauer, § 99 BetrVG, Rr. 15; Fabricius, GK-BetrVG-Kraft, § 99, Rr. 19.

524 Hess, Schlochauer-Schlochauer, § 99 BetrVG, Rr. 23; von Hoyningen-Huene, NZA 1992, 49, 54.

(1) Der Arbeitsbereich wird dadurch erheblich verändert, daß der Gegenstand der geschuldeten Leistung ein anderer wird, indem Arbeitsaufgaben, Arbeitsinhalt, Arbeitsart oder der Platz in der betrieblichen Organisation so modifiziert werden, daß sich das Gesamtbild der Tätigkeit des Arbeitnehmers ändert [525].

Von einer solchen Änderung der Tätigkeit ist bei der Vereinbarung des Wiedereingliederungsverhältnisses nicht auszugehen, da der Rehabilitand gem. § 74 SGB V seine bisherige Tätigkeit teilweise verrichtet [526].
Eine Verkleinerung des Betätigungsfeldes ist jedoch gerade keine Versetzung, zumindest wenn auf diese Weise kein vom bisherigen grundlegend abweichender und damit neuer Aufgabenbereich entsteht [527].

(2) Ebensowenig ist durch die Wiedereingliederungstätigkeit mit einer erheblichen Änderung der Umstände der Arbeitsleistung zu rechnen, wobei unter den Arbeitsumständen die äußeren Umstände der Arbeit, vornehmlich die Arbeitsumgebung zu verstehen sind und nicht die materiellen Arbeitsbedingungen [528].
Denn auch hier kommt zur Geltung, daß der Rehabilitand gem. § 74 SGB V seine bisherige Tätigkeit teilweise wieder aufnimmt, also an die bisherigen äußeren Umstände anknüpft.

V. Mitwirkung beim Arbeitsschutz

1.) Geltung des Arbeitsschutzes im Wiedereingliederungsverhältnis

a) Inhalt des Arbeitsschutzes

Der Arbeitsschutz setzt sich aus dem gesetzlichen Arbeitsschutzrecht zusammen, durch das dem Arbeitgeber öffentlich-rechtliche Pflichten auferlegt werden, um die von der Ar-

---

525 BAG AP Nr. 4 zu § 95 BetrVG 1972; Galperin, Löwisch, § 99, Rr. 18; Dietz, Richardi, § 99, Rr. 73-75; Däubler, Kittner-Kittner, § 99, Rr. 90, 95; Hess, Schlochauer-Schlochauer, § 99, Rr. 46f.; Fabricius, GK-BetrVG-Kraft, § 99, Rr. 54; Wlotzke, § 99 BetrVG, Anm. II 4 a; Münchener Handbuch-Matthes, Bd 3, KollAR I, § 345, Rr. 3, 5.

526 von Hoyningen-Huene, NZA 1992, 49, 54.

527 BAG AP Nr. 26 zu § 611 BGB Direktionsrecht; Fitting, Auffarth, § 99 BetrVG, Rr. 25; Galperin, Löwisch, § 99 BetrVG, Rr. 18; Dietz, Richardi, § 99 BetrVG, Rr. 76; Däubler, Kittner-Kittner, § 99 BetrVG, Rr. 98; Münchener Handbuch-Matthes, Bd 3, KollAR , § 345, Rr. 7.

528 Fitting, Auffarth, § 99 BetrVG, Rr. 23; Galperin, Löwisch, § 99 BetrVG, Rr. 20; Dietz, Richardi, § 99 BetrVG, Rr. 84; Däubler, Kittner-Kittner, § 99, Rr. 101; Hess, Schlochauer-Schlochauer, § 99, Rr. 53; Wlotzke, § 99 BetrVG, Anm. II 4 a; Münchener Handbuch-Matthes, Bd 3, KollAR , § 345, Rr. 11.

beit ausgehenden Gefahren zu beseitigen oder zu mindern [529], sowie aus dem autonomen Arbeitsschutz, der auf die Herstellung möglichst positiver und menschenwürdiger Umstände für die Erbringung der Arbeitsleistung einschließlich einer menschenwürdigen Arbeitswelt abzielt [530].

b) Arbeitsschutz bei der entsprechenden Arbeitsleistung

Zumindest derjenige Arbeitsschutz, der dem wiedereinzugliedernden Arbeitnehmer während der Ausübung seiner regulären Arbeitsleistung zukommt, muß ihm auch bei der Ausübung der Wiedereingliederungstätigkeit gewährt werden.
Dies folgt nicht nur aus dem Wortlaut des § 74 SGB V, der auf die bisherige, von diesem Arbeitsschutz umfaßte Tätigkeit abstellt.
Dies folgt auch aus der ratio des Arbeitsschutzes: der Rehabilitand ist dem Arbeitnehmer ähnlich schutzbedürftig, weil er in die Betriebsorganisation des Arbeitgebers eingegliedert ist[531].

c) Weitergehender Arbeitsschutz

Der unmittelbare Rückgriff auf den Arbeitsschutz des Arbeitsverhältnisses ist jedoch nicht zulässig, wenn die Wiedereingliederungstätigkeit die arbeitsvertragliche Arbeitsleistung qualitativ oder quantitativ so verändert, daß Arbeitsschutznormen eingreifen, die im eigentlichen Arbeitsverhältnis nicht oder anders zur Anwendung kommen.

Diese dann betroffenen Arbeitsschutznormen gelten jedoch analog § 618 I BGB auch für solche Änderungen der Arbeitsleistung. Denn § 618 BGB ist nicht nur auf Dienstverträge anwendbar, sondern entsprechend auf alle Vertragsverhältnisse, kraft derer sich jemand befugter Weise in Vertragsausführung im Gefahrenbereich eines Unternehmens aufhält [532], somit auch dann, wenn der Arbeitnehmer sich zum Zwecke der stufenweisen Wiedereingliederung im Betrieb betätigt.

529 Fitting, Auffarth, vor § 89 BetrVG, Rr. 3; Schaub, Handbuch, S. 1168; Münchener Handbuch-Wlotzke, Bd 2, IndAR II, § 199, Rr. 1; Zöllner, Loritz, Arbeitsrecht, S. 305.

530 Fitting, Auffarth, vor § 89 BetrVG, Rr. 2, 4a; MK-Lorenz, § 618, Rr. 12f..

531 ähnlich für den Behinderten in der Werkstatt für Behinderte: Leisten, Werkstatt für Behinderte, S. 220, 223f.; Aretz, Werkstätten für Behinderte, S. 105; Fabricius, Gammelin, in: Institut für Sozialrecht(Hg), Werkstatt für Behinderte, S. 185, 279; Neseker, ZfF 1970, 290, 291;
und für den Arbeitnehmer i.R.d. Arbeitnehmerüberlassung (vgl. § 11 VI AÜG): Becker, Wulfgramm, Art. 1 § 11 AÜG, Rr. 60; Sandmann, Marschall, Art. 1 § 11 AÜG, Anm. 14; Schaub, Handbuch, S. 930; Bürger, Oehmann, Matthes, HwB AR, "Leiharbeitsverhältnis (Arbeitnehmerüberlassung)", 4.4.2.; Schliephacke, Petermann, BG 1987, 188, 188f..

532 BGHZ GS 5, 62, 65-67; BGHZ 16, 265, 269f.; Erman-Hanau, § 618, Rr. 3; MK-Lorenz, § 618, Rr. 8; Soergel-Kraft, § 618, Rr. 3f.; Aretz, Werkstätten für Behinderte, S. 105; Leisten, Wekstatt für Behinderte, S. 224.

Im Rahmen von § 618 I BGB wird dem Arbeitgeber auferlegt, für diese Tätigkeitsänderungen den entsprechenden öffentlich-rechtlichen Arbeitsschutz zu beachten.

Gleichzeitig ermöglicht die analoge Anwendung des § 618 I BGB eine vertragliche Ausdehnung des Arbeitsschutzes über die gesetzlichen Arbeitsschutzvorschriften hinaus: besonders schutzbedürftige Beschäftigte können weitergehende besondere Schutzmaßnahmen verlangen, soweit diese dem Arbeitgeber zumutbar sind [533].
Benötigt der Arbeitnehmer beispielsweise wegen seiner zur Arbeitsunfähigkeit führenden Krankheit andere sicherheitstechnische Arbeitsmittel oder bedarf es deswegen der Umorganisation seines Arbeitsablaufs, kann er entsprechende besondere Arbeitsschutzmaßnahmen im Rahmen des Zumutbaren analog § 618 I BGB beim Arbeitgeber geltend machen.

2.) Mitwirkung des Betriebsrats beim Arbeitsschutz

a) Bei der entsprechenden Arbeitsleistung

Bzgl. derjenigen Tätigkeiten und Maßnahmen, die (ausschließlich) von den Arbeitsschutzvorschriften berührt werden, die auch im Arbeitsverhältnis betroffen sind (vgl. soeben 1.b), können für die Mitwirkung des Betriebsrats keine Besonderheiten gelten, d.h. beim gesetzlichen Arbeitsschutz sind die §§ 87 I Nr.7, 88 Nr.1; 80 I Nr. 1, 81 I 2 BetrVG zu berücksichtigen, beim autonomen Arbeitsschutz die §§ 90, 91 BetrVG.
Denn hier ist es zufällig, daß die Tätigkeiten und Maßnahmen zum Zeitpunkt der Arbeitsunfähigkeit des Arbeitnehmers erfolgen; sie hätten ebenso zum Zeitpunkt der Arbeitsfähigkeit des Arbeitnehmers erfolgen können, wo der Betriebsrat hätte zweifellos mitwirken müssen.

b) Beim weitergehenden Arbeitsschutz

Bei denjenigen Tätigkeitsänderungen und Maßnahmen, die allein auf dem Wiedereingliederungsverhältnis beruhen (vgl. soeben 1.c), kann eine Mitwirkung des Betriebsrats nicht in Betracht kommen, da hier der Wiedereinzugliedernde als Rehabilitand und nicht als Arbeitnehmer i.S.d §§ 5, 6 BetrVG betroffen ist.

---

533 LAG Berlin, NZA 1986, 609, 610; LAG Baden-Württemberg, DB 1978, 213; Münchener Handbuch-Blomeyer, Bd 1, IndAR I, § 94, Rr. 8; Löwisch, DB 1979, Beilage 1, S. 1, 14.

(1) Nachvollziehbar ist dies auf jeden Fall beim autonomen Arbeitsschutz gem. §§ 90, 91 BetrVG. Sinn der §§ 90, 91 BetrVG ist nämlich, die Betriebsverfassung in den Dienst der menschengerechten Gestaltung der Arbeit zu stellen. Idealiter bleibt dem Betriebsrat bei der stufenweisen Wiedereingliederung für eine solche Aufgabe jedoch kein Raum. Denn der behandelnde Arzt übernimmt diese Aufgabe in der Arbeitsunfähigkeitsbescheinigung gem. § 74 SGB V, und muß die Tätigkeit im Betrieb zumindest als der Wiedereingliederung des Arbeitnehmers zuträglich "genehmigen".

(2) Schwieriger ist dagegen die Ablehnung einer Mitwirkungsmöglichkeit des Betriebsrats beim gesetzlichen Arbeitsschutz. Hier muß man jedoch die Konsequenz daraus ziehen, daß die Wiedereingliederung keine Arbeit im arbeitsrechtlichen Sinne und der Wiedereinzugliedernde kein Arbeitnehmer i.S.d. §§ 5, 6 BetrVG ist.

Der Rehabilitand bleibt jedoch nicht schutzlos, da er auf dem privatrechtlichen Klageweg analog § 618 BGB einen umfassenden Arbeitsschutz geltend machen kann (vgl. soeben 1.c).

VI. Einwirkungsmöglichkeiten des Betriebsrats

1.) Möglichkeiten des Betriebsrats, soweit sein Mitbestimmungsrecht gem. § 87 I BetrV reicht

a) Mittel der Mitbestimmung

Soweit das Mitbestimmungsrecht des Betriebsrats gem. § 87 I Nr.10 BetrVG reicht, hat er es per Betriebsvereinbarung, Regelungsabrede oder bloße Zustimmung bei der Aufstellung oder Änderung von generellen Regelungen zur stufenweisen Wiedereingliederung gem. § 74 SGB V geltend zu machen [534].

b) Initiativ- und Unterrichtungsrecht

Zur gewissenhaften Ausführung dieser Aufgabe hat der Betriebsrat nicht nur von seinem entsprechenden Initiativrecht [535] Gebrauch zu machen, sondern auch von seinem gegenüber dem Arbeitgeber gem. § 80 II BetrVG bestehenden Unterrichtungsrecht. Hiernach ist

---

534 vgl. § 18 III 2..
535 vgl. § 18 III 2..

der Arbeitgeber verpflichtet, den Betriebsrat in allen Angelegenheiten, die in dessen Zuständigkeit fallen - also insbesondere die Fälle seiner Mitbestimmung - , rechtzeitig und umfassend zu informieren und auf Verlangen die notwendigen Unterlagen zur Verfügung zu stellen.

Falls Arbeitnehmer dem Betriebsrat Anregungen zur Aufstellung oder Änderung von Wiedereingliederungs-Richtlinien vortragen, die plausibel erscheinen, hat der Betriebsrat sie gem. § 80 I Nr.3 BetrVG dem Arbeitgeber vorzulegen. Er muß mit dem Arbeitgeber über die Möglichkeit einer sachgerechten Erledigung verhandeln.

c) Kooperationsgebot

Bei der Erarbeitung der Wiedereingliederungs-Richtlinien haben Betriebsrat und Arbeitgeber das Gebot der vertrauensvollen Zusammenarbeit gem. § 2 I BetrVG zu beachten. Es verpflichtet die Betriebspartner zu sozialpflichtigem Handeln unter gegenseitiger Berücksichtigung des Wohls von Betrieb und Arbeitnehmer [536].

d) Wachaufgabe gem. § 75 I BetrVG

Daneben haben Betriebsrat und Arbeitgeber bei der Aufstellung und Änderung der Wiedereingliederungs-Richtlinien gem. § 75 I BetrVG darüber zu wachen, daß alle im Betrieb tätigen Personen nach den Grundsätzen von Recht und Billigkeit, insbesondere unter Beachtung des Gleichbehandlungsgrundsatzes, behandelt werden. Der Grundsatz fordert von ihnen ein Verhalten, durch das nicht nur die Rechtsansprüche aller Betriebsangehörigen anerkannt und erfüllt werden, sondern auch ihre berechtigten sozialen, wirtschaftlichen und persönlichen Interessen im Rahmen des Möglichen [537].

2.) Möglichkeiten des Betriebsrats über sein Mitbestimmungsrecht hinaus

Zu prüfen ist, welche Einflußmöglichkeiten dem Betriebsrat über sein Mitbestimmungsrecht gem. § 87 I Nr.10 BetrVG hinaus durch das BetrVG eröffnet werden, vor allem bei der An-

536 Fitting, Auffarth, § 2 BetrVG, Rr. 9; Dietz, Richardi, § 2 BetrVG, Rr. 5; Galperin, Löwisch, § 2 BetrVG, Rr. 4, 14; Hess, Schlochauer-Hess, § 2 BetrVG, Rr. 19; Fabricius, GK-BetrVG-Kraft, § 2, Rr. 11, 30; Wlotzke, § 2 BetrVG, Anm. I 1 a; Münchener Handbuch-von Hoyningen-Huene, Bd 3, KollAR , § 293, Rr. 7; von Hoyningen-Huene, Betriebsverfassungsrecht, S. 57; Witt, Betriebsverfassungsrechtliche Kooperationsmaxime, S. 32 f..

537 Fitting, Auffarth, § 75 BetrVG, Rr. 6; Däubler, Kittner-Berg, § 75 BetrVG, Rr. 3; Galperin, Löwisch, § 75 BetrVG, Rr. 23; Dietz, Richardi, § 75 BetrVG, Rr. 11; Fabricius, GK-BetrVG-Kreutz, § 75, Rr. 24, 27; Stege, Weinspach, § 75 BetrVG, Rr. 2; Fritsch, BB 1992, 701, 704.

wendung der Wiedereingliederungs-Richtlinien sowie dann, wenn die Wiedereingliederung eine mitbestimmungsfreie Einzelmaßnahme darstellt.

a) Generalklausel des § 80 I BetrVG

Daß der Betriebsrat sich der Wiedereingliederung im Einzelfall annehmen darf, ergibt sich aus der Generalklausel des § 80 I BetrVG, die die Tätigkeitsfelder des Betriebsrats bestimmt.

(1) § 80 I BetrVG ermächtigt und verpflichtet den Betriebsrat, sich als Repräsentant der Arbeitnehmer umfassend und nicht nur dort, wo er Mitwirkungs- und Mitbestimmungsrechte hat, mit den sozialen, persönlichen und wirtschaftlichen Interessen der Arbeitnehmer zu befassen [538].

(2) In Bezug auf die Wiedereingliederung kommen dabei vornehmlich folgende Aufgaben in Betracht:

Gem. § 80 I Nr.1 BetrVG hat der Betriebsrat darüber zu wachen, daß die Wiedereingliederungs-Richtlinien unter Berücksichtigung des Gleichbehandlungsgrundsatzes angewandt und daß die Normen des Arbeitsschutzes beachtet werden.

Gem. § 80 I Nr.2 BetrVG kann er von sich aus - gewissermaßen als Initiativrecht über § 87 I Nr.10 BetrVG hinaus [539] - dem Arbeitgeber Anregungen für die Einleitung, Durchführung und Beendigung einer Maßnahme der stufenweisen Arbeitsaufnahme geben [540].
Der Arbeitgeber ist im Rahmen des Kooperationsgebotes (§ 2 I BetrVG) verpflichtet, die Anregungen des Betriebsrats zu hören und mit ihm zu erörtern [541].

---

538 Fitting, Auffarth, § 80 BetrVG, Rr. 1; Dietz, Richardi, § 80 BetrVG, Rr. 1; Wlotzke, § 80 BetrVG, Anm. 1; Däubler, Kittner-Buschmann, § 80 BetrVG, Rr. 1; Galperin, Löwisch, § 80 BetrVG, Rr. 2; Fabricius, GK-BetrVG-Kraft, § 80, Rr. 1, 6; Hess, Schlochauer-Hess, § 80 BetrVG, Rr. 4; von Hoyningen-Huene, Betriebsverfassungsrecht, S. 224.

539 Fitting, Auffarth, § 80 BetrVG, Rr. 12; Dietz, Richardi, § 80 BetrVG, Rr. 16; Däubler, Kittner-Buschmann, § 80 BetrVG, Rr. 5; Galperin, Löwisch, § 80 BetrVG, Rr. 14; Fabricius, GK-BetrVG-Kraft, § 80, Rr. 30; Hess, Schlochauer-Hess, § 80 BetrVG, Rr. 20; Münchener Handbuch-Matthes, Bd 3, KollAR , § 317, Rr. 25; von Hoyningen-Huene, Betriebsverfassungsrecht, S. 225.

540 Bundesarbeitsgemeinschaft für Rehabilitation, Arbeitshilfe, S. 60-64; Moswald, S. 16.

541 Dietz, Richardi, § 80 BetrVG, Rr. 18; Wlotzke, § 80 BetrVG, Anm. 2 b; Däubler, Kittner-Buschmann, § 80 BetrVG, Rr. 18; Galperin, Löwisch, § 80 BetrVG, Rr. 16; Fabricius, GK-BetrVG-Kraft, § 80, Rr. 31; Stege, Weinspach, § 80 BetrVG, Rr. 6; Münchener Handbuch-Matthes, Bd 3, KollAR , § 317, Rr. 26.

Gleiches gilt, wenn ein wiedereingliederungswilliger Arbeitnehmer dem Betriebsrat Vorschläge für die Durchführung einer individuellen Wiedereingliederung unterbreitet. Gem. § 80 I Nr.3 BetrVG muß sich der Betriebsrat mit ihnen befassen und, wenn sie gerechtfertigt erscheinen, dem Arbeitgeber zur Verhandlung vorlegen.

Schließlich obliegt es dem Betriebsrat gem. § 80 I Nr.4 BetrVG, die Wiedereingliederung besonders schutzbedürftiger Personen zu fördern, wozu - aufgrund des extensiven Verständnisses der besonderen Schutzbedürftigkeit [542] - auch arbeitsunfähige Rehabilitanden gehören.
Im Rahmen von § 80 I Nr.4 BetrVG hat der Betriebsrat vor allem geeignete Programme und Maßnahmen gegenüber Arbeitgeber und Arbeitnehmer anzuregen und dafür Sorge zu tragen, daß den Schutzbedürftigen eine ihren Kräften und Fähigkeiten entsprechende Beschäftigung zugewiesen wird, Ausgleichsmaßnahmen für ihre krankheitsbedingten Einschränkungen geschaffen werden, wie der Betriebsrat auch Verständnis für die besondere Situation des Rehabilitanden bei anderen Betriebsabgehörigen wecken soll und eine Art Koordinationsfunktion innerhalb des Betriebes übernehmen kann [543].
Die Wiedereingliederung gem. § 74 SGB V ist damit ein Paradebeispiel für die Betätigung des Betriebsrats gem. § 80 I Nr.4 BetrVG.

b) Hilfsmittel

Als Hilfsmittel steht dem Betriebsrat die Unterrichtungsverpflichtung des Arbeitgebers (§ 80 II BetrVG) zur Seite, als Durchführungsform insbesondere die Regelungsabrede. Regelungsabreden sind alle Absprachen zwischen den Betriebspartnern, durch die Angelegenheiten betriebsverfassungsrechtlicher Art formlos geregelt oder abgeklärt werden. Sie werden zwischen Arbeitgeber und Betriebsrat vornehmlich für Einzelfallregelungen abgeschlossen [544]. Auf das Einzelarbeitsverhältnis kommt ihnen zwar keine unmittelbare Wirkung zu; sie verpflichten aber wie ein Vertrag Arbeitgeber und Betriebsrat, entsprechend zu verfahren [545].

---

542 Dietz, Richardi, § 80 BetrVG, Rr. 26; Wlotzke, § 80 BetrVG, Anm. 2 d; Däubler, Kittner-Buschmann, § 80 BetrVG, Rr. 24; Hess, Schlochauer-Hess, § 80 BetrVG, Rr. 24.

543 Fitting, Auffarth, § 80 BetrVG, Rr. 18; Däubler, Kittner-Buschmann, § 80 BetrVG, Rr. 22; Galperin, Löwisch, § 80 BetrVG, Rr. 21; Fabricius, GK-BetrVG-Kraft, § 80, Rr. 37; Hess, Schlochauer-Hess, § 80 BetrVG, Rr. 24.

544 Hess, Schlochauer-Hess, § 77 BetrVG, Rr. 98; Fabricius, GK-BetrVG-Kreutz, § 77, Rr. 7; Dietz, Richardi, § 77, Rr. 159; Galperin, Löwisch, § 77 BetrVG, Rr. 100; Fitting, Auffarth, § 77 BetrVG, Rr. 91; Münchener Handbuch-Matthes, Bd 3, KollAR I, § 319, Rr. 90, 93; Peterek, in: FS Gaul, S. 471, 473.

545 Fitting, Auffarth, § 77 BetrVG, Rr. 91; Hess, Schlochauer-Hess, § 77 BetrVG, Rr. 96; Fabricius, GK-BetrVG-Kreutz, § 77, Rr. 12; Dietz, Richardi, § 77 BetrVG, Rr. 159; Galperin, Löwisch, § 77 BetrVG, Rr.

c) Kooperationsgebot

Auch bei den Einflußmöglichkeiten des Betriebsrats außerhalb seines Mitbestimmungsrechts in § 87 I Nr.10 BetrVG sind Betriebsrat und Arbeitgeber an das Kooperationsgebot des § 2 I BetrVG und die Grundsätze von Recht und Billigkeit (§ 75 I BetrVG) gebunden.

Aus dem Gebot der vertrauensvollen Zusammenarbeit können sich jedoch keine gesetzlich nicht vorgesehenen neuen Mitwirkungs- und Mitbestimmungsrechte für den Betriebsrat ergeben [546].

d) Einzelne Aufgaben im Zusammenhang mit der Wiedereingliederung

Im einzelnen kann der Betriebsrat im Zusammenhang mit der Wiedereingliederung vor allem folgende Aufgaben übernehmen [547] :
allgemeine Beratung von Arbeitgeber und Arbeitnehmer über Möglichkeiten und Risiken der Wiedereingliederung;
Hilfestellung bei einer Kontaktaufnahme mit der Krankenkasse;
konkrete Einleitung der Wiedereingliederung, z.B. Prüfung des Arbeitsplatzes vor Ort;
Beteiligung bei der Verhandlung über die finanzielle Abwicklung;
Beteiligung bei der Ausarbeitung des Stufenplans und dessen Anpassung an den Gesundheitszustand des Arbeitnehmers;
Schaffung von Verständnis bei den Arbeitskollegen;
dauernder Kontakt mit dem Wiedereinzugliedernden.

Im übrigen gehen auch die Arbeitsunfähigkeits-Richtlinien in Nr.27 und 32 davon aus, daß der Betriebsrat in das Wiedereingliederungsverfahren einzubeziehen ist.

101; Münchener Handbuch-Matthes, Bd 3, KollAR , § 319, Rr. 90; Peterek, in: FS Gaul, S. 471, 475, 480-482.

546 BAG DB 1966, 705, 706; Fitting, Auffarth, § 2 BetrVG, Rr. 10; Dietz, Richardi, § 2 BetrVG, Rr. 10f.; Hess, Schlochauer-Hess, § 2 BetrVG, Rr. 21; Fabricius, GK-BetrVG-Kraft, § 2, Rr. 12; Münchener Handbuch-von Hoyningen-Huene, Bd 3, KollAR, § 293, Rr. 17; Witt, Betriebsverfassungsrechtliche Kooperationsmaxime, S. 91.

547 Bundesarbeitsgemeinschaft für Rehabilitation, Arbeitshilfe, S. 60-64.

§ 19 Die Wiedereingliederung im Sprecherausschußgesetz für leitende Angestellte

Anders als das BetrVG räumt das SprAuG dem Sprecherausschuß der leitenden Angestellten keine Mitbestimmungsrechte ein. Es beschränkt ihn auf (umfassende) Informations- und Beratungsrechte.

Das SprAuG ist - wie das BetrVG - mangels Arbeitseigenschaft der Wiedereingliederungstätigkeit gem. § 1 I SprAuG i.V.m. § 5 III BetrVG nicht auf das Wiedereingliederungsverhältnis an sich anwendbar, aber es ist insoweit anwendbar, als es sich aus der Fortgeltung des Arbeitsvertrages des leitenden Angestellten rechtfertigt.

I. Unterrichtung und Beratung bei allgemeinen Arbeitsbedingungen (§ 30 SprAuG)

1.) Gehaltsgestaltung (§ 30, 1 Nr.1 und § 30, 2 SprAuG)

In Fragen der Gehaltsgestaltung der leitenden Angestellten hat der Arbeitgeber den Sprecherausschuß gem. § 30, 1 Nr.1 und § 30, 2 SprAuG zu unterrichten und die Gehaltsgestaltung mit ihm zu beraten.

a) Generelle Gehaltsgestaltung

Gehaltsgestaltung i.S.d. § 30, 1 Nr.1 SprAuG erfaßt alle geldwerten Leistungen des Arbeitgebers mit Vergütungscharakter [548] , folglich auch die Wiedereingliederung und ihre Vergütung als betriebliche Sozialleistung.

Es geht nicht um individuelle Gehaltsabsprachen, sondern - ähnlich dem § 87 I Nr.10 BetrVG - um Maßnahmen des Arbeitgebers, die generellen Charakter haben [549] , im Rah-

---

548 Bauer, § 30 SprAuG, Anm. II; Borgwardt, § 30 SprAuG, Rr. 4; Hromadka, § 30 SprAuG, Rr. 12; Löwisch, § 30 SprAuG, Rr. 5; Buchner, NZA 1989, Beilage 1, S. 2, 17; Oetker, ZfA 1990, 43, 71 und BB 1990, 2181, 2185; Engels, Natter, BB 1989, Beilage 8, S. 31
für § 30, 1 Nr.2 SprAuG: Münchener Handbuch-Joost, Bd 3, KollAR, § 316, Rr. 68.

549 Regierungsbegründung zum Entwurf eines Gesetzes zur Änderung des Betriebsverfassungsgesetzes, über Sprecherausschüsse der leitenden Angestellten und zur Sicherung der Montan-Mitbestimmung, BT-Drucks. 11/2503, zu § 30, S. 43;Bauer, § 30 SprAuG, Anm. I; Borgwardt, § 30 SprAuG, Rr. 5; Hromadka, § 30 SprAuG, Rr. 5f.; Löwisch, § 30 SprAuG, Rr. 2; Münchener Handbuch-Joost, Bd 3, KollAR, § 316, Rr. 65; Buchner, NZA 1989, Beilage 1, S. 2, 17; Dänzer-Vanotti, DB 1990, 41, 43; Wlotzke, DB 1989, 111ff., 173, 177; Oetker, ZfA 1990, 43, 71 und BB 1990, 2181, 2185; Engels, Natter, BB 1989, Beilage 8, S. 31; Kramer, NZA 1993, 1024, 1025.

men von § 74 SGB V also insbesondere um Wiedereingliederungs-Richtlinien und nicht um rehabilitative Einzelmaßnahmen.

Die Vorschrift behandelt, anders als ihr Wortlaut vermuten läßt, nicht nur die Änderung der Gehaltsgestaltung, sondern auch ihre erstmalige Schaffung [550] . Denn auch die Neueinführung eines Vergütungssystems ändert die bestehende (Vergütungs-) Rechtslage.

b) Erörterungsrecht

Konkretisieren sich die Absichten des Arbeitgebers, Wiedereingliederungs-Richtlinien einzuführen oder zu ändern, hat er den Sprecherausschuß rechtzeitig zu unterrichten, dessen Anregungen entgegenzunehmen und die Richtlinien mit ihm - ohne Pflicht zu einer Einigung, aber mit entsprechend ernsthaftem Willen - zu erörtern.

Die bei § 87 I Nr.10 BetrVG geltende mitbestimmungsfreie Zone bei freiwilligen Leistungen des Arbeitgebers besitzt, auch bzgl. der Dotierung [551], für das Unterrichtungs- und Beratungsrecht nach § 30 SprAuG keine Bedeutung. Grund hierfür ist, daß die Beteiligung des Sprecherausschusses keinen Einigungszwang beinhaltet, der die Freiwilligkeit der Leistungsgewährung des Arbeitgebers beschränken könnte. Auch ist dem Sprecherausschuß in § 28 SprAuG eine extensive Befassungskompetenz eingeräumt, die alle materiellen Arbeitsbedingungen - also auch die Dotierungshöhe - umfaßt, es also nicht sinnvoll ist, § 30 SprAuG engere Grenzen aufzuerlegen [552].

2.) Mitwirkung des Sprecherausschusses

Der Sprecherausschuß ist nicht auf die Rolle des (passiven) Unterrichtungs- und Beratungsrechts beschränkt.

---

[550] Borgwardt, § 30 SprAuG, Rr. 6; Hromadka, § 30 SprAuG, Rr. 16; Löwisch, § 30 SprAuG, Rr. 7; Dänzer-Vanotti, DB 1990, 41, 44; Oetker, BB 1990, 2181, 2185.

[551] a.A. bzgl. der Dotierung: Oetker, ZfA 1990, 43, 71 und BB 1990, 2181, 2185; Kramer, NZA 1993, 1024, 1026.

[552] Borgwardt, § 30 SprAuG, Rr. 4; Löwisch, § 30 SprAuG, Rr. 3; Buchner, NZA 1989, Beilage 1, S. 2, 17; Wlotzke, DB 1989, 111ff., 173, 177; Engels, Natter, BB 1989, Beilage 8, S. 31.

a) Kollektive Interessenwahrnehmung gem. § 25 I 1 SprAuG

Gem. § 25 I 1 SprAuG hat er die Belange der leitenden Angestellten wahrzunehmen, zumindest soweit er mit Aufgaben gem. §§ 30ff. SprAuG befaßt ist [553] und auf jeden Fall nur, soweit es um die kollektiven Interessen der leitenden Angestellten geht (vgl. §§ 25 I 2, 26 I SprAuG). Dem Wiedereingliederungsbedürfnis des einzelnen kann dagegen mit § 25 I 1 SprAuG nicht Rechnung getragen werden.

(1) Im Rahmen dieser Vorschrift - also auch für betriebliche Sozialleistungen als Gehaltsgestaltung - steht dem Sprecherausschuß ein Initiativrecht zu: Er kann mit der Angelegenheit von sich aus zum Arbeitgeber gehen und bestimmte Maßnahmen, z.B. solche zur stufenweisen Wiedereingliederung, beantragen [554]. Nach dem Gebot der vertrauensvollen Zusammenarbeit (§ 2 I 1 SprAuG) muß der Arbeitgeber sich mit dem Sprecherausschuß auseinandersetzen [555].

(2) Daneben steht dem Sprecherausschuß mit § 25 I 1 SprAuG auch ein Überwachungsrecht zu. Er hat darüber zu wachen, daß die zugunsten der leitenden Angestellten geltenden Vorschriften eingehalten werden, damit auch die Wiedereingliederungs-Richtlinien.

b) Mittel der Mitwirkung

Kommen Arbeitgeber und Sprecherausschuß über die Wiedereingliederung zu einer Einigung, ohne daß jedoch ein Einigungszwang besteht, können sie diese in Form einer Vereinbarung festhalten. Wie § 87 I Nr.10 BetrVG schreibt § 30 SprAuG die Art der Vereinbarung nicht vor, so daß auch hier die bloße Zustimmung zu den Vorschlägen des Arbeitgebers, eine Vereinbarung gem. § 28 SprAuG oder eine Regelungsabrede in Betracht kommt.

---

553 Regierungsbegründung zum Entwurf eines Gesetzes zur Änderung des Betriebsverfassungsgesetzes, über Sprecherausschüsse der leitenden Angestellten und zur Sicherung der Montan-Mitbestimmung, BT-Drucks. 11/2503, zu § 25, S. 42; Bauer, § 25 SprAuG, Anm. II; Buchner, NZA 1989, Beilage 1, S. 2, 16; Dänzer-Vanotti, DB 1990, 41; Wlotzke, DB 1989, 111ff., 173, 177; Engels, Natter, BB 1989, Beilage 8, S. 30; Kramer, NZA 1993, 1024;
für ein umfassendes Befassungsrecht: Borgwardt, § 25 SprAuG, Rr. 1; Hromadka, § 25, SprAuG, Rr. 8f.; Löwisch, § 25 SprAuG, Rr. 6; Schaub, Handbuch, S. 1830; Münchener Handbuch-Joost, Bd 3, KollAR, § 316, Rr. 49.

554 Borgwardt, § 25 SprAuG, Rr. 2; Hromadka, § 25 SprAuG, Rr. 16; Löwisch, § 25 SprAuG, Rr. 9; Schaub, Handbuch, S. 1830; Münchener Handbuch-Joost, Bd 3; KollAR I, § 316, Rr. 50; Oetker, BB 1990, 2181, 2186.

555 Borgwardt, § 25 SprAuG, Rr. 2; Hromadka, § 25 SprAuG, Rr. 16; Löwisch. § 25 SprAuG, Rr. 10; Münchener Handbuch-Joost, Bd 3, KollAR, § 316, Rr. 50; Schaub, Handbuch, S. 1830.

(1) Gegenstand einer Vereinbarung gem. § 28 SprAuG kann jeglicher Inhalt eines Arbeitsverhältnisses sein (vgl. die Identität des Wortlauts von § 28 I SprAuG mit § 1 I TVG), also auch die Regelung von betrieblichen Sozialleistungen einschließlich ihres finanziellen Umfangs [556].
Voraussetzung ist nur, daß es sich um abstrakt-generelle Regelungen handelt, also in der Regel um Wiedereingliederungs-Richtlinien; das Einzelarbeitsverhältnis kann mit § 28 SprAuG nicht geregelt werden [557].

Der Vereinbarung zwischen Arbeitgeber und Sprecherausschuß können im Wege der Auslegung verschiedene Rechtswirkungen zukommen:
Es kann sich ergeben, daß sie nur eine nicht verbindliche Handlungsmaxime für den Arbeitgeber enthält, die den Normalfall betrifft und die abweichende Regelungen im Einzelfall zuläßt, wenn es dafür besondere Gründe gibt.
Die Vereinbarung kann aber auch den Arbeitgeber gegenüber dem Sprecherausschuß verpflichten, ihren Inhalt einzuhalten.
Beide Arten der Vereinbarung (§ 28 I SprAuG) müssen jedoch einzelvertraglich umgesetzt werden, damit sie unmittelbare Geltung für den leitenden Angestellten gewinnen.
Daneben eröffnet § 28 II 1 SprAuG die Möglichkeit, für die leitenden Angestellten die unmittelbare und zwingende Wirkung der Einigung zwischen Arbeitgeber und Sprecherausschuß zu vereinbaren, so daß ihre Rechtswirkungen denen einer Betriebsvereinbarung i.S.d. § 77 IV BetrVG entsprechen [558].

(2) Möglich ist auch, die Wiedereingliederungs-Richtlinien in Gestalt einer formlosen Regelungsabrede festzulegen [559].

(3) Schließlich kann die Wiedereingliederung bei einem entsprechenden Bedürfnis für alle Arbeitnehmer einheitlich durch eine trilaterale Vereinbarung zwischen Arbeitgeber, Betriebsrat und Sprecherausschuß geregelt werden, wobei bei einer gemeinsamen Vereinbarung die Zulässigkeit und Voraussetzungen der jeweiligen Regelungsart gegenüber dem Betriebsrat **und** gegenüber dem Sprecherausschuß gegeben sein müssen.

---

556 Borgwardt, § 28, Rr. 1; Hromadka, § 28, Rr. 1, 7; Löwisch, § 28, Rr. 1, 6; Münchener Handbuch-Joost, Bd 3, KollAR, § 316, Rr. 17, 19; Schaub, Handbuch, S. 1832; Wlotzke, DB 1989, 111ff 173, 177; Oetker, ZfA 1990, 43, 79f. und BB 1990, 2181, 2182; Engels, Natter, BB 1989, Beilage 8, S. 31.

557 Borgwardt, § 28 SprAuG, Rr. 1; Hromadka, § 28 SprAuG, Rr. 11; Löwisch, § 28 SprAuG, Rr. 6; Schaub, Handbuch, S. 1832; Münchener Handbuch-Joost, Bd 3, KollAR, § 316, Rr. 22; Oetker, ZfA 1990, 43, 80 und BB 1990, 2181, 2182.

558 Bauer, § 28 SprAuG, Anm. III; Borgwardt, § 28 SprAuG, Rr. 3; Hromadka, § 28, Rr. 18; Löwisch, § 28 SprAuG, Rr. 13; Schaub, Handbuch, S. 1833; Münchener Handbuch-Joost, Bd 3, KollAR, § 316, Rr. 32-34; Wlotzke, DB 1989, 173, 177; Oetker, ZfA 1990, 43, 81 und BB 1990, 2181, 2183.

559 Borgwardt, § 28 SprAuG, Rr. 1; Hromadka, § 28 SprAuG, Rr. 2, 26; Münchener Handbuch-Joost, Bd 3, KollAR, § 316, Rr. 8.

3.) Verhaltensgrundsätze (§§ 2 I 1, 27 I SprAuG)

Bei der Gehaltsgestaltung haben die Betriebspartner das Gebot der vertrauensvollen Zusammenarbeit (§ 2 I 1 SprAuG) zu beachten und die leitenden Angestellten nach Rechts- und Billigkeitsgrundsätzen (§ 27 I SprAuG) zu behandeln.

II. Mitwirkung bei personellen Maßnahmen (§ 31 SprAuG)

§ 31 SprAuG erlaubt es, den Sprecherausschuß bei Einstellungen und personellen Veränderungen in den Entscheidungsfindungsprozeß des Arbeitgebers einzubeziehen.
Auch im Rahmen des SprAuG scheidet, wie im Rahmen des BetrVG, die Mitwirkung des Sprecherausschusses nicht nur deswegen aus, weil der Rehabilitand mit seiner Wiedereingliederungstätigkeit nicht in den Anwendungsbereich des SprAuG fällt, sondern weil auch die Mitwirkungstatbestände nicht vorliegen.

1.) Einstellung

Daß eine Einstellung gem. § 31 SprAuG mit der Aufnahme der Wiedereingliederungstätigkeit nicht vorliegt, wurde schon bei den Rechten des Betriebsrats erörtert [560]. Hierauf kann verwiesen werden, da sich der Einstellungsbegriff des SprAuG an § 99 BetrVG orientiert [561].

2.) Personelle Veränderung

Ebensowenig liegt eine personelle Veränderung i.S.d. § 31 I SprAuG vor. Hierunter versteht man jede Änderung der Position des leitenden Angestellten, die dessen Belange oder die Belange der übrigen leitenden Angestellten erheblich berührt [562]. Hierzu gehört vor allem die Versetzung, Zuweisung eines anderen Arbeitsbereichs, Veränderung der Umstände, unter denen die Arbeit zu leisten ist, Änderung der Führungsfunktion und der Stellung in der Betriebsorganisation.

---

560 vgl. § 18 IV 2 a.

561 Bauer, § 31 SprAuG, Anm. II; Borgwardt, § 31 SprAuG, Rr. 1; Hromadka, § 31 SprAuG, Rr. 2; Löwisch, § 31 SprAuG, Rr. 2; Schaub, Handbuch, S. 1838; Münchener Handbuch-Joost, Bd 3, KollAR, § 316, Rr. 74.

562 Bauer, § 31 SprAuG, Anm. II; Borgwardt, § 31 SprAuG, Rr. 1; Hromadka, § 31 SprAuG, Rr. 4-8; Löwisch, § 31 SprAuG, Rr. 4f.; Schaub, Handbuch, S. 1838; Münchener Handbuch-Joost, Bd 3, KollAR, § 316, Rr. 75; Dänzer-Vanotti, DB 1990, 41, 44; Oetker, ZfA 1990, 43, 73f. und BB 1990, 2181, 2186; Kramer, NZA 1993, 1024, 1026.

Die personelle Veränderung betrifft damit die Hauptleistungspflicht des leitenden Angestellten, d.h. eine Änderung seines Aufgaben- und Kompetenzkreises. Da die Wiedereingliederungstätigkeit gem. § 74 SGB V an die bisherige Tätigkeit anknüpft, diese jedoch inhaltlich nicht ändert, sondern (teilweise) bestehen läßt, scheidet § 31 I SprAuG aus [563].

III. Unterstützung einzelner leitender Angestellter (§ 26 I SprAuG)

1.) Unterstützungsfunktion des Sprecherausschusses gem. § 26 I SprAuG

Geht es um die einzelvertragliche Vereinbarung der Wiedereingliederung und ihrer Vergütung, um die Anwendung der Wiedereingliederungs-Richtlinien im Einzelfall bzw. macht der einzelne leitende Angestellte Vorschläge für die Gestaltung von Wiedereingliederungs-Richtlinien, kann dem Sprecherausschuß nach § 26 I SprAuG eine Hilfsfunktion zukommen.

a) Individuelles Interesse des leitenden Angestellten

Bei jeglichem Interesse des leitenden Angestellten, das mit seinem Arbeitsverhältnis im Zusammenhang steht [564], also auch bei der Wiedereingliederung als Entgelt i.w.S., kann der Sprecherausschuß gegenüber dem Arbeitgeber für den leitenden Angestellten unterstützend und vermittelnd tätig werden.

b) Regelungsmöglichkeiten

Kommen Arbeitgeber und Sprecherausschuß zu einer Einigung über die Angelegenheit des leitenden Angestellten, so kann die Wiedereingliederung - abgesehen von generellen Richtlinien - nicht nur einzelvertraglich zwischen Arbeitgeber und leitendem Angestellten geregelt werden, sondern bei Bedarf auch in Form einer Regelungsabrede zwischen Arbeitgeber und Sprecherausschuß [565].

---

563 vgl. § 18 IV 2.b).

564 Hromadka, § 26 SprAuG, Rr. 4; Schaub, Handbuch, S. 1835; Münchener Handbuch-Joost, Bd 3, KollAR, § 316, Rr. 61.

565 Hromadka, § 28 SprAuG, Rr. 26.

c) Kooperationsgebot

Arbeitgeber und Sprecherausschuß haben das Gebot der vertrauensvollen Zusammenarbeit und die Grundsätze von Recht und Billigkeit auch hier zu beachten (§§ 2 I 1, 27 I SprAuG).

2.) Begrenzung der Befassungskompetenz des Sprecherausschusses

Der Sprecherausschuß kann im Rahmen von § 26 I SprAuG jedoch nur tätig werden, wenn der leitende Angestellte ein entsprechendes Verlangen an ein Sprecherausschußmitglied heranträgt.

Hieraus folgt, daß dem Sprecherausschuß im Zusammenhang mit den individuellen Belangen des einzelnen leitenden Angestellten keine Befassungskompetenz zusteht, soweit ein kollektiver Bezug zu den Interessen aller leitenden Angestellten bzw. einer Gruppe von ihnen fehlt (vgl. § 25 I 2 SprAuG) bzw. soweit er nicht von einem leitenden Angestellten gem. § 26 I SprAuG hierzu beauftragt wurde [566] .

IV. Anhörung vor Abschluß einer Betriebsvereinbarung (§ 2 I 2 SprAuG)

In Konkretisierung des Gebots der vertrauensvollen Zusammenarbeit ist der Sprecherausschuß vor Abschluß einer Vereinbarung zwischen Arbeitgeber und Betriebsrat anzuhören (§ 2 I 1 SprAuG).

1.) Gegenstand der Anhörung

Das Anhörungsrecht des Sprecherausschusses betrifft nicht nur Betriebsvereinbarungen, sondern auch sonstige Vereinbarungen zwischen Arbeitgeber und Betriebsrat über die Wiedereingliederung wie z.B. Regelungsabreden [567].

566 anders beim Betriebsrat, vgl. § 18 VI 2..
567 Kramer, NZA 1993, 1024, 1027.

2.) Berührung der rechtlichen Interessen

Voraussetzung ist jedoch, daß die Wiedereingliederungs-Vereinbarung die rechtlichen Interessen der leitenden Angestellten berührt.
Eine unmittelbare Verletzung der Rechte der leitenden Angestellten kommt nicht in Betracht, da der Betriebsrat mangels Regelungskompetenz für leitende Angestellte deren Rechtstellung nicht tangieren kann [568].

Rechtliche Interesse können aber dort berührt sein, wo die Vereinbarung zwischen Arbeitgeber und Betriebsrat den Regelungsspielraum für den Sprecherausschuß reduziert. Dies ist der Fall, wenn aus tatsächlichen oder rechtlichen Gründen die Vereinbarung nicht ohne Auswirkung auf die Rechtstellung der leitenden Angestellten bleibt, insbesondere einerseits, wenn eine betriebseinheitliche Regelung notwendig ist, wie z.B. bei der einheitlichen Gewährung einer freiwilligen Sozialleistung, oder andererseits, wenn die Vereinbarung für das Rechtsverhältnis zwischen leitendem Angestellten und Arbeitgeber vorgreiflich ist [569].

Möchte der Arbeitgeber somit die stufenweise Wiedereingliederung für alle Betriebsangehörigen gemeinsam regeln, oder präjudiziert die Vereinbarung mit dem Betriebsrat zukünftige Regelungen über die allmähliche Arbeitsaufnahme leitender Angestellter, ist der Sprecherausschuß gem. § 2 I 2 SprAuG rechtzeitig zu hören.

---

568 Buchner, NZA 1989, Beilage 1, S. 2, 14.

569 BT-Drucks. 11/2503, S. 43; Bauer, § 2 SprAuG, Anm. IV; Borgwardt, § 2 SprAuG, Rr. 6; Löwisch, § 2 SprAuG, Rr. 7; Hromadka, § 2 SprAuG, Rr. 13; Schaub, Handbuch, S. 1818; Münchener Handbuch-Joost, Bd 3, KollAR, § 316, Rr. 56; Buchner, NZA 1989, Beilage 1, S. 2, 14f.; Dänzer-Vanotti, DB 1990, 41, 46; Kramer, NZA 1993, 1024, 1027.

§ 20 Fortzahlung des Krankengeldes

I. Fortbestand des Krankengeldanspruchs

1.) Krankengeldanspruch (§ 44 I 1 SGB V)

Bleibt der Versicherte während der Zeit der stufenweisen Wiedereingliederung (vollständig) arbeitsunfähig - wie dies schon der Wortlaut des § 74 SGB V unterstellt [570] - , behält er alle an die Arbeitsunfähigkeit geknüpften Ansprüche [571].
Dies betrifft vor allem das Krankengeld, das ihm die Krankenkasse gem. § 44 I 1 SGB V zu gewähren hat.

2.) Dauer der Krankengeldgewährung (§ 48 I 1 SGB V)

a) Krankengeldhöchstbezugsdauer

Gem. § 48 I 1 SGB V wird wegen derselben Krankheit Krankengeld nur bis zu 78 Wochen innerhalb von 3 Jahren gewährt.
Nimmt der Versicherte die Möglichkeit einer schrittweisen Arbeitsaufnahme gem. § 74 SGB V wahr, scheitert sie oder dauert sie sehr lange, so ist die Gefahr groß, daß die Krankengeldbezugsdauer von 78 Wochen ausgeschöpft wird. Deswegen ist zu überlegen, ob die Zeit der Wiedereingliederung nicht von der zeitlichen Begrenzung des § 48 I 1 SGB V auszunehmen ist. Denn die Wahrscheinlichkeit, daß durch eine Wiedereingliederung die Krankengeldhöchstbezugsdauer eher überschritten wird als ohne eine Wiedereingliederung, könnte die Bereitschaft beeinträchtigen, daran teilzunehmen.

b) Keine Ausdehnung

Jedoch spricht schon der Wortlaut des § 48 I 1 SGB V gegen eine solche Ausnahme: Er setzt Arbeitsunfähigkeit voraus, wie sie bei der Wiedereingliederung weiterhin gegeben ist.

---

570 vgl. § 7 II.

571 Spitzenverbände der Krankenkassen vom 21./22.2.1972, BKK 1972, 193, 195 und vom 30./31.8.1972, BKK 1973, 16, 17; Dalichau, Schiwy, zu § 74 SGB V; Schmatz, Fischwasser, § 74 SGB V, Rr. 9; Hauck § 44 SGB V, Rr. 68; Moswald, S. 11; Institut für Empirische Soziologie, S. 73; Bundesarbeitsgemeinschaft für Rehabilitation, Arbeitshilfe, S. 14, 20; Kruck, MedSach 1989, 76, 77.

Die Anrechnung der Wiedereingliederungszeit auf die Krankengeldhöchstbezugsdauer rechtfertigt sich einerseits aus dem Bedenken, daß eine Ausdehnung dieser Frist den Versicherten veranlassen könnte, die Zeit der Wiedereingliederung unnötig zu verlängern, um die Ansprüche auszuweiten [572].
Andererseits ist nicht einzusehen, daß derjenige Versicherte, der sich "sozial angepaßt" verhält [573], nämlich seiner im Rahmen der GKV bestehenden Eigenverantwortung gerecht wird, durch die Nichtanwendung des § 48 I 1 SGB V besser gestellt werden soll als Versicherte, bei denen eine stufenweise Wiedereingliederung nicht indiziert ist oder deren Arbeitgeber keine Reintegrationsmöglichkeit bietet.

Darüber hinaus spricht ebenso der sekundäre Zweck des § 74 SGB V für eine Anwendung des § 48 I 1 SGB V: die Krankenkasse sollte mit § 74 SGB V auch finanziell entlastet werden [574], was durch die Ausdehnung der Krankengeldhöchstbezugsdauer unterlaufen würde[575].

Deswegen ist die Zeit der Wiedereingliederung in die Höchstbezugsdauer von Krankengeld i.S.d. § 48 I 1 SGB V einzubeziehen [576].

II. Anrechnung der Wiedereingliederungsvergütung (§ 49 I Nr. 1 SGB V)

Die Regierungsbegründung zum GRG [577] geht davon aus, daß die während der Wiedereingliederung erzielte Vergütung auf das Krankengeld anzurechnen sei.

1.) Beitragspflichtiges Arbeitsentgelt

In Betracht kommt § 49 I Nr.1 SGB V, wonach der Anspruch auf Krankengeld ruht, soweit und solange der Versicherte beitragspflichtiges, nicht einmalig gezahltes Arbeitsentgelt erhält [578] (§ 49 I Nr.1 SGB V i.V.m.§§ 14 I, 7 I SGB IV i.V.m. §§ 226 I Nr.1, 227 I 1 SGB V).

---

572 Institut für Empirische Soziologie, S. 167.
573 Institut für Empirische Soziologie, S. 167.
574 vgl. § 5 I 2..
575 Institut für Empirische Soziologie, S. 167.
576 SG Magdeburg, SGb 1993, 492, 493; Bundesarbeitsgemeinschaft für Rehabilitation, Arbeitshilfe, S. 15, 20; Schaaf, SGb 1993, 506; Köhn, Müller, BKK 1990, 700, 703; Vereinbarung Rodenstock, München, mit der BKK vom 28.10.1983, Nr. 3; Berliner Senator für Inneres, Rundschreiben II, Nr. 17/1989, Nr. 5.3; Finanzministerium Baden-Württenberg, Hinweis Nr. 15 zu § 37 BAT vom 6.8.1993, S. 5.
577 BR-Drucks. 200/88, zu § 82, S. 192.
578 auch: Schmatz, Fischwasser, § 74 SGB V, Rr. 9; Hauck, § 44 SGB V, Rr. 68; KassKom-Hess, § 74 SGB V, Rr. 4; Institut für Empirische Soziologie, S. 73, 170; Bundesarbeitsgemeinschaft für Rehabilitation,

Arbeitsentgelt gem. § 14 SGB IV sind alle Einnahmen aus einer Beschäftigung, wobei Beschäftigung die nichtselbständige Arbeit i.S.d. § 7 I SGB IV, insbesondere aus einem Arbeitsverhältnis, ist.

a) Beschäftigung i.S.d. § 7 I SGB IV

Eine Beschäftigung i.S.d. § 7 I SGB IV liegt vor, wenn für einen Dritten unselbständige Arbeit in persönlicher Abhängigkeit geleistet wird. Der Dritte muß die Verfügungsmacht über die Arbeitskraft des Dritten haben, der Versicherte muß arbeitsbereit sein; ein Arbeitsverhältnis braucht sie nicht zu verbinden [579].

Qualifiziert man nun die Wiedereingliederungstätigkeit als Rehabilitationstätigkeit, wo primär therapeutische Gesichtspunkte die Tätigkeit bestimmen, und nicht als Arbeitsleistung im arbeitsrechtlichen Sinne, weil nicht die fremde Bedürfnisbefriedigung im Vordergrund steht[580] , läge es auf der Hand, das Wiedereingliederungsverhältnis nicht als Beschäftigungsverhältnis i.S.d. § 7 I SGB IV zu betrachten.

Der Begriff des Beschäftigungsverhältnisses ist jedoch - wie schon der Wortlaut des § 7 I SGB IV ("insbesondere") unterstellt - nicht identisch mit dem des Arbeitsverhältnisses. Vielmehr ist er weiter zu verstehen und erfaßt auch andere unselbständige, der Arbeit ähnliche Tätigkeiten [581].
Für die sozialversicherungsrechtliche Beschäftigung muß der soziale Schutzzweck der Sozialversicherung berücksichtigt werden: Ihren Schutz verdient nicht nur, wer Arbeit leistet, sondern auch, wer durch seine Tätigkeit in erheblichem Maße wirtschaftlich gefährdet wird und wessen wirtschaftlich-persönlicher Status durch eine deutliche Unselbständigkeit geprägt wird [582].

Diese Kriterien erfüllt eine stufenweise Wiedereingliederung.

Arbeitshilfe, S. 14, 20; Schulte-Mimberg, Sabel, Rechtsprechung, S. 341 FN 903; Friede, ZSR 1984, 77, 86; Schulte-Mimberg, SozFort 1989, 148, 152; Schlather, NZA 1989, 825, 828; Compensis, NZA 1992, 631, 635; Köhn, Müller, BKK 1990, 700, 703; Kruck, MedSach 1989, 76, 77.

579 Gesetzentwurf der Bundesregierung zu einem Sozialgesetzbuch - Gemeinsame Vorschriften für die Sozialversicherung, BT-Drucks. 7/4122, zu § 7, S. 31; BSGE 1, 115, 118 f., 64; SozR 2200 § 165 RVO Nr. 61;Jahn-Richter, § 7 SGB IV, Rr. 1f.; Hauck, Haines, § 7 SGB IV, Rr. 1; KassKom-Seewald, § 7 SGB IV, Rr. 3, 45; Brackmann, Handbuch, S. 80q; Figge, Sozialversicherungs-Handbuch, S. 17; Gleitze-Merten, GK-SGB IV, § 7, Rr. 9-11; Bley, Kreikebohm, Sozialrecht, Rr. 330, 332; Schulin, Sozialrecht, Rr. 87, 90 f.; Gitter, Sozialrecht, S. 65; Wannagat, Lehrbuch I, S. 312; Gitter, in: FS Wannagat, S. 141, 142.

580 vgl. § 6 II 1..

581 z.B. Behinderte im Arbeitsbereich von Werkstätten für Behinderte: BSGE 46, 244, 245; 64, 130, 133; KassKom-Seewald, § 7 SGB IV, Rr. 124; Schulin, Sozialrecht, Rr. 87.

582 BSGE 51, 164, 167; Hauck, Haines, § 7 SGB IV, Rr. 9; KassKom-Seewald, § 7 SGB IV, Rr. 52; Schulin, Sozialrecht, Rr. 90.

Nicht nur setzt sie den Rehabilitanden den betrieblichen Gefahren ähnlich den Arbeitnehmern aus, sondern sie schafft auch durch seine (begrenzte) Eingliederung in die Betriebsorganisation und das Konkretisierungsrecht des Arbeitgebers eine Abhängigkeit des Betroffenen vom Arbeitgeber - wenn auch in den Grenzen des § 74 SGB V - , die die Anwendung von § 7 I SGB IV rechtfertigt [583].

Von diesem Ergebnis gehen auch der Gesetzgeber in den §§ 5 II 2 SGB VI, 102 II Nr.2 AFG bzw. die von den Spitzenverbänden der Krankenkassen, des Verbandes Deutscher Rentenversicherungsträger und der Bundesanstalt für Arbeit erlassenen Geringfügigkeitsrichtlinien (West) vom 8.10.1992 Nr.1 (gesetzliche Grundlagen) Absatz 2 Satz 3 aus, weil sie Geringfügigkeit oder Kurzfristigkeit der Wiedereingliederung nur verneinen können, wenn die Wiedereingliederungstätigkeit überhaupt sozialversicherungsrechtliche Beschäftigungsqualität besitzt.

b) Vergütung i.S.d. § 14 I SGB IV

Die Vergütung für die Wiedereingliederungstätigkeit müßte eine laufende Einnahme aus dem Wiedereingliederungsvertrag sein (§ 49 I Nr.1 SGB V i.V.m. § 14 I SGB IV i.V.m. § 227 I 1 SGB V).
Hierunter fallen alle Güter, die in Geld oder Geldeswert bestehen, unabhängig davon, ob sie unmittelbar aus der Beschäftigung oder nur im Zusammenhang mit ihr erzielt werden [584], also auch das Entgelt für die Wiedereingliederung.

Auch ist die Wiedereingliederungsvergütung regelmäßig gezahltes Arbeitsentgelt i.S.d. § 49 I Nr. 1 i.V.m. § 227 I 1 SGB V.
Regelmäßig gezahltes Arbeitsentgelt erfaßt alle laufende Zahlungen, die mit Bezug auf einen einzelnen Entgeltabrechnungszeitraum erzielt werden und nicht über einen längeren Zeitraum und nicht aus bestimmten Anlaß erworben werden [585].

---

583 im Ergebnis auch: Schmatz, Fischwasser, § 74 SGB V, Rr. 10; von Maydell, GK-SGB V, § 6, Rr. 54; Schulin, Sozialrecht, Rr. 88a; Compensis, NZA 1992, 631, 635; Gunder, ErsK 1992, 136, 139.

584 Gesetzentwurf der Bundesregierung zu einem Sozialgesetzbuch - Gemeinsame Vorschriften für die Sozialversicherung, BT-Drucks. 7/4122, S. 32; BSGE 22, 157, 160; KassKom-Seewald, § 14 SGB IV, Rr. 7f. und Höfler, § 49 SGB V, Rr. 3; Krauskopf, § 14 SGB IV, Rr. 4 und § 49 SGB V, Rr. 9 und § 226 SGB V, Rr. 3; Bley, Gitter-Gurgel, § 14 SGB IV, Anm. 9; Jahn-Figge, § 14 SGB IV, Rr. 2; Hauck, Haines, § 14 SGB IV, Rr.4; Figge, Sozialversicherungs-Handbuch, S. 568; Burger, VSSR 1991, 205, 209, 214.

585 Begründung zum Gesetzentwurf der Bundesregierung zum Haushaltsbegleitgesetz 1984, BT-Drucks. 10/335 zu Nr.9 (§ 385), S. 70 und Begründung des Ausschusses für Arbeits- und Sozialordnung, BT-Drucks. 10/691 zu Nr.9 (§ 385), S. 23; BSGE 66, 34, 42f.; Krauskopf, § 49 SGB V, Rr. 8; Hauck, § 227 SGB V, Rr. 4; Bley, Gitter-Heinze, § 227 SGB V, Anm. 3; Jahn-Richter, § 227 SGB V, Rr. 7 und Balzer, § 49 SGB V, Rr. 7; Götzenberger, SozVers 1992, 150, 151.

Ein solches regelmäßig gezahltes Arbeitsentgelt ist die Wiedereingliederungsvergütung. Als fortwährende Zahlung fällt sie für den Abrechnungszeitraum der einzelnen Wiedereingliederungstage oder Wiedereingliederungswochen an; der Rehabilitand "erkauft" sie nicht über eine darüber hinausgehende längere Dauer und nicht aus einem anderen einzelnen Anlaß.

c) Beitragspflicht gem. § 226 I Nr. 1 SGB V

Die Wiedereingliederungsvergütung ist beitragspflichtig i.S.d. § 49 I Nr. 1 i.V.m. § 226 I 1 Nr.1 SGB V, weil sie das Arbeitsentgelt aus einer versicherungspflichtigen Beschäftigung ist, nämlich aus dem Wiedereingliederungsverhältnis, das gem. § 5 I Nr.1 SGB V als entgeltliches Beschäftigungsverhältnis der Versicherungspflicht unterfällt.

d) Anrechnung des Nettobetrages

Folglich liegt gem. § 49 I Nr.1 SGB V anrechenbares Arbeitsentgelt vor.
Das Arbeitsentgelt i.S.d. § 14 I SGB IV ist als Bruttoarbeitsentgelt zu verstehen. Anzurechnen auf das Krankengeld ist jedoch nur das Nettoarbeitsentgelt, soweit es zusammen mit dem Krankengeld das vor Eintritt der Arbeitsunfähigkeit erzielte Arbeitsentgelt übersteigt. Denn dem Versicherten soll der Rechnungsbetrag des Krankengeldes ungekürzt verbleiben[586].

2.) Krankengeldzuschuß

Die Wiedereingliederungsvergütung stellt keinen Zuschuß des Arbeitgebers zum Krankengeld i.S.d. § 49 I Nr.1 SGB V dar. Zwar ist sie, gleich wie der Krankengeldzuschuß, laufendes Arbeitsentgelt.
Anders als dieser dient sie jedoch nicht - gewissermaßen als Nebenleistung des Krankengeldes - der Aufstockung desselben mit dem Ziel, das vor Eintritt der Arbeitsunfähigkeit bestandene Niveau der Einkünfte des Versicherten aufrechtzuerhalten [587].
Vielmehr wird die Wiedereingliederungsvergütung ohne Rücksicht auf das Bestehen oder Nichtbestehen eines Krankengeldanspruchs gewährt, wie sie auch nicht das - primäre - Ziel

---

586 BSGE 18, 236, 238 und BSG Breith. 1973, 627, 628; Krauskopf, § 49 SGB V, Rr. 6; Schmatz; Fischwasser, § 49 SGB V, Rr. 13; Hauck, Haines, § 49 SGB V, Rr. 13; Institut für Empirische Soziologie, S. 170; Schulte-Mimberg, Sabel, Rechtsprechung, S. 341f; Schulte-Mimberg, SozFort 1989, 148, 152; Kruck, MedSach 1989, 76, 77.

587 BSGE 18, 236, 237, 239; KassKom-Höfler, § 49 SGB V, Rr. 4; von Maydell, GK-SGB V-Wegner, § 49, Rr. 7; Jahn-Balzer, § 49 SGB V, Rr. 8; Schmatz, Fischwasser, § 49 SGB V, Rr. 15; Brackmann, Handbuch, S. 311n.

verfolgt, die durch Krankheit entstandene Lücke in den Einkünften des Versicherten mit Hilfe eines Zuschusses auszufüllen. Sie will nicht den Unterhalt des arbeitsunfähigen Versicherten sichern, sondern zusätzlichen Anreiz für seine Gesundung via Wiedereingliederung schaffen.

III. Abbruch der stufenweisen Wiedereingliederung

Muß die stufenweise Wiedereingliederung aus medizinischen Gründen abgebrochen werden, sind Arbeitgeber und Arbeitnehmer aus anderen Gründen zu ihrer Fortführung nicht mehr bereit oder gewährt der Arbeitgeber keine Vergütung mehr, entfällt also die Wiedereingliederungsvergütung, lebt der Krankengeldanspruch in voller Höhe wieder auf[588].

Denn dieser Anspruch ruht gem. § 49 I Nr.1 SGB V nur, "solange" der Versicherte Arbeitsentgelt erhält.

588 Compensis, NZA 1992, 631, 635.

§ 21 Erhalt des sozialversicherungsrechtlichen Status

Die Gesetzesmaterialien bestimmen weiter, daß der versicherte Arbeitnehmer während der Zeit der Wiedereingliederung versichert bleibt, bzw. umgekehrt der bisher versicherungsfreie, weil besser verdienende Arbeitnehmer nicht durch die stufenweise Wiedereingliederung versicherungspflichtig wird [589].

I. Gesetzliche Krankenversicherung

1.) Versicherungs- und Beitragspflicht der Wiedereingliederung

a) Beurteilung bei einer unvergüteten Wiedereingliederung

Die Frage nach der sozialversicherungsrechtlichen Behandlung von wiedereinzugliedernden Arbeitnehmern wird nur für vergütete Wiedereingliederungsverhältnisse problematisch. Bei einer unvergüteten allmählichen Arbeitsaufnahme stellt sie sich erst gar nicht, weil in der GKV gem. § 5 I Nr.1 SGB V von der Versicherungspflicht nur gegen Arbeitsentgelt Beschäftigte erfaßt werden.
Derjenige Versicherte, der gem. § 74 SGB V ohne Wiedereingliederungsvergütung reintegriert wird, bleibt also wie ein voll arbeitsunfähiger Arbeitnehmer versichert.

b) Keine Geringfügigkeit der Wiedereingliederung gem. § 8 I SGB IV

Übte der Rehabilitand bis zu seiner Arbeitsunfähigkeit eine versicherungspflichtige Tätigkeit aus und wird er jetzt gegen eine entsprechende Vergütung wiedereingegliedert, stellt die Wiedereingliederungstätigkeit auf den ersten Blick oft eine geringfügige, daher krankenversicherungsfreie Beschäftigung i.S.d. § 7 SGB V i.V.m. § 8 I SGB IV dar, insbesondere wenn sie weniger als 15 Stunden wöchentlich ausgeübt wird und die Geringfügigkeitsgrenze im Entgelt nicht überschreitet (§ 8 I Nr.1 SGB IV).
Trotz dieses klaren Wortlauts des § 8 I SGB IV darf die entsprechende Geringfügigkeitsrichtlinie [590] zurecht davon ausgehen, daß die Wiedereingliederungstätigkeit den Rehabilitanden nicht zur Versicherungsfreiheit führt.

---

589 Regierungsbegründung zum GRG, BR-Drucks. 200/88 zu § 82, S. 192;
auch: Schmatz, Fischwasser, § 74 SGB V, Rr. 10; Dalichau, Schiwy, zu § 74 SGB V; KassKom-Hess, § 74 SGB V, Rr. 4 und Funk, § 5 SGB VI, Rr. 60; Schieckel, Grüner, Dalichau, § 112 AFG, Anm. III.2.; Krauskopf, § 74 SGB V, Rr. 3; Figge, Sozialversicherungs-Handbuch, S. 99; Compensis, NZA 1992, 631, 636; Gunder, ErsK 1992, 136, 137; Schlather, NZA 1989, 825, 828;
a.A. für die Anwendung der allgemeinen Regeln der Versicherungspflicht: von Maydell, GK-SGB V-Breuer, § 6, Rr. 54.

590 vgl. § 20 II 1.a).

Zum einen wird für den Tatbestand der Geringfügigkeit der Beschäftigung die von § 8 I Nr.1 SGB IV geforderte Regelmäßigkeit der Stundenzahl pro Woche und des Arbeitsentgelts manchmal fehlen. Beschäftigungszeit und Arbeitsentgelt sind in diesem Sinne regelmäßig, wenn sie nach vorausschauender Betrachtung mit hinreichender Sicherheit innerhalb eines Beschäftigungszeitraumes von einem Jahr zu erwarten sind; gelegentliche Abweichungen von geringer Dauer bzw. geringer Höhe - zum Teil wird eine höchstens dreimalige Differenz im Jahr von der in der übrigen Zeit abgeleisteten Beschäftigungszeit bzw. dem sonst gewährten Entgelt angenommen - sind unbeachtlich [591]. Aufgrund der teilweise kurzen Dauer der Wiedereingliederung, ihrer Flexibilität und der Unverbindlichkeit, sie wahrzunehmen, sie anzubieten bzw. sie zu vergüten, wird von einer solchen Regelmäßigkeit oft nicht die Rede sein können.

Zum anderen muß für den Bereich der GKV von einer Regelungslücke ausgegangen werden. Liegt den Gesetzesmaterialien der Gedanke zugrunde, daß der sozialversicherungsrechtliche Status des Rehabilitanden unverändert bleibt, und hat der Gesetzgeber im Renten- und Arbeitslosenrecht mit den §§ 5 II 2 SGB VI, 102 II Nr.2 AFG die Konsequenzen hieraus gezogen und angeordnet, daß die Wiedereingliederung weder als geringfügig noch als kurzfristig zu gelten hat, so hat er dies im SGB V versäumt. Trotz fehlender ausdrücklicher Regelung muß deshalb im Wege der Lückenfüllung davon ausgegangen werden, daß die Aufnahme einer Beschäftigung in geringfügigem Umfang im Rahmen des § 74 SGB V nicht zur Versicherungsfreiheit nach § 7 SGB V i.V.m. § 8 I SGB IV führt [592].

c) Keine Konstituierung der Versicherungspflicht

Eine Veränderung der sozialversicherungsrechtlichen Verhältnisse ergibt sich genauso wenig, wenn der Arbeitnehmer bisher keiner Versicherungspflicht unterlag, mit der vergüteten Wiedereingliederungstätigkeit aber versicherungspflichtig würde.
Hier würde es ebenfalls oftmals an der i.S.v. § 8 I Nr.1 SGB IV regelmäßigen Überschreitung der Beschäftigungszeit bzw. der Entgelthöhe fehlen; im übrigen müßte auf die Gesetzesmaterialien zurückgegriffen werden [593].
Große Bedeutung kommt dieser Fallkonstellation in der Praxis nicht zu, da es kaum eintreten wird, daß zwar das Wiedereingliederungsverhältnis die Geringfügigkeitsgrenze des § 8 I Nr.1 SGB IV überschreitet, das Arbeitsverhältnis aber nicht.

---

591 BSG SozR 2100 § 8 SGB IV Nr.4; SozR 2200 § 165 RVO Nr.65; Bley, Gitter-Knopp, § 8 SGB IV, Anm. 5; Jahn-Figge, § 8 SGB IV, Rr. 2; Krauskopf, § 8 SGB IV, Rr. 9; KassKom-Seewald, § 8 SGB IV, Rr. 9; Hauck, Haines, § 8 SGB IV, Rr. 4; Gleitze, GK-SGB IV-Merten, § 8, Rr. 13; Meydam, SGb 1983, 228, 229.

592 Krauskopf, § 7 SGB V, Rr. 6.

593 vgl. Compensis, NZA 1992, 631, 637.

d) Versicherungs- und Beitragspflicht im einzelnen

Unter Zugrundelegung des Wiedereingliederungsverhältnisses als versicherungsrechtlichem Beschäftigungsverhältnis ergibt sich die Versicherungs- und Beitragspflicht des wiedereinzugliedernden Versicherten in der GKV aus folgenden Vorschriften:

(1) Erhält er noch Vergütungsfortzahlung, ist er gem. § 5 I Nr.1 SGB V pflichtversichert.
Die Vergütungsfortzahlung ist gem. § 226 I Nr.1 SGB V beitragspflichtig.

(2) Bezieht er (ausschließlich) Krankengeld, bestehen seine Mitgliedschaft in der GKV, respektive seine Leistungsansprüche, gem. § 192 I Nr.2 SGB V fort.
Nach § 224 I 1 SGB V ist er beitragsfrei.

(3) Ist seine Wiedereingliederungstätigkeit vergütet, besteht seine Versicherungspflicht unter Berücksichtigung der Tatsache, daß die Wiedereingliederungsvergütung gem. § 226 I Nr.1 SGB V beitragspflichtig ist, und sie die Entgeltlichkeit des Wiedereingliederungsverhältnisses als Beschäftigungsverhältnis begründet, aus § 5 I Nr.1 SGB V.

(4) Erhält der Wiedereinzugliedernde neben der Wiedereingliederungsvergütung auch Krankengeld, ist seine Mitgliedschaft an sich aus § 5 I Nr.1 SGB V und § 192 I Nr.2 SGB V doppelt begründet.
Diese Konkurrenz ist dergestalt zu lösen, daß sich die originäre Pflichtmitgliedschaft aus § 5 I Nr.1 SGB V gegenüber derjenigen gem. § 192 I Nr.2 SGB V behauptet. Dies ergibt sich aus Sinn und Zweck des § 192 I Nr.2 SGB V: Die Vorschrift will nur denjenigen Arbeitsunfähigen schützen, der aus seiner versicherungspflichtigen Beschäftigung ausgeschieden ist und wegen seiner Arbeitsunfähigkeit kein neues versicherungspflichtiges Beschäftigungsverhältnis eingehen und damit keinen neuen Versicherungsschutz erlangen kann [594]. Dieser Schutzgedanke entfällt aber, wenn - wie hier - der Betroffene eine neue Versicherungspflicht aufgrund seiner vergüteten Wiedereingliederungstätigkeit begründen kann. Dann braucht seine bisherige aus dem Arbeitsverhältnis begründete Mitgliedschaft für die Zeit der Wiedereingliederung nicht aufrechterhalten zu werden[595].

---

594 BSGE 28, 202, 203; 48, 235, 237; Krauskopf, § 192 SGB V, Rr. 1; Bley, Gitter-Heinze, § 192 SGB V, Anm. 6a.

595 KassKom-Peters, § 192 SGB V, Rr. 18; Krauskopf, § 192, Rr. 6; Bley, Gitter-Heinze, § 192, Anm. 2; Töns, SGb 1989, 322, 325; vgl. BSGE 28, 202, 203; 48, 235, 237.

Eine andere Ansicht geht sogar so weit, unter § 192 I SGB V nur den vollwirksamen, nicht aber den - wie hier - (teilweise) gem. § 49 I Nr.1 SGB V ruhenden Anspruch auf Krankengeld zu erfassen [596], so daß die Frage der Konkurrenz erst gar nicht entstünde, vielmehr eine originäre Versicherungspflicht nach § 5 I Nr.1 SGB V gegeben wäre.

Die Wiedereingliederungsvergütung ist gem. § 226 I Nr.1 SGB V beitragspflichtig [597].

2.) Mißglückter Arbeitsversuch

Zu einer Änderung des krankenversicherungsrechtlichen Status des Versicherten kommt es auch dann nicht, wenn die Wiedereingliederung nach kurzer Zeit abgebrochen werden muß oder abgebrochen wird; das Institut des mißglückten Arbeitsversuchs findet keine Anwendung.

Ein mißglückter Arbeitsversuch läge vor, wenn der Betroffene schon bei Aufnahme der Beschäftigung zu dieser aus gesundheitlichen Gründen nicht befähigt, also arbeitsunfähig war, und er die Tätigkeit vor Ablauf einer wirtschaftlich ins Gewicht fallenden Zeit wieder aufgegeben hat [598].

Anders bei der stufenweisen Wiedereingliederung:

Ein mißglückter Arbeitsversuch kommt nicht in Betracht, wenn eine kurzfristig ausgeübte Tätigkeit rehabilitativen Charakter hat [599]. Denn bei dem Versuch, kranke Menschen wieder einzugliedern, fehlt es schon an der für die Annahme eines mißglückten Arbeitsversuchs erforderlichen Mißbrauchsabwehr. Ein Mißbrauchstatbestand besteht nämlich nur dann, wenn jemand in den Genuß von krankenversicherungsrechtlichen Leistungen kommt, weil er durch die Aufnahme eines Beschäftigungsverhältnisses in der GKV pflichtversichert wird, obwohl er gleichzeitig zur Ausführung dieser Beschäftigung nicht in der Lage ist [600].

Die Durchführung der die Versicherungspflicht begründenden Wiedereingliederungstätigkeit ist dem Versicherten aber gerade, dazuhin gem. § 74 SGB V ärztlich bescheinigt, möglich.

---

596 Töns, SGb 1989, 322, 324f..

597 Hauck, § 224 SGB V, Rr. 9; Töns, SGb 1989, 322, 325.

598 BSGE 54, 62, 68; NZS 1993, 547, 548; Hauck, § 5 SGB V, Rr. 110; Krauskopf, § 5 SGB V, Rr. 9; KassKom-Peters, § 186 SGB V, Rr. 11; Bley, Kreikebohm, Sozialrecht, Rr. 422f.; Gitter, Sozialrecht, S. 67; Schulin, Sozialrecht, Rr. 92; Kunze, DOK 1981, 454, 454f..

599 BSG SozSich 1979, 55; Kunze, DOK 1981, 454, 458.

600 BSGE 54, 62, 68f.; Gitter, Sozialrecht, S. 67; Bley, Kreikebohm, Sozialrecht, Rr. 422; Kunze, DOK 1981, 454, 458.

II. Gesetzliche Rentenversicherung

1.) Versicherungs- und Beitragspflicht der Wiedereingliederung

Auch für die GRV muß gelten, daß sich am sozialversicherungsrechtlichen Status des Wiedereinzugliedernden nichts ändert.

a) Versicherungspflicht aufgrund des Wiedereingliederungsverhältnisses

Seine Versicherungspflicht für die Rentenversicherung ergibt sich, wie bei der GKV, aus dem Wiedereingliederungsverhältnis (§ 1, 1 Nr.1 SGB VI) [601] , wobei § 1, 1 Nr.1 SGB VI an den schon erläuterten Beschäftigungs- und Arbeitsentgeltbegriff der §§ 7 I, 14 I SGB IV anknüpft.

War der Arbeitnehmer bisher versicherungspflichtig, so ändert daran die vergütete Wiedereingliederungstätigkeit nichts, selbst wenn sie gem. § 5 II 1 Nr.1 SGB VI i.V.m. § 8 I SGB IV geringfügig ist; denn der Gesetzgeber schreibt in § 5 II 2 SGB VI ausdrücklich vor, daß sie nicht als geringfügig gilt.

Unterfiel der Betroffene bisher nicht der Rentenversicherungspflicht, wird er es auch weiterhin nicht, sei es, weil er die Beschäftigungszeit bwz. Entgelthöhe nicht i.S.v. § 8 I Nr.1 SGB IV regelmäßig überschreitet, sei es, weil es der Gesetzgeber so intendierte.

Im übrigen gilt auch für die GRV, daß das Problem der Versicherungsfreiheit bzw. -pflicht sich nur, wie in der GKV, bei einer vergüteten Wiedereingliederung stellt; denn auch das Rentenrecht knüpft in § 1, 1 Nr.1 SGB VI an eine Beschäftigung gegen Entgelt an. Für nicht vergütete Wiedereingliederungen ergeben sich dann keine Besonderheiten im Vergleich zum nur arbeitsunfähigen Versicherten, der an keinem Wiedereingliederungsverfahren teilnimmt.

b) Versicherungspflicht im einzelnen

Damit sind der Rentenversicherungspflicht des Rehabilitanden folgende Vorschriften zugrunde zu legen:

601 KassKom-Funk, § 5 SGB VI, Rr. 60; Compensis, NZA 1992, 631, 636.

(1) Steht ihm noch ein Anspruch auf Vergütungsfortzahlung zu, bleibt er gem. § 1, 1 Nr.1 SGB VI pflichtversichert.
Die Vergütungsfortzahlung ist gem. § 162 Nr.1 SGB VI beitragspflichtig.

(2) Erhält der Arbeitnehmer (ausschließlich) Krankengeld, ist er gem. § 3, 1 Nr.3 SGB VI pflichtversichert, sofern er im letzten Jahr vor Gewährung des Krankengeldes pflichtversichert war [602].
Bei der Beitragsbemessung sind gem. § 166 Nr.2 SGB VI 80 vom Hundert des dem Krankengeld zugrundeliegenden Arbeitsentgelts anzusetzen [603].

(3) Bezieht der wiedereinzugliedernde Arbeitnehmer (nur) Wiedereingliederungsvergütung, ist er gem. § 1, 1 Nr.1 SGB VI aufgrund des Wiedereingliederungsverhältnisses pflichtversichert.
Die Wiedereingliederungsvergütung ist als dessen Arbeitsentgelt nach § 162 Nr.1 SGB VI beitragspflichtig.

(4) Schwierigkeiten ergeben sich wieder für den Fall, daß die Versicherungspflicht des Arbeitnehmers in der GRV wegen der Wiedereingliederung aus § 1, 1 Nr.1 SGB VI und wegen des daneben gewährten Krankengeldes aus § 3, 1 Nr.3 SGB VI entsteht.
Enthielt das bis zum 31.12.1991 geltende Rentenversicherungsrecht noch vereinzelt Bestimmungen über den Vor- und Nachrang von versicherungsrechtlichen Regelungen, so hat der Gesetzgeber bei der Konzeption des SGB VI - bis auf § 3, 3 SGB VI - hiervon Abstand genommen. Jedoch erlauben die Gesetzesmaterialien [604] den Schluß, daß in den Fällen, wo ein und derselbe Tatbestand nach mehreren Vorschriften zugleich Versicherungspflicht begründet, nach dem Günstigkeitsprinzip diejenige Versicherungspflicht den Vorrang hat, die dem Versicherten den besten Schutz gewährt [605] . In den Fällen dagegen, wo ein Versicherter während desselben Zeitraums mehrere Tatbestände verwirklicht, die jeder für sich, wenn auch auf unterschiedlichen Rechtsgrundlagen, eine Versicherungspflicht nach sich ziehen, besteht eine mehrfache Versicherungspflicht [606].

Für die Zeit einer vergüteten stufenweisen Wiedereingliederung, zu der gleichzeitig auch (Teil-) Krankengeld bezogen wird, geht es nicht um die erstgenannte Fallgruppe;

---

602 Die Antragspflichtversicherung des § 4 III SGB VI soll außer Betracht bleiben.
603 vgl. die Übergangsregelung des § 276 SGB VI.
604 Regierungsbegründung zum Entwurf des Rentenreformgesetzes 1992, BT-Drucks. 11/4124, S. 148 (Vorbemerkung zum Ersten Kapitel).
605 vgl. BSG NZS 1993, 31, 32f; BVerfGE 63, 119, 126f.; von Einem, SGb 1986, 277, 278.
606 KassKom-Funk, § 1 SGB VI, Rr. 6f.; Hauck, Haines, § 1 SGB VI, Rr. 76f.; Jahn-Richter, § 1 SGB VI, Rr. 105 und Grintsch, § 3, Rr. 23.

denn Anknüpfungspunkt für die Versicherungspflicht ist nicht **dieselbe** Tätigkeit bzw. derselbe Sachverhalt: Geht es bei § 1, 1 Nr.1 SGB VI um das Wiedereingliederungsverhältnis, geht es bei § 3, 1 Nr.3 SGB VI um den Krankengeldbezug.
Vielmehr geht es hier um die Mehrfachversicherung der anderen Fallgruppe. Zwar ist nicht der ursprünglich dafür vorgesehene Fall betroffen, wonach verschiedene Tätigkeiten nebeneinander ausgeübt werden, weil § 3, 1 Nr.3 SGB VI gerade an die Untätigkeit des Arbeitnehmers, seine Arbeitsunfähigkeit anknüpft. Es liegt jedoch der Fall vor, daß zwei zeitgleiche, **unterschiedliche Tatbestände** jeweils die Versicherungspflicht auslösen.
Erhält also der Rehabilitand Wiedereingliederungsvergütung und gleichzeitig Krankengeld, ist er mehrfachversichert [607].

Damit konkurrieren auch die Vorschriften zur Bestimmung der beitragspflichtigen Einnahmen. Für die Versicherungspflicht aus § 1, 1 Nr.1 SGB VI wegen der Wiedereingliederungsvergütung gilt § 162 Nr.1 SGB VI, für diejenigen aus § 3, 1 Nr.3 SGB VI wegen des Krankengeldes gilt § 166 Nr.2 SGB VI [608].

2.) Rentenhöhe (Entgeltpunkte)

Soll die vergütete Wiedereingliederung am sozialversicherungsrechtlichen Status des Arbeitnehmers nichts ändern, heißt dies auch, daß die Rentenhöhe des wiedereinzugliedernden Versicherten nicht geringer sein darf als die des arbeitsunfähigen Versicherten, der kein Wiedereingliederungsverfahren durchläuft. Insbesondere dürfen seine persönlichen Entgeltpunkte nicht niedriger sein.

a) Bei Vergütungsfortzahlung

Erhält der Arbeitnehmer vom Arbeitgeber noch Vergütungsfortzahlung, handelt es sich um Beitragszeiten (§§ 54 I Nr.1a, II, 55, 1 SGB VI).
Ihre Entgeltpunkte sind gem. § 70 I SGB VI zu ermitteln.

---

607 BSGE 57, 163, 165f.; Bley, Gitter-von Einem, § 3 SGB VI, Anm. 4 und § 58, Anm. 3a; Hauck, Haines, § 5 SGB VI, Rr. 5; von Einem, SGb 1990, 403 und ZfS 1992, 33, 39 und 65, 72.
608 vgl. die Übergangsregelung des § 276 SGB VI.

b) Bei Krankengeld

Wird dem Arbeitnehmer (ausschließlich) Krankengeld gewährt, liegt keine beitragsfreie Anrechnungszeit i.S.d. § 54 IV SGB VI vor, weil er zwar § 58 I Nr.1 SGB VI entsprechend arbeitsunfähig krank ist, eine grundsätzlich aus der Arbeitsunfähigkeit folgende Anrechnungszeit jedoch wegen des Bezugs des Krankengeldes als Sozialleistung von § 58 I 3 SGB VI ausgeschlossen ist [609].
Vielmehr ist die Zeit des Krankengeldbezuges als Beitragszeit für die Berechnung der Entgeltpunkte gem. § 70 I SGB VI in Ansatz zu bringen.

c) Bei Wiedereingliederungsvergütung

Fließt dem Arbeitnehmer ausschließlich eine Wiedereingliederungsvergütung zu, so liegt eine beitragsgeminderte Zeit gem. § 54 III SGB V vor, d.h. eine Zeit, die gleichzeitig mit Beitrags- und Anrechnungszeiten belegt ist [610].
Eine Beitragszeit nach § 55, 1 SGB VI ist gegeben, weil die Wiedereingliederungsvergütung die Versicherungspflicht nach § 1, 1Nr.1 SGB VI und die Beitragspflicht nach § 162 Nr.1 SGB VI auslöst.
Zeitgleich liegt aufgrund der Arbeitsunfähigkeit des wiedereinzugliedernden Arbeitnehmers gem. § 58 I Nr.1 SGB VI eine Anrechnungszeit vor, die auch nicht durch § 58 I 3 SGB VI ausgeschlossen ist, da die Wiedereingliederungsvergütung keine Sozialleistung darstellt.
Rentenrechtliche Nachteile des Wiedereinzugliedernden werden für diesen Fall der ausschließlichen Wiedereingliederungsvergütung dadurch vermieden, daß bei der Rentenbemessung gem. § 71 II SGB VI die Summe der Entgeltpunkte um einen Zuschlag insoweit erhöht wird, als mindestens der Wert erreicht wird, den diese Zeiten als beitragsfreie Zeiten nach der Vergleichsbewertung des § 73 SGB VI hätten [611].

d) Bei Krankengeld und Wiedereingliederungsvergütung

Bezieht der Arbeitnehmer Krankengeld und Wiedereingliederungsvergütung, handelt es sich in beiden Fällen um Beitragszeiten (§§ 54 I 1 Nr.1, II, 55, 1 SGB VI), deren Entgeltpunkte sich nach § 70 I SGB VI berechnen [612].

---

609 vgl. die Übergangsvorschrift des § 252 SGB VI.
610 BSG SozR 2200 § 1255 RVO Nr. 21; Hauck, Haines, § 5 SGB VI, Rr. 82 und § 54, Rr. 9; Zweng, Scheerer, Buschmann, Dörr, Handbuch der Rentenversicherung, § 58 SGB VI, Rr. 12; Gunder, ErsK 1992, 136, 137
611 dies entspricht dem früheren Günstigkeitsvergleich von BSGE 57, 163, 165f..
612 a.A. vgl. FN 617.

III. Arbeitslosenversicherung

1.) Versicherungspflicht aufgrund des Wiedereingliederungsverhältnisses

Anknüpfungspunkt für die Begründung der Versicherungspflicht ist, wie in der GKV und der GRV, das Wiedereingliederungsverhältnis als Beschäftigungsverhältnis i.S.d. § 7 I SGB IV, das gem. § 168 I 1 AFG, sofern vergütet, eine Beitragspflicht auslöst.

Für die Frage der Versicherungspflicht in der Arbeitslosenversicherung gilt ebenfalls, daß derjenige wiedereinzugliedernde Arbeitnehmer, der bisher beitragspflichtig war, dies bleibt; und derjenige, der es nicht war, es auch nicht durch die Wiedereingliederungstätigkeit wird.

Für den ersten Fall ist ausdrücklich in § 169a I 1 i.V.m. § 102 II Nr.2 AFG angeordnet, daß die Versicherungspflicht nicht aufgrund einer stufenweisen Wiedereingliederung entfällt, die an sich den Tatbestand einer kurzfristigen Beschäftigung i.S.d. § 102 I AFG verwirklichen würde [613].

Der umgekehrte Fall, daß der bisher gem. § 169a AFG versicherungsfreie Arbeitnehmer wöchentlich eine Wiedereingliederungstätigkeit über 18 Stunden ausübt, braucht nicht erörtert zu werden; denn dauert die Wiedereingliederungstätigkeit länger als die arbeitsvertragliche Tätigkeit, kann nicht von einer Wiedereingliederung gem. § 74 SGB V gesprochen werden, weil der Tatbestand des § 74 SGB V verlangt, daß die bisherige Tätigkeit teilweise, nicht aber darüber hinaus ausgeübt wird [614].

2.) Keine Arbeitslosigkeit

Ist die Wiedereingliederungstätigkeit nicht als kurzzeitige Beschäftigung i.S.d. § 102 I AFG zu qualifizieren, ist der Arbeitnehmer während dieser Zeit auch nicht gem. § 101 I 1 AFG arbeitslos [615].

3.) Beitragspflicht im einzelnen

Die Beitragspflicht für die Zeit der Wiedereingliederung ergibt sich aus folgender Grundlage:

---

613 SG Magdeburg, SGb 1993, 492, 493.

614 in der GKV und GRV ist dagegen ein Überschreiten der Geringfügigkeit des § 8 I SGB IV denkbar, sofern die Entgeltgrenze überschritten wird.

615 Compensis, NZA 1992, 631, 637.

(1) Bezieht der Wiedereinzugliedernde noch Vergütungsfortzahlung, ist er gem. § 168 I 1 AFG beitragspflichtig.
Die Beitragsbemessungsgrundlage stellt § 175 I 1 Nr.1 AFG dar.

(2) Steht dem Arbeitgeber (ausschließlich) Krankengeld zu, ergibt sich die Beitragspflicht aus § 186 I 1 AFG.
Die Berechnung der Beiträge schreibt § 186 I 3 AFG vor.

(3) Erhält der Arbeitnehmer nur eine Wiedereingliederungsvergütung, entsteht seine Versicherungspflicht aus § 168 I 1 AFG.
Die Grundlage der Beitragsbemessung ist in § 175 I 1 AFG zu finden.

(4) Wird dem Rehabilitanden gleichzeitig Wiedereingliederungsvergütung und Krankengeld gewährt, ist seine Beitragspflicht infolge der Wiedereingliederungsvergütung auf § 168 I 1 AFG, respektive der Beitragsbemessungsgrundlage des § 175 I 1 Nr.1 AFG , und infolge des Krankengeldbezugs auf § 186 I, 1, 3 AFG gegründet.

4.) Berechnung der Leistungen

Um den wiedereingliederungswilligen Arbeitnehmer bei der Berechnung der Leistungen nicht zu benachteiligen, bestimmen die §§ 112 II 2, 136 II 1 Nr.2, 68 III, 86 II 1 HS 2 AFG, daß bei der Bemessung von Arbeitslosengeld, Arbeitslosenhilfe, Kurzarbeitergeld und Schlechtwettergeld Zeiten einer stufenweisen Wiedereingliederung außer Betracht bleiben, soweit dadurch die Höhe der entsprechenden Leistung gemindert würde [616].

IV. Gesetzliche Unfallversicherung

1.) Versicherungspflicht

a) Erforderlichkeit einer Beschäftigung gem. § 7 I SGB IV

Fraglich ist, ob der Arbeitnehmer aufgrund seiner Wiedereingliederungstätigkeit gem. § 539 I Nr.1 RVO unfallversichert ist.

---

616 Regierungsbegründung zum AFG, BT-Drucks. 11/3603, S. 11; Schieckel, Grüner, Dalichau, § 112 AFG, Anm. III 3; Institut für Empirische Soziologie, S. 74; Gunder, ErsK 1992, 136, 137.

Gleich der GKV, GRV und Arbeitslosenversicherung setzt die Versicherungspflicht der GUV gem. § 539 I Nr.1 RVO Personen voraus, die in abhängiger Stellung i.S.d. § 7 I SGB IV tätig sind.
Zwar könnte der Wortlaut des § 539 I Nr.1 RVO vermuten lassen, daß der Betroffene in einem Arbeits- oder Dienstverhältnis stehen muß; denn im Unterschied zu den §§ 5 I Nr.1 SGB V, 1 Nr.1 SGB VI, 168 I 1 AFG nennt § 539 I Nr.1 RVO als denjenigen Tatbestand, der die Versicherungspflicht auslöst, nicht das Beschäftigungsverhältnis allein, sondern ein Beschäftigungsverhältnis auf Grund eines Arbeits- oder Dienstverhältnisses.
Jedoch ist auch für die GUV nicht die bürgerlich-rechtliche Ausgestaltung des Vertrages entscheidend, sondern die § 7 I SGB IV charakterisierenden tatsächlichen Abhängigkeitsverhältnisse [617].
Da schon festgestellt wurde [618], daß der Rehabilitand mit seiner Wiedereingliederungstätigkeit in einem solchen Beschäftigungsverhältnis steht, kommt § 539 I Nr.1 RVO zur Anwendung [619].

b) Unerheblichkeit der Vergütung

Im Unterschied zur GKV, GRV und Arbeitslosenversicherung erfordert der Unfallversicherungsschutz des Rehabilitanden nicht, daß seine Wiedereingliederungstätigkeit vergütet wird. Er genießt also stets gem. § 539 I Nr.1 RVO Versicherungsschutz.

2.) Arbeitsunfall (§ 548 I 1 RVO)

a) Voraussetzungen eines Arbeitsunfalles

Erleidet der Rehabilitand bei der Wiedereingliederungstätigkeit einen Unfall, so ist dieser Unfall als Arbeitsunfall i.S.d. § 548 I RVO zu qualifizieren, sofern dessen Voraussetzungen vorliegen. Insbesondere muß zwischen der versicherten Wiedereingliederungstätigkeit und der unfallverursachenden Tätigkeit ein rechtlich wesentlicher innerer Zusammenhang gegeben sein und die unfallbringende Tätigkeit - nach wertenden Gesichtspunkten - innerhalb der Grenzen liegen, bis zu welcher der Versicherungsschutz in der gesetzlichen Unfallversicherung reicht (haftungsbegründende Kausalität) [620].

---

617 BSGE 8, 278; 10, 94; 20, 6, 8; 24, 29; Baumer, Fischer, Salzmann, § 539 RVO, Anm. 47; Lauterbach, Watermann, § 539 RVO, Rr. 5, 6a, 9; KassKom-Ricke, § 539 RVO, Rr.4; Brackmann, Handbuch, S. 469h, 470.
618 vgl. § 20 II.
619 Schulin, Sozialrecht, Rr. 88a.
620 BSGE 8, 48, 50; 12, 247, 250; 58, 76, 77; 61, 127, 128; Bereiter-Hahn, Schicke, Mehrtens, § 548 RVO, Rr.3.2; Brackmann, Handbuch, S. 479h III und IV; Bley, Kreikebohm, Sozialrecht, Rr. 552; Gitter,

b) Gleichgestellte Versicherungsfälle

Was für den Arbeitsunfall i.S.d. § 548 I 1 RVO gilt, muß auch für die dem Arbeitsunfall gleichgestellten weiteren Versicherungsfälle der §§ 549 ff. RVO gelten (Arbeitsunfall mit Arbeitsgeräten, Wegeunfall, Berufskrankheit). Auch in diesen Fällen ist unter einer mit "einer der in [§ 539 RVO] genannten Tätigkeiten" zusammenhängenden Tätigkeit die Wiedereingliederung zu verstehen.

3.) Verletztengeld

a) Verletztengeld gem. § 560 I 1 RVO

Beruht die Arbeitsunfähigkeit des wiedereinzugliedernden Arbeitnehmers auf einem Arbeitsunfall, Wegeunfall oder einer Berufskrankheit (§§ 548 I, 550 I, 551 I RVO), so erhält der arbeitsunfähige Arbeitnehmer grundsätzlich statt des Krankengeldes (§ 49 I Nr.3 SGB V) Verletztengeld i.S.d. § 560 I 1 RVO.

b) Fortbestand der Arbeitsunfähigkeit

Nimmt der Arbeitnehmer eine Wiedereingliederungstätigkeit auf, so bleibt er auch i.S.d. § 560 I 1 RVO arbeitsunfähig. Denn die Arbeitsunfähigkeit der GUV bestimmt sich nach dem Begriff der GKV [621]; diese behandelt den wiedereinzugliedernden Arbeitnehmer als arbeitsunfähig [622].

c) Anrechnung der Wiedereingliederungsvergütung

Bezieht der Rehabilitand für seine Tätigkeit eine Wiedereingliederungsvergütung, so ruht insoweit - entsprechend den Regelungen der GKV [623] - sein Anspruch auf Verletztengeld (§ 560 I 2 RVO) [624].
Die Wiedereingliederungvergütung ist als Nettobeitrag anzurechnen [625].

Sozialrecht, S. 121; Schulin, Sozialrecht, Rr. 328; Benz, BG 1992, 430, 434; Krasney, VSSR 1993, 81, 93f..

621 Baumer, Fischer, Salzmann, § 560 RVO, Anm. 4; Lauterbach, Watermann, § 560 RVO, Rr. 5; Bereiter-Hahn, Schicke, Mehrtens, § 560 RVO, Rr. 5.

622 vgl. § 7 IV.

623 vgl. § 20 II.

624 Compensis, NZA 1992, 631, 637.

625 Bereiter-Hahn, Schicke, Mehrtens, § 560 RVO, Rr. 7; Lauterbach, Watermann, § 560 RVO, Rr. 15;.Specht, BG 1982, 696, 699.

d) Dauer der Verletztengeldgewährung

Das Verletztengeld, das eventuell in Höhe der Wiedereingliederungsvergütung gekürzt ist, ist für die Dauer der durch den Arbeits-, Wegeunfall oder durch die Berufskrankheit bedingten Arbeitsunfähigkeit zu gewähren. Eine Höchstbezugsdauer besteht, anders als beim Krankengeld, nicht.

§ 22 Stufenweise Wiedereingliederung und Sozialhilfe

I. Anrechnung der Wiedereingliederungsvergütung

Erhält der wiedereinzugliedernde kein Krankengeld (mehr), insbesondere weil der Gewährungszeitraum von 78 Wochen (§ 48 I SGB V) überschritten ist, steht ihm gem. § 11 I 1 i.V.m. § 4 I 1 BSHG ein Anspruch auf Hilfe zum Lebensunterhalt zu.
Dieser bestimmt sich nach dem Bedürftigkeitsprinzip: Soweit der Betroffene aus seinem Einkommen (§ 76 BSHG) seinen notwendigen Lebensunterhalt (§ 12 I BSHG) bestreiten kann, liegt keine Bedürftigkeit vor (vgl. § 2 I BSHG). Unter dem Einkommen i.S.d. § 76 I BSHG sind alle geldwerten Einkünfte zu verstehen, die dem Hilfesuchenden zufließen, also vor allem Einkünfte aus nichtselbständiger Tätigkeit [626].

Erhält der Rehabilitand demnach eine Vergütung für die Wiedereingliederungstätigkeit, die als betriebliche Sozialleistung Arbeitsentgelt i.w.S. aus dem Arbeitsvertrag, damit sozialhilferechtliches Einkommen ist, besteht insoweit keine Bedürftigkeit [627].

Die Wiedereingliederungsvergütung ist dabei als Nettoeinkommen zu berücksichtigen, vgl. § 76 II BSHG.

II. Die Wiedereingliederung als Einsatz der Arbeitskraft gem. § 18 I, III BSHG

Fraglich ist, ob derjenige arbeitsunfähige Arbeitnehmer, dem der Arbeitgeber die Möglichkeit zu einer **vergüteten** Wiedereingliederung anbietet, im Rahmen von § 18 I BSHG verpflichtet ist, die Möglichkeit anzunehmen, um seiner Bedürftigkeit im oben genannten Sinne mit der Wiedereingliederungsvergütung entgegenzutreten.
§ 18 I BSHG verpflichtet den potentiellen oder aktuellen Anspruchsinhaber von Hilfe zum Lebensunterhalt, seine Arbeitskraft zum Bestreiten seines Lebensunterhalts einzusetzen.
Arbeitskraft ist die Fähigkeit zu einer Tätigkeit, die erwerbsmäßig ausgeübt, d.h. auf dem Arbeitsmarkt angeboten und in einem festen Arbeitsverhältnis ausgeübt wird [628].

---

626 Knopp, Fichtner, § 76 BSHG, Rr. 18; Gottschick, Giese, § 76 BSHG, Rr. 2.1; Oesterreicher, Schelter, Kunz, § 76 BSHG, Rr. 2; Mergler, Zink, Dahlinger, Zeitler, § 76 BSHG, Rr. 12; LPK-BSHG-Brühl, § 76 mit VO, Rr. 2f.; Burger, VSSR 1991, 205ff., 257, 272.

627 Compensis, NZA 1992, 631, 636.

628 Knopp, Fichtner, § 18 BSHG, Rr. 1a; LPK-BSHG-Kramer, § 18, Rr. 3; Oesterreicher, Schelter, Kunz, § 18 BSHG, Rr. 5.

Schon an dieser Voraussetzung müssen die Überlegungen, ob der Hilfesuchende mittels vergüteter Wiedereingliederung seinen Unterhalt im Rahmen von § 18 I BSHG selbst beschaffen kann, scheitern.
Da die Wiedereingliederungstätigkeit keine Arbeitsleistung im arbeitsrechtlichen Sinne ist, kann sie auch nicht erwerbsmäßig ausgeübt werden [629].

III. Wiedereingliederung als Selbsthilfe i.S.d. § 2 I BSHG

Zu prüfen ist, ob der auf Sozialhilfe angewiesene arbeitsunfähige Arbeitnehmer verpflichtet ist, eine Wiedereingliederungstätigkeit aufzunehmen, um dem Grundsatz der Subsidiarität der Sozialhilfe (vgl. § 9 SGB I) gerecht zu werden. Denn aus § 2 I i.V.m. § 1 II 1 BSHG ergibt sich die Pflicht jedes Hilfesuchenden, sich im Rahmen des Möglichen und Zumutbaren selbst zu helfen.

1.) Pflicht zu einer raschen Heilung

Sich selbst helfen kann man dabei nicht nur durch den Einsatz eigener Mittel - dies gilt für eine bezogene Wiedereingliederungsvergütung -, sondern auch durch den Einsatz eigener Kräfte [630].
Hierzu gehört, über die auch für das BSHG geltenden allgemeinen Mitwirkungspflichten der §§ 60ff. SGB I, insbesondere § 63 SGB I, hinaus, daß der Hilfesuchende sich medizinischen Maßnahmen unterziehen muß, wenn dadurch seine Krankheit behoben, zumindest gemildert werden kann, damit er seinen Lebensunterhalt wieder selbst bestreiten kann [631].

Die stufenweise Wiedereingliederung als betriebliche Maßnahme der medizinischen Rehabilitation ist damit grundsätzlich geeignet, die Selbsthilfeverpflichtung des Hilfesuchenden auszulösen.

---

629 a.A: Compensis, NZA 1992, 631, 636; im Endergebnis lehnt jedoch auch sie § 18 BSHG mit Hinweis auf den Vorrang der Freiwilligkeit der Wiedereingliederung ab.
630 LPK-BSHG-Brühl, § 2, Rr. 7.
631 Mergler, Zink, Dahlinger, Zeitler, § 1 BSHG, Rr. 26 und § 2, Rr. 19; Gottschick, Giese, § 1 BSHG, Rr. 7.

2.) Grenzen der Selbsthilfe

Jedoch sind auch die besonderen Pflichten im BSHG nicht unbegrenzt. Sie werden durch den allgemeinen Grundsatz der Verhältnismäßigkeit beschränkt [632] , wonach die Mitwirkung des Hilfesuchenden ihm insbesondere zumutbar sein muß. Für die Annahme der Unzumutbarkeit der Mitwirkung bedarf es - in Anlehnung an § 65 SGB I - eines wichtigen Grundes.

Eine Mitwirkungspflicht des arbeitsunfähigen Arbeitnehmers könnte schon deshalb scheitern, weil der Mangel an Rehabilitationsbereitschaft das Ziel der Mitwirkung, die Gesundung, in Frage stellt [633].

Daneben ist ein wichtiger Grund dann anzunehmen, wenn die Umstände die Weigerung des Hilfesuchenden entschuldigen und sie als berechtigt erscheinen lassen. Dies ist unter Abwägung der öffentlichen Interessen bzw. der Interessen der Solidargemeinschaft an der Mitwirkungspflicht und der schützenswerten Interessen des Verpflichteten an der Verweigerung der Mitwirkung zu bestimmen [634].
Als ein solcher wichtiger Grund kommt im Rahmen der stufenweisen Wiedereingliederung das Prinzip der Freiwilligkeit in Betracht. Denn der Gesetzgeber hat mit § 74 SGB V erkennen lassen, daß die Wiedereingliederung als Rehabilitationsmaßnahme (und nicht als Teilarbeitsfähigkeit) auf dieser Freiwilligkeit gründet. Eröffnet der Gesetzgeber aber nur die Möglichkeit der Wiedereingliederung, ohne diese zur Verpflichtung zu machen, kann das öffentliche Interesse im Rahmen des Rechtsanwendung des § 74 SGB V nur so weit gehen, wie die Intention des Gesetzgebers dies zuläßt.
Folglich muß dem Interesse des Hilfesuchenden, sich auf die Freiwilligkeit der Wiedereingliederung berufen zu können - wie vom Gesetzgeber erlaubt -, Vorrang zukommen [635] .
Eine Mitwirkungspflicht scheidet damit auch für das Sozialhilferecht aus.

---

632 Oesterreicher, Schelter, Kunz, § 1 BSHG, Rr. 17, 19; Mergler, Zink, Dahlinger, Zetler, § 1 BSHG, Rr. 26; Gottschick, Giese, § 1 BSHG, Rr. 7.5.

633 vgl. § 4 III.

634 vgl. BSGE 20, 166, 167f.; 33, 16, 18; Jahn-Metzger, § 65 SGB I, Rr. 7; Burdenski, GK-SGB AT-Burdenski, § 65, Rr. 7; Hauck, Haines, § 65 SGB I, Rr. 7f.; Bley, Gitter-Schroeter, § 65 SGB I, Anm. 4; Krauskopf, § 65 SGB I, Rr. 4; KassKom-Seewald, § 65 SGB I, Rr. 9; Koch, Hartmann-Harthun-Kindl, Fichte, § 65 SGB AT, Rr. 19, 24; Bley, in: FS Wannagat, S. 19, 43, 47; Rüfner, VSSR 1977, 347, 359.

635 Compensis, NZA 1992, 631, 636.

ERGEBNIS

I. Rechtliche Beurteilung

1.) Die stufenweise Wiedereingliederung ist zwar ein medizinisches Rehabilitationsverfahren für arbeitsunfähige Arbeitnehmer; dieses wird jedoch nicht von der gesetzlichen Krankenversicherung als Sozialleistung gewährt. Vielmehr ist es ein therapeutisch-rehabilitatives Verfahren, das im Betrieb des betroffenen Arbeitnehmers durchgeführt wird und in die Eigenverantwortlichkeit des in der gesetzlichen Krankenversicherung versicherten Arbeitnehmers fällt.

2.) Die schrittweise Arbeitsaufnahme beruht auf einem auflösend bedingten Vertrag sui generis. Sie ist keine Arbeitsleistung im arbeitsrechtlichen Sinne, sondern ein der Heilung des arbeitsunfähigen Arbeitnehmers dienendes aliud. Als solches wird sie vom Arbeitgeber als freiwillige betriebliche Sozialleistung gewährt.
Aufgrund dieser Qualifizierung kann in der Wiedereingliederung nach § 74 SGB V auch nicht die erstmalige Kodifizierung der Teilarbeitsfähigkeit gesehen werden.

3.) Die Teilnahme an einem Wiedereingliederungsverfahren und das Angebot einer Wiedereingliederungsmöglichkeit sind für Arbeitnehmer und Arbeitgeber grundsätzlich freiwillig.
Eine sozialrechtliche Verpflichtung besteht für keinen der beiden; für den Arbeitnehmer besteht auch keine arbeitsrechtliche Verpflichtung.
Der Arbeitgeber kann allenfalls durch den arbeitsrechtlichen Gleichbehandlungsgrundsatz gehalten sein, ein Wiedereingliederungsverfahren zu ermöglichen.

Das Wiedereingliederungsverhältnis endet, wenn die Voraussetzungen des § 74 SGB V nicht mehr vorliegen. Darüber hinaus können Arbeitnehmer und Arbeitgeber die stufenweise Wiedereingliederung jederzeit ohne besonderen Grund beenden; gegebenenfalls muß die Beendigung mit einer Auslauffrist rechtzeitig angekündigt werden.

4.) Die Wiedereingliederungstätigkeit des Arbeitnehmers muß nicht vergütet werden. Eine Wiedereingliederungsvergütung kann jedoch freiwillig als betriebliche Sozialleistung vereinbart werden.

5.) Der Inhalt des Wiedereingliederungsverhältnisses knüpft an das Arbeitsverhältnis des betroffenen Arbeitnehmers an. Es bestehen vergleichbare Nebenpflichten; ein ähnliches Weisungsrecht; die Haftung von Arbeitgeber und Rekonvaleszent ist in Anlehnung an die arbeitsvertragliche Haftung zu entscheiden; der wiedereinzugliedernde Arbeitnehmer ist analog

§ 616 I 1 BGB bei geringfügiger Leistungsverhinderung von seiner Wiedereingliederungstätigkeit freizustellen.
Modifikationen ergeben sich jeweils aus der rechtlichen Eigenart der Wiedereingliederungstätigkeit, die keine Arbeit darstellt, und ihrer rehabilitativen Zielsetzung.

6.) Die allmähliche berufliche Reintegration gem. § 74 SGB V kann tarifvertraglich geregelt werden. Eine solche Regelung hat jedoch die Freiwilligkeit ihres Angebots bzw. der Teilnahme wie auch ihrer Beendigung zu respektieren.

7.) Das BetrVG findet - mangels Arbeitnehmereigenschaft des Rehabilitanden bei der Wiedereingliederungstätigkeit - auf das Wiedereingliederungsverhältnis keine Anwendung. Seine Anwendbarkeit kann sich jedoch aus dem fortbestehenden, in seinen Hauptpflichten ruhenden Arbeitsverhältnis des arbeitsunfähigen Arbeitnehmers rechtfertigen.
Bedeutung hat dies insbesondere, soweit ein kollektiver Tatbestand - vor allem Wiedereingliederungs-Richtlinien - gegeben ist, für das Mitbestimmungsrecht des Betriebsrats bei der betrieblichen Lohngestaltung gem. § 87 I Nr. 10 BetrVG.
Darüber hinaus kann sich der Betriebsrat umfassend der Wiedereingliederung in generellen und individuellen Fragen mit Hilfe der ihn zum Handeln ermächtigenden Generalklausel des § 80 BetrVG annehmen.

Ebenso findet das SprAuG aufgrund der Fortgeltung des Arbeitsvertrages der betroffenen leitenden Angestellten Anwendung.
Der Sprecherausschuß hat bei generellen Fragen der Wiedereingliederung jedoch kein Mitbestimmungsrecht, sondern nur Informations-, Anhörungs- und Beratungsrechte (§§ 30, 25, 2 I 2 SprAuG).
Ohne kollektiven Bezug kann er gem. § 26 I SprAuG lediglich aufgrund eines dahingehenden Verlangens eines leitenden Angestellten aktiv werden.

8.) Der wiedereinzugliedernde Arbeitnehmer bleibt während der Wiedereingliederung arbeitsunfähig.
Er behält alle an die Arbeitsunfähigkeit geknüpften Ansprüche, insbesondere den Krankengeldanspruch. Die Wiedereingliederungszeit wird in die Krankengeldhöchstbezugsdauer einbezogen. Wird die Wiedereingliederung vergütet, wird die Vergütung auf das Krankengeld angerechnet.

9.) Der sozialversicherungsrechtliche Status des versicherten Arbeitnehmers wird durch die Wiedereingliederung nicht berührt. Der Rekonvaleszent bleibt in der GKV, GRV, Arbeitslosenversicherung und GUV versichert, vor allem liegt keine geringfügige oder kurzfristige Beschäftigung vor, die den Versicherungsschutz ausschlösse. Daneben begründet die Wiedereingliederung neuen Versicherungsschutz, da sie als den Versicherungsschutz auslösende sozialversicherungsrechtliche Beschäftigung zu werten ist.

10.) Im Sozialhilferecht ist die Wiedereingliederungsvergütung auf die Hilfe zum Lebensunterhalt anzurechnen.
Eine Verpflichtung des Arbeitnehmers, an einer von seinem Arbeitgeber angebotenen Wiedereingliederungsmöglichkeit teilzunehmen, kann auch aus dem BSHG nicht hergeleitet werden.

II. Rechtspolitischer Ausblick

Anhand der bisher gewonnenen Erfahrungen mit stufenweisen Wiedereingliederungen steht nicht mehr in Frage, daß die allmähliche Rückkehr in den Arbeitsprozeß eine sinnvolle Weiterentwicklung der Rehabilitationsmöglichkeiten eines arbeitsunfähigen Arbeitnehmers darstellt, weil Wiedereingliederungen helfen, aus der länger andauernden Arbeitsunfähigkeit folgende gravierende Nachteile sowohl für die arbeitsunfähigen Arbeitnehmer als auch für die Solidargemeinschaft der Krankenversicherten und für die Volkswirtschaft zu vermeiden.

Der Gesetzgeber hat mit § 74 SGB V einen ersten Schritt für die Normierungen dieser Erfahrungen getan, sollte dabei jedoch nicht stehen bleiben, sondern sollte vielmehr die Vorschrift - eventuell in der geplanten Rehabilitationskodifikation des SGB IX [635] - modifizieren.
Hierzu sollte er sich seinen Kritikern und den Forderungen von Fachleuten [636] folgendermaßen annehmen:

1.) Normierung der Wiedereingliederung als Teilarbeitsfähigkeit

Mit der Regelung im Krankenversicherungsrecht hat sich der Gesetzgeber dafür entschieden, die Wiedereingliederung als Rehabilitationsverfahren auszugestalten und nicht als Teilarbeitsfähigkeit, d.h. nicht als Teilerfüllung des Arbeitsvertrages. Dies hat seine Berechtigung und sollte beibehalten werden: So können stets die medizinisch-therapeutischen Wiedereingliederungszwecke im Auge behalten und so kann die für eine Wiedereingliederung

---

635 Schaaf, SGb 1993, 506, 510; Gehrke, Schäfer, Rehabilitation 1992, 211, 215

636 z.B.: Institut für Empirische Soziologie, S. 194-196; Schaaf, SGb 1993, 506, 510; Römer, Deutsches Ärzteblatt 1975, 2765, 2768; Brost, Krasemann, Stolley, Rehabilitation 1982, 45, 50; Köhn, Moch, BKK 1990, 485, 489; Vetter, BKK 1989, 676, 677; Ärzte Zeitung vom 4.10.1993 "Stufenweise Wiedereingliederung"; Siemens, 75 Jahre, S. 65

erforderliche Flexibilität des Verfahrens, vor allem bei der Erstellung des Stufenplans und seiner Durchführung, besser gewährleistet werden.

2.) Normierung der Wiedereingliederung im Leistungsrecht des SGB V

Richtig ist es auch, daß der Gesetzgeber die Wiedereingliederung nicht im Leistungsrecht der gesetzlichen Krankenversicherung angesiedelt hat. Zu Zeiten wirtschaftlicher Stagnation, in denen die Kosten des Gesundheitswesens allmählich das gesellschaftlich tragbare Maß überschreiten, muß sich der einzelne verstärkt auf seine Eigenverantwortung und seine Verantwortung im Rahmen der Solidargemeinschaft, der er angehört, besinnen, bevor er staatliche Leistungen in Anspruch nimmt. Eine Möglichkeit solcher Verantwortlichkeit ist die stufenweise Wiedereingliederung.

3.) Finanzierung

Trotz der Qualifizierung der Wiedereingliederungstätigkeit als aliud zur Arbeitsleistung sollte eine rechtliche Grundlage zur Verpflichtung des Arbeitgebers geschaffen werden, die Wiedereingliederung zu vergüten, sobald sie von wirtschaftlichem Wert ist. Zumindest in diesem Fall kommt die Tätigkeit dem Betrieb spürbar zugute, muß also von ihm honoriert und nicht von der Solidargemeinschaft der Krankenversicherten mittels Krankengeld getragen werden.
Damit die Vergütung für den Rehabilitanden nicht nur psychologische Wirkung hat - er erhält einen eigenen Verdienst für seine geleistete Tätigkeit -, sondern ihm auch materiellen Anreiz schafft, sollte sie nicht als Nettobetrag in voller Höhe gem. § 49 I Nr.1 SGB V auf das Krankengeld angerechnet werden, sondern in Anlehnung an die Höhe des Krankengeldes zu nur 80 vom Hundert dieses Nettobetrages.

4.) Ausgestaltung der Wiedereingliederung

Verbesserungsvorschlägen, die auf die inhaltliche Ausgestaltung der stufenweisen Wiedereingliederung abzielen, z.B. Ausweitung der Wiedereingliederung auf Teilzeitarbeitnehmer, Modifizierung nicht nur der Arbeitszeit, sondern auch der qualitativen Komponenten der Arbeitsleistung, flankierende Rehabilitationshilfen oder Sicherstellung der ärztlichen Begleitung, ist entgegenzuhalten, daß ihnen allen schon nach der geltenden Fassung des § 74 SGB V Rechnung getragen werden kann.
Hilfreich erweisen sich hierbei auch die Wiedereingliederungs-Richtlinien, die den Beteiligten gerade in Nr. 26, 27, 28 und Nr. 30 Inhaltliches zur Wiedereingliederung an die Hand geben.

5.) Verpflichtungsmöglichkeiten

Obwohl die Regelung des § 74 SGB V keinen Zweifel daran läßt, daß sie nicht nur unverbindlich ist und nach Belieben Anwendung findet, sondern den Versicherten zur Eigenverantwortung aufruft, bleibt dem Arbeitnehmer und Arbeitgeber Raum für ein Höchstmaß an Freiwilligkeit, eine Wiedereingliederungsmöglichkeit (nicht) wahrzunehmen und anzubieten, wie sie auch jederzeit zu beenden.
Der vom Gesetzgeber gewollte Zweck des § 74 SGB V (individuelles Interesse des Arbeitsunfähigen/ökonomische Ziele) [637], kann jedoch effektiv und effizient nur erreicht werden, wenn de lege ferenda Verpflichtungsmöglichkeiten geschaffen werden. Erst sie verleihen dem Aufruf zur Eigenverantwortlichkeit den erforderlichen Nachdruck.

Die Neufassung der Regelung sollte zumindest folgenden Inhalt haben:

(1) Anders als bisher sollte der behandelnde Arzt nicht nur die Möglichkeit einer stufenweisen Wiedereingliederung gem. § 74 SGB V prüfen, sondern **müßte** dies, zumindest bei längerer Arbeitsunfähigkeit seines Patienten.

(2) Der betroffene Arbeitgeber müßte **verpflichtet** sein, eine Wiedereingliederungsmöglichkeit in seinem Betrieb zu ermöglichen. Anderes könnte nur gelten, wenn ihm dies aus betrieblichen Gründen nicht möglich oder zumutbar wäre.

Ein solcher Regelungsinhalt kann jedoch nur sinnvoll sein, wenn ein Verstoß dagegen nicht folgenlos bliebe, sondern sanktioniert werden könnte.
In Anlehnung an § 66 SGB I und § 52 SGB V müßte der Gesetzgeber bestimmen, den Arbeitgeber an den Kosten für die dem Arbeitnehmer wegen der Arbeitsunfähigkeit gewährten Sozialleistungen insoweit zu beteiligen, als sie durch eine stufenweise Wiedereingliederung hätten vermieden werden können.

(3) **Nicht** möglich ist es dagegen, den Arbeitnehmer zu einer allmählichen Wiedereingliederung zu verpflichten. Denn mit der Natur der Wiedereingliederung als Heilverfahren kann es nicht vereinbar sein, sie gegen den Willen des Arbeitnehmers durchzuführen [638]; die subjektive Bereitschaft des kranken Arbeitnehmers zur Mitwirkung bei der Wiedereingliederung muß Tatbestandsvoraussetzung im Rahmen der positiven Eingliederungsprognose bleiben.

---

637 vgl. § 5 I
638 vgl. § 4 III

Eine nur wegen Rehabilitationsunwilligkeit unterlassene Wiedereingliederung müßte jedoch ebenfalls durch eine an § 66 SGB I und § 52 SGB V angelehnte Sanktionsnorm reglementiert werden können, wonach dem Arbeitnehmer die Sozialleistungen wegen Arbeitsunfähigkeit ganz oder teilweise zu versagen wären, bzw. wonach er an den Kosten der Leistungen angemessen zu beteiligen wäre, gleich wie dies schon heute bei Rehabilitationsmaßnahmen mit den §§ 60ff. SGB I möglich ist [639].

Bis zu der vorgeschlagenen Änderung der Wiedereingliederungsvorschrift ist zu hoffen, daß die potentiell an einem Wiedereingliederungsverfahren Beteiligten dessen Nützlichkeit auch ohne gesetzlichen Zwang erkennen und möglichst viele Wiedereingliederungen durchführen.

639 Krasney, DOK 1982, 705, 707f.

Literaturverzeichnis

Adomeit, Klaus, Rechtsquellenfragen im Arbeitsrecht, 1969

Aretz, Dirk Ulrich, Die Rechtsstellung der Behinderten in Werkstätten für Behinderte, 1985

Baader, Emil, Zum normlogischen Zusammenhang zwischen rechtlicher Regel und rechtlicher Ausnahme, JZ 1990, 409

Baruzzi, Arno, Recht auf Arbeit und Beruf ? Sieben philosophisch-politische Thesen, 1983

Barwasser, Franz H., Regelwidriges Verhalten des Arbeitnehmers vor und während Arbeitsunfähigkeit als Konfliktgegenstand, DB 1976, 1332

Bauer, Jobst-Hubertus, Sprecherausschußgesetz mit Wahlordnung und Erläuterungen, 2.Auflage 1990

Baumer, Wilhelm, Fischer, Hans, Salzmann, Joachim, Die gesetzliche Unfallversicherung, Kommentar, Stand: November 1991

Becker, Friedrich, Etzel, Gerhard, Gemeinschaftskommentar zum Kündigungsschutzgesetz und zu sonstigen kündigungsschutzrechtlichen Vorschriften (GK-KSchR), 3.Auflage 1989

Becker, Friedrich, Wulfgramm, Jörg, Kommentar zum Arbeitnehmerüberlassungsgesetz, 2.Auflage 1981

Becker, Friedrich, Etzel, Gerhard, Gemeinschaftskommentar zum Kündigungsschutzgesetz und zu sonstigen kündigungsschutzrechtlichen Vorschriften (GK-KSchR), 3.Auflage 1989

Beckerle, Klaus, Urlaubsanspruch und Erholungsbedürfnis, RdA 1985, 352

Benda, Ernst, Bundessozialgericht und Sozialstaatsklausel, NJW 1979, 1001

Bender, Bernd, Staatshaftungsrecht, 2.Auflage 1974

Benz, Manfred, Kausalität, rechtlich wesentlicher Zusammenhang, Finalität und Versicherungsfall in der gesetzlichen Unfallversicherung, BG 1992, 430

Benz, Manfred, Der Schutz der gesetzliche Unfallversicherung für Unfälle im Zusammenhang mit arbeitnehmerähnlichen Tätigkeiten (§ 539 Abs. 2 in Verbindung mit Abs. 1 Nr.1 RVO), BG 1987, 450

Bereiter-Hahn, Werner, Schieke, Heinz, Mehrtens, Gerhard, Unfallversicherung, Kurzkommentar, 4.Auflage 1971

Berenz, Claus, Nochmals: Wiedereingliederung arbeitsunfähiger Arbeitnehmer nach § 74 SGB V, NZA 1992, 1019

Berger-Delhey, Ulf, Die Leitungs- und Weisungsbefugnis des Arbeitgebers, DB 1990, 2266
Berkowsky, Wilfried, Die personen- und verhaltensbedingte Kündigung, Eine umfassende Darstellung unter Berücksichtigung des Betriebsverfassungsrechts und des Arbeitsgerichtsverfahrens, 1986

von Bethusy-Huc, Viola, Das Sozialleistungssystem der Bundesrepublik Deutschland, 2.Auflage 1976

Binder, Martin, Der krankenversicherungsrechtliche Schutz im Falle der Arbeitsunfähigkeit, in: Tomandl, Theodor (Hg), Die Minderung der Leistungsfähigkeit im Recht der Sozialversicherung, 1978, S. 1

Binder, Martin, Das Zusammenspiel arbeits- und sozialrechtlicher Leistungsansprüche - dargestellt anhand fünf wichtiger Tatbestände der Nichtarbeit, 1980

Birk, Rolf, AR-Blattei D, Direktionsrecht I, 1974

Birk, Rolf, Prütting, Hans, Sprang, Friedrich, Steckhan, Hans-Werner, Veit, Barbara, Gemeinschaftskommentar zum Entgeltfortzahlungsrecht, GK-EFZR, 1993

Birk, Rolf, Innerbetriebliche Absprachen - Typen und Rechtswirkungen -, ZfA 1986, 73

BKK intern, Zentrales Rundschreiben Nr. 103/94

Bley, Helmar, Anmerkung zu BSG GS vom 16.12.1981 - GS 3/78 und 4/78, SGb 1983, 115

Bley, Helmar, Lexikon der Grundbegriffe des Sozialrechts, 1988

Bley, Helmar, Die rechtsdogmatische Konzeption des Allgemeinen Teils des Sozialgesetzbuchs (AT SGB), ZSR 1976, 69

Bley, Helmar, Die (Un)Zumutbarkeit als Sozialrechtsbegriff, in: Im Dienst des Sozialrechts, FS Georg Wannagat, 1981, S. 19

Bley, Helmar, Gitter, Wolfgang, Gurgel, Hans-Joachim, Heinze, Helmut, Knopp, Anton, Müller, Paul, Schneider-Danwitz, Norbert, Schroeter, Kurt, Schwertfeger, Gunther, SGB, Sozialversicherung, Kommentar zum gesamten Recht der Sozialversicherung einschließlich zwischenstaatlicher Abkommen und internationaler Übereinkommen (SGB - SozVers-GesKomm), Stand: April 1993

Bley, Helmar, Kreikebohm, Ralf, Sozialrecht, 7.Auflage 1993

Blomeyer, Wolfgang, Otto, Klaus, Gesetz zur Verbesserung der betrieblichen Altersversorgung, Kommentar, 1984

Bochumer Kommentar zum Sozialgesetzbuch, Allgemeiner Teil, Hg. von Wertenbruch, Wilhelm, 1979

Boehmke, Burkhard, Anmerkung zu BAG, AR-Blattei, ES, Krankheit des Arbeitnehmers, Entscheidung Nr.186

Böker, Alexander, Das Weisungsrecht des Arbeitgebers, 1971
Böttner, Walter, Das Direktionsrecht des Arbeitgebers, 1971

Boewer, Dietrich, Krankheit als Kündigungsgrund - Betriebliche Auswirkungen und Prognose, NZA 1988, 678

Borchert, Günter, Die Arbeitsunfähigkeitsbescheinigung im Arbeits- und Sozialrecht, ArbuR 1990, 375

Borgwardt, Jürgen, Fischer, Ansgar, Janert, Wolf-Rüdiger, Sprecherausschußgesetz für leitende Angestellte, Gesetzes- und Verordnungstexte, Kommentierung, Geschichte, Musterschreiben und Formulare, 2.Auflage 1992

Brackmann, Kurt, Handbuch der Sozialversicherung einschließlich des Sozialgesetzbuchs und angrenzender Gebiete, 11.Auflage 1988, Stand: September 1989

Brecht, Hans-Theo, Lohnfortzahlung für Arbeiter, Gesetz über die Fortzahlung des Arbeitsentgelts im Krankheitsfalle, Kommentar, 3.Auflage 1979

Breuer, Joachim, Die Teilarbeitsfähigkeit - Lösungsmodell oder Problemfaktor ?, RdA 1984, 332

Brill, Werner, Die ärztliche Arbeitsunfähigkeitsbescheinigung nach dem Lohnfortzahlungsgesetz, DOK 1971, 623

Brill, Werner, AR-Blattei, D, Arbeitsausfall IV, 1973

Brill, Werner, Die arbeitsrechtlichen Folgen eines gesundheitswidrigen Verhaltens des arbeitsunfähig kranken Arbeitnehmers, DOK 1975, 817

Brill, Werner, Die Bedeutung der ärztlichen Arbeitsunfähigkeitsbescheinigung für den Lohnfortzahlungsanspruch des Arbeiters, DOK 1971, 665

Brocke, Erwin, Die HIV-Infektion als Problem der Gesetzlichen Krankenversicherung, SGb 1990, 437

Brocke, Erwin, Die stufenweise Wiedereingliederung in den Arbeitsprozeß, SGb 1990, 45

Brockhaus Enzyklopädie, 19.Auflage 1987

Brost, R., Krasemann, E.O., Stolley, B., Untersuchungen zur stufenweisen Arbeitsaufnahme nach langer Krankheit, Rehabilitation 1982, 45

Brück, Gerhard W., Allgemeine Sozialpolitik, Grundlagen - -Zusammmenhänge - Leistungen, 2.Auflage 1976

Brück, Gerhard W., Solidarität in ihren unterschiedlichen Interpretationen als Ziel der Gesellschaftspolitik, SozFort 1981, 63

Buchner, Herbert, Das Gesetz zur Änderung des Betriebsverfassungsgesetzes, über Sprecherausschüsse der leitenden Angestellten zur Sicherung der Montan-Mitbestimmung, NZA 1989, Beiage 1, S. 2
Buchner, Herbert, Tendenzförderung als arbeitsrechtliche Pflicht - Zur Bindung des Arbeitnehmers an die Unternehmenszielsetzung -, ZfA 1979, 335

Bürger, Karlheinz, Oehmann, Werner, Matthes, Hans-Christoph, Handwörterbuch des Arbeitsrechts für die tägliche Praxis (HdWB AR), 8.Auflage, Stand: April 1994

Bundesarbeitsgemeinschaft für Rehabilitation (Hg), Arbeitshilfe für die stufenweise Wiedereingliederung in den Arbeitsprozeß, 1992

Bundesarbeitsgemeinschaft für Rehabilitation (Hg), Die Rehabilitation Behinderter, Wegweiser für Ärzte, 1984

Bundesministerium für Arbeit und Sozialordnung, Sind Arbeitnehmer zur ärztlichen Untersuchung verpflichtet?, BG 1976, 275

Bundesverband der Betriebskrankenkassen (Hg), Arbeitshilfe für Rehabilitations-Berater bei Betriebskrankenkassen, 2.Auflage 1990

Burdenski, Wolfhart, von Maydell, Bernd, Schellhorn, Walter, Gemeinschaftskommentar zum Sozialgesetzbuch, Allgemeiner Teil, 2.Auflage 1981

Burger, Walter, Einheitlicher Einkommensbegriff im Sozialversicherungsrecht - ein unerreichbares Ziel ?, VSSR 1991, 205ff., 257ff.

Canaris, Claus-Wilhelm, Risikohaftung bei schadensgeneigter Tätigkeit in fremdem Interesse, RdA 1966, 41

Carsten, Hans (Hg), Lexikon der Betriebswirtschaftslehre, 1992

Compensis, Ulrike, Sozialrechtliche Auswirkungen der stufenweisen Wiedereingliederung arbeitsunfähiger Arbeitnehmer nach § 74 SGB V, NZA 1992, 631

Dänzer-Vanotti, Christoph, Rechte und Pflichten des Sprecherausschusses, DB 1990, 41

Däubler, Wolfgang, Das Arbeitsrecht 1, Leitfaden für Arbeitnehmer, 11.Auflage 1990 und Das Arbeitsrecht 2, Leitfaden für Arbeitnehmer, 7.Auflage 1986

Däubler, Wolfgang, Tarifvertragsrecht, Ein Handbuch, 3.Auflage 1993

Däubler, Wolfgang, Kittner, Michael, Klebe, Thomas, Schneider , Wolfgang (Hg), Betriebsverfassungsgesetz mit Wahlordnung und Gesetz über den Sozialplan im Konkurs- und Vergleichsverfahren, Kommentar für die Praxis, 4.Auflage 1994

Dalichau, Schiwy, Gesetzliche Krankenversicherung, Sozialgesetzbuch (SGB) Fünftes Buch (V), Kommentar, bearbeitet von Dalichau, Gerhard, Grüner, Hans, Stand: November 1993

Daum, Ulrich, Außerdienstliche Verhaltenspflichten des Arbeitnehmers, Diss., 1969

Denck, Johannes, Kündigung des Arbeitnehmers wegen häufiger Kurzerkrankung - BAG, BB 1977, 262 und 1098, JuS 1978, 156

Dersch, Hermann, Neumann, Dirk, Bundesurlaubsgesetz nebst allen anderen Urlaubsbestimmungen des Bundes und der Länder, Kommentar, 7.Auflage 1990

Deutsch, Erwin, Fahrlässigkeit und erforderliche Sorgfalt, Eine privatrechtliche Untersuchung, 1963

Diekhoff, L., Krankengeldzuschuß bei Verletzung ärztlicher Anordnungen, BB 1966, 1145

Dierks, Karin, Zwischen Arbeits- und Sozialrecht, Beschäftigungsverhältnisse in der Werkstatt für Behinderte, 1986

Dietz, Rolf, Richardi, Reinhard, Betriebsverfassungsgesetz, Kommentar, 6.Auflage 1981

Dilcher, Hermann, Typenfreiheit und inhaltliche Gestaltungsfreiheit bei Verträgen, NJW 1960, 1040

Dosch, Hilmar, Die rechtliche Beurteilung der Teil-Arbeitsunfähigkeit, in: Boewer, Dietrich (Hg), Aktuelle Aspekte des Arbeitsrechts, FS des Arbeitsrechtlichen Arbeitskreises Dieter Gaul, 1987, S. 245

Eckert, Lutz, Leistungsstörungen in verwaltungsrechtlichen Schuldverhältnissen, DVBl 1962, 11

Ehrich, Christian, Die Zulässigkeit von auflösenden Bedingungen in Arbeitsverträgen, - Zugleich Besprechung von BAG DB 1992 S. 896 und BAG DB 1992, S. 948, DB 1992, 1186

Eich, Rolf-Achim, Kürzung übertariflicher Einkommensbestandteile und Mitbestimmungsrecht des Betriebsrates, DB 1980, 1340

Eich, Rolf-Achim, Rechtsfragen bei Krankheit des Arbeitnehmers, BB 1988, 197

Eich, Rolf-Achim, Der Wandel der BAG-Rechtsprechung zur Haftung des Arbeitnehmers bei gefahrgeneigter Arbeit, NZA 1984, 65

von Einem, Hans-Jörg, Anwendung des § 1255 Absatz 7 Satz 2 RVO auf Beiträge nach § 199 SGB X, SGb 1986, 277

von Einem, Hans-Jörg, Berücksichtigungszeiten, Anrechnungszeiten und Zurechnungszeiten nach dem SGB VI, ZfS 1992, 33ff., 65ff.

von Einem, Hans-Jörg, Schadensersatzansprüche des Leistungsträgers gegen den Leistungsempfänger wegen zu Unrecht an einen anderen Leistungsträger gezahlter Sozialversicherungsbeiträge, ZfS 1990, 1

von Einem, Hans-Jörg, Versicherungs- und rentenrechtliche Auswirkungen von Arbeitsunfähigkeit und des Bezugs von Lohnersatzleistungen nach dem Rentenreformgesetz 1992, SGb 1990, 403

Eissenhauer, Wolfgang, Teilarbeitsfähigkeit und stufenweise Wiederaufnahme der Arbeit bei Leistungsgeminderten - aus sozialmedizinischer Sicht, MedSach 1989, 78

Engels, Gerd, Natter, Eberhard, Die geänderte Betriebsverfassung; Minderheitenschutz, Mitwirkung der Arbeitnehmer bei neuen Techniken, leitende Angestellte und ihre Sprecherausschüsse, BB 1989, Beilage 8

Engisch, Karl, Vom Weltbild des Juristen, 2.Auflage 1965

Erman, Walter, Westermann, Harm Peter, Küchenhoff, Klaus (Hg), Handkommentar zum Bürgerlichen Gesetzbuch, 9.Auflage 1993

Eser, Gisbert, Zum Kündigungsgrund krankheitsbedingter Ausfallzeiten, BB 1985, 1473

Fabricius, Fritz, Gammelin, Dietrich, Die Rechtsstellung der Behinderten in sogenannten Werkstätten für Behinderte aus arbeitsrechtlicher Sicht, in: Institut für Sozialrecht an der Ruhr-Universität Bochum (Hg), Die Werkstatt für Behinderte, Ein interdisziplinärer Beitrag zur Rehabilitation der Behinderten, 1972, S. 185

Fabricius, Fritz, Kraft, Alfons, Thiele, Wolfgang, Wiese, Günter, Betriebsverfassungsgesetz, Gemeinschaftskommentar, 4.Auflage, Band I 1987, Band II 1990

Falkenberg, Rolf-Dieter, Gegenstand und Grenzen des arbeitgeberseitigen Weisungsrechts, DB 1981, 1087

Faßmann, Hendrik, Oertel, Martina, Stufenweise Wiedereingliederung in den Arbeitsprozeß, BKK 1991, 18

Faßmann, Hendrik, Oertel, Martina, Wasilewski, Rainer, Konzepte, Erfahrungen und Probleme im Bereich der stufenweisen Wiedereingliederung in den Arbeitsprozeß, Ergebnisse einer Bestandsaufnahme, ÖffGesWes 1991, 115

Faude, Michael, Selbstverantwortung und Solidarverantwortung im Sozialrecht, Strukturen und Funktionen der sozialrechtlichen Relevanz des Selbstverschuldens des Leistungsberechtigten, 1983

Feichtinger, Peter, Zweifelsfragen zu Lohn- und Gehaltsfortzahlung und Kündigung bei Krankheit, 1978

Feichtinger, Peter, Pohl, Wolfgang, Verminderter Beweiswert der Arbeitsunfähigkeitsbescheinigung, - Entgeltfortzahlungs- und kündigungsrechtliche Konsequenzen -, DB 1984, Beilage 4

Figge, Gustav, Sozialversicherungs-Handbuch für die Praxis, Das Beitrags- und Versicherungsrecht der Kranken- und Rentenversicherung sowie der Arbeitsförderung, 6.Auflage 1990

Fitting, Karl, Auffarth, Fritz, Kaiser, Heinrich, Heither, Friedrich, Engels, Gerd, Betriebsverfassungsgesetz, Handkommentar, 17.Auflage 1992

Friede, Kurt, Zur Weiterentwicklung der Rehabilitation aus dem Blickpunkt der GKV, ZSR 1984, 77

Friederichs, Helmut, Das Grundgesetz als Maßstab für die gesetzliche Krankenversicherung - Einige Aspekte-, in: FS für Horst Schickel, 1978, S. 107

Fritsch, Stephan, Gleichbehandlung als Aufgabe von Arbeitgeber und Betriebsrat nach § 75 Abs.1 BetrVG, BB 1992, 701

Fuchs, Karl-Detlef, Der Zusammenhang von Arbeit und Krankheit aus rechtlicher Sicht, SozFort 1984, 254

Fuchs, Maximilian, Das Subsidiaritätsprinzip im deutschen Recht und im EWG-Vertrag - Seine Bedeutung für die Freie Wohlfahrtspflege -, ZfSH/SGB 1993, 393

Fuhrmann, Kurt, Neuordnung der Behandlungsarten "Belastungserprobung, Arbeitstherapie und Arbeitserprobung" erforderlich ?, ErsK 1979, 349ff., 393ff.

Galperin, Hans, Löwisch, Manfred, Marienhagen, Rolf, Kommentar zum Betriebsverfassungsgesetz, 6.Auflage 1982

Gaul, Dieter, Das Arbeitsrecht im Betrieb von der Einstellung bis zur Entlassung, Band I, 8.Auflage 1986

Gehrke, Klaus, Schardt, Wolfgang, Leistungsabgrenzung zwischen Kranken- und Rentenversicherung bei medizinischen Rehabilitationsmaßnahmen, WzS 1986, 97

Gehrke, Ulrich, Schäfer, Günter, Weiterentwicklung des Rechts zur Eingliederung Behinderter - Vorschläge der Bundesarbeitsgemeinschaft für Rehabilitation zu einem SGB IX, Rehabilitation 1992, 211

Gehrke, Klaus, Schardt, Wolfgang, Arbeitsunfähigkeit - Voraussetzung für den Anspruch auf Krankengeld, WzS 1987, 221

Gerlach, Werner, Die für die Beurteilung der Arbeitsunfähigkeit maßgebende Arbeit, WzS 1988, 158

Gernhuber, Joachim, Die Erfüllung und ihre Surrogate sowie das Erlöschen der Schuldverhältnisse aus anderen Gründen, Handbuch des Schuldrechts, 1983

Gernhuber, Joachim, Das Schuldverhältnis. Begründung und Änderung, Pflichten und Strukturen, Drittwirkungen, Handbuch des Schuldrechts, 1989

Geschwinder, Jürgen, Anmerkung zu BSG vom 15.11.1984-3 RK 21/83, SGb 1985, 469

Geschwinder, Jürgen, Leistungsausschluß nach § 192 RVO bei Nikotin-, Alkohol- und Drogenmißbrauch ?, ZfS 1981, 101

Gick, Dietmar, Verschuldensunabhängige Haftung des Arbeitgebers für Sachschäden des Arbeitnehmers - BAG NJW 1979, 1423 und LAG Hamm, NJW 1979, 943, Jus 1979, 638

Giese, Herbert, Ibels, Hans, Rehkopf, Helmut, Kommentar zum Arbeitssicherheitsgesetz. Gesetz über Betriebsärzte, Sicherheitsingenieure und andere Fachkräfte für Arbeitssicherheit, 3.Auflage 1977

Gitter, Wolfgang, Anmerkung zu GmSOBG vom 4.6.1974 - GmS-OBG 2/73, SGb 1975, 507

Gitter, Wolfgang, Arbeitsrechtliche Probleme der stufenweisen Wiedereingliederung arbeitsunfähiger Arbeitnehmer, Unveröffentlichte Thesen des Vortrags im Wiesbadener Seminar am 29.4.1994

Gitter, Wolfgang, Beschäftigungsverhältnis und Arbeitsverhältnis, in: Im Dienst des Sozialrechts, FS für Georg Wannagat, 1981, S. 141

Gitter, Wolfgang, Die Mitwirkung des Leistungsberechtigten im Sozialrecht, in: Wie würden Sie entscheiden?, FS für Gerd Jauch, 1990, S. 79

Gitter, Wolfgang, Die Relevanz subjektiven Verhaltens des Leistungsberechtigten für den Leistungsanspruch, in: Tomandl, Theodor (Hg), Sozialversicherung: Grenzen der Leistungspflicht, 1975, S. 27

Gitter, Wolfgang, Sozialrecht, Ein Studienbuch, 3.Auflage 1992

Gitter, Wolfgang, Strukturen der Reform der gesetzlichen Krankenversicherung, SGb 1991, 85

Gitter, Wolfgang, Zivilrechtliche Institute im Rahmen des Sozialversicherungsverhältnisses, VSSR 1977, 323

Glaubitz, Werner, Nochmals: Das Rechtsverhältnis zur stufenweisen Wiedereingliederung arbeitsunfähiger Arbeitnehmer, NZA 1992, 402

Gleitze, Wilfried, Krause, Peter, von Maydell, Bernd, Merten, Detlef, Gemeinschaftskommentar zum Sozialgesetzbuch - Gemeinsame Vorschriften für die Sozialversicherung (GK-SGB IV), 2.Auflage 1992

Götzenberger, Anton-Rudolf, Beitragspflichtige Einnahmen nach dem SGB, SozVers 1992, 150

Gola, Peter, Zur mißbräuchlichen Geltendmachung eines Anspruchs auf Lohn- und Gehaltsfortzahlung im Krankheitsfall, DB 1985, 2044

Gottschick, Hermann, Giese, Dieter, Das Bundessozialhilfegesetz, Kommentar, 8.Auflage 1983

Graeff, Günter, Gesetz über Betriebsärzte, Sicherheitsingenieure und andere Fachkräfte für Arbeitssicherheit (Arbeitssicherheitsgesetz - ASiG -), 2.Auflage 1979

Grandi, Werner, Die rentenrechtlichen Zeiten und die Wartezeit, in: Verband Deutscher Rentenversicherungsträger, Ruland, Franz (Hg), Handbuch der gesetzlichen Rentenversicherung, Festschrift aus Anlaß des 100jährigen Bestehens der gesetzlichen Rentenversicherung, 1990, S. 645

Griefahn, Barbara, Arbeitsmedizin, 2.Auflage 1992

Gröninger, Karl, Thomas, Werner, Schwerbehindertengesetz, Kommentar, Stand: April 1991

Gronwald, Siegfried, Die Mitwirkungspflicht des Leistungsberechtigten nach dem SGB, - Ein systematischer Überblick -, SGb 1989, 17

Großmann, Ruprecht, Schimanski, Werner, Dopatka, Friedrich-Wilhelm, Pikullik, Heinz, Poppe-Bahr, Marion, Gemeinschaftskommentar zum Schwerbehindertengesetz (GK-SchwbG), 1992

Graeff, Günter, Gesetz über Betriebsärzte, Sicherheitsingenieure und andere Fachkräfte für Arbeitssicherheit (Arbeitssicherheitsgesetz - ASiG -), 2.Auflage 1979

Grunsky, Wolfgang, Anmerkung zu GmSOGB vom 4.6.1974 - GmS - OGB 2/73, ArbuR 1975, 94

Grunsky, Wolfgang, Das Recht auf Privatleben als Begrenzung vertraglicher Nebenpflichten, JuS 1989, 593

Grupp, Klaus, Mitwirkungspflichten im Verwaltungsverfahren, VerwArch 1989, 44

Gunder, Klaus, Stufenweise Widereingliederung bei Arbeitsunfähigkeit - Anspruch auf Arbeitsentgelt, ErsK 1992, 136

Hackstein, Rolf, Arbeitswissenschaft im Umriß, Band 1: Gegenstand und Rechtsverhältnisse, 1977

Häberle, Peter, Die Verfassung des Pluralismus. Studien zur Verfassungstheorie der offenen Gesellschaft, 1980

Häußler, Siegfried, Zum Problem der Arbeitsunfähigkeit im Rahmen der Rehabilitation, Rehabilitation 1984, 110

Hagemeier, Christian, Kempen, Otto Ernst, Zachert, Ulrich, Zilius, Jan, Tarifvertragsgesetz, Kommentar für die Praxis, 2.Auflage 1990

Haines, Hartmut, Eingliederung Behinderter, Rehabilitation 1991, 180

Hambüchen, Ulrich (Hg), Handbuch des Fachanwalts, - Sozialrecht -, 2.Auflage 1990

Handbuch des Gratifikationsrechts, 9.Auflage 1983

Hanau, Peter, Adomeit, Klaus, Arbeitsrecht, 10.Auflage 1992

Hauck, Karl, Haines, Hartmut, Sozialgesetzbuch, SGB I, Allgemeiner Teil, Kommentar, Stand: Oktober 1988
Sozialgesetzbuch, SGB IV, Gemeinsame Vorschriften für die Sozialversicherung, Kommentar, Stand: Januar 1994
Hauck, Karl, Gerlach, Werner, Kranig, Andreas, Kruschinsky, Michael, Noftz, Wolfgang, Schirmer, Horst Dieter, Sozialgesetzbuch, SGB V, Gesetzliche Krankenversicherung, Kommentar, Stand: Januar 1994
Hauck, Karl, Haines, Hartmut, Diel, Udo, Finke, Hugo, Kamprad, Peter, Klattenhoff, Roland, Stahl, Helmut, Walloth, Wolf-Dietrich, Sozialgesetzbuch, SGB VI, Gesetzliche Rentenversicherung, Kommentar, Stand: Oktober 1993
Heimeier, W., Krankheit und Arbeitsverhältnis, Rechte und Pflichten des Arbeitgebers bei Krankheit eines Arbeitnehmers, DB 1953, Beilage 2 zu Heft 4

Heinze, Helmut, Die Arbeitsunfähigkeit als Tatbestand der Sozialversicherung, DAngVers 1981, 385

Heinze, Helmut, Erzwungene Rehabilitation ?, DAngVers 1985, 193

Henke, Norbert, Mitwirkung des Leistungsberechtigten und Geheimhaltung der Leistungsträger nach dem Allgemeinen Teil des Sozialgesetzbuchs, VSSR 1976, 41

Herbst, Jens, Umfang des Mitbestimmungsrechts bei freiwilligen übertariflichen Zulagen, DB 1987, 738

Herschel, Willhelm, Anmerkung zu BAG AP Nr. 40 zu § 1 ArbKrankhG

Herschel, Wilhelm, Haupt- und Nebenpflichten im Arbeitsverhältnis, BB 1978, 569

Herschel, Wilhelm, Löwisch, Manfred, Steinmann, Georg, Kommentar zum Kündigungsschutzgesetz, 6.Auflage 1984

Hertwig, Stefan, Das Verwaltungsrechtsverhältnis der Mitgliedschaft Versicherter in einer gesetzlichen Krankenkasse. Zugleich ein Beitrag zur Theorie des öffentlich-rechtlichen Sonderschuldverhältnisses, 1989

Hess, Harald, Schlochauer, Ursula, Glaubitz, Werner, Kommentar zum Betriebsverfassungsgesetz, 4.Auflage 1993

Hessel, Philipp, Krankheit im Arbeitsrecht, 3.Auflage 1961

Hilger, Marie Luise, Zum "Arbeitnehmer-Begriff", RdA 1989, 1

Hilger, Marie-Luise, Richterrecht in der betrieblichen Altersversorgung, RdA 1981, 6

Hill, Hermann, Rechtsverhältnisse in der Leistungsverwaltung, NJW 1986, 2602

Hofmann, Bernhard, Der befristete Arbeitsvertrag im Spiegel der neueren Rechtsprechung, ZTR 1993, 399

Hofmann, Paul, Zum Problem des Verschuldens bei krankheitsbedingter Arbeitsunfähigkeit, ZfA 1979, 275

Horch, Raymund, Hoffart, Jürgen, Stenner, Dieter, Zur Problematik der "Arbeitsunfähigkeit" und deren Begutachtung durch den Medizinischen Dienst der Krankenversicherung, MedSach 1993, 25

von Hoyningen-Huene, Gerrick, Betriebsverfassungsrecht, 3.Auflage 1993

von Hoyningen-Huene, Gerrick, Die Billigkeit im Arbeitsrecht, 1978

von Hoyningen-Huene, Gerrick, Die Haftungseinschränkung des Arbeitnehmers - Rechtsfortbildung ohne Rechtsfortschritt -, BB 1989, 1889

von Hoyningen-Huene, Gerrick, Meier-Krenz, U., Mitbestimmung trotz Tarifvertrages ? Tarifvorbehalt und Tarifvorrang in § 77 III BetrVG, NZA 1987, 793

von Hoyningen-Huene, Gerrick, Das Rechtsverhältnis zur stufenweisen Wiedereingliederung arbeitsunfähiger Arbeitnehmer (§ 74 SGB V), NZA 1992, 49

von Hoyningen-Huene, Gerrick, Boemke, Burkhard, Die Versetzung, 1991

Hromadka, Wolfgang, Ein Arbeitsvertragsgesetz. Der Diskussionsentwurf des Arbeitskreises "Deutsche Rechtseinheit im Arbeitsrecht", NJW 1992, 1985

Hromadka, Wolfgang, Zur Mitbestimmung bei allgemeinen übertariflichen Zulagen, - Gewährung, Erhöhung, Umstrukturierung, Anrechnung, Kürzung, Widerruf -, DB 1988, 2636

Hromadka, Wolfgang, Sprecherausschußgesetz, Kommentar, 1991

Huber, Ulrich, Zivilrechtliche Fahrlässigkeit, in: FS für Ernst Rudolf Huber, 1973, S. 253

Hübner, Betina, Die individualrechtliche Versetzungsbefugnis und Versetzungspflicht des Arbeitgebers unter besonderer Berücksichtigung von Schwerbehinderten und älteren Arbeitnehmern, 1992

Hueck, Alfred, Anmerkung zu BAG AP Nr. 76 zu § 611 BGB Fürsorgepflicht

Hueck, Alfred, Hueck, Götz, von Hoyningen-Huene, Gerrick, Linck, Rüdiger, Kündigungsschutzgesetz, Kommentar, 11.Auflage 1992

Hueck, Alfred, Nipperdey, Hans Carl, Lehrbuch des Arbeitsrechts, Band I, 7.Auflage 1963 und Band II/1, 7.Auflage 1967

Hueck, Alfred, Nipperdey, Hans Carl, Tophoven, E., Stahlhacke, Eugen, Tarifvertragsgesetz mit Durchführungs- und Nebenvorschriften, Kommentar, 4.Auflage 1964

Hunold, Wolf, Gleichbehandlungsgrundsatz, Gleichbehandlungsgesetz und Gleichberechtigungssatz im Betrieb, Eine kritische Bestandsaufnahme anhand der Rechtsprechung, DB 1984, Beilage 5

Hunold, Wolf, Krankheit des Arbeitnehmers, Entgeltfortzahlung, Zweifelsfälle, Kündigung. Problemlösungen für die Praxis 1987

Ihlefeld, Andreas, Anmerkung zu LAG Berlin vom 7.6.1978-5 Ta BV 2/78, ArbuR 1978, 348

Institut für Empirische Soziologie Nürnberg, Maßnahmen zur stufenweisen Wiedereingliederung Behinderter in den Arbeitsprozeß, Bestandsaufnahme von Konzepten, Erfahrungen und Problemen, Projektleitung: Wasilewski, Rainer, Projektbearbeitung: Faßmann, Hendrik, Oertel, Martina, 1990

Jäger, Carl Hellmut, Krankheit des Arbeitnehmers, 5.Auflage 1975
Jaeger, Rolf, Anmerkung zu BAG vom 29.1.1992-5 AZR 37/91, BetrR 1992, 98

Jahn, Kurt, Sozialgesetzbuch (SGB) für die Praxis, Kommentar, 1992

Jahnke, Volker, Gratifikationen und Sonderleistungen, 1978

Jahnke, Volker, Die Mitbestimmung des Betriebsrats auf dem Gebiet der betrieblichen Sozialleistungen, ZfA 1980, 863

Jakumeit, W., Wilde, K., Die behördliche Betreuungspflicht in der Rechtsprechung des Bundessozialgerichts, insbesondere die damit verbundenen Rechtswegfragen, SGb 1971, 375

Janson, Bernd, Verwaltungsrechtliches Schuldverhältnis, Verwaltungsverfahrensgesetz und Reform der Staatshaftung, DÖV 1979, 696

Jörg, Michael, Das neue Kassenarztrecht, 1993

Joost, Detlev, Betriebliche Mitbestimmung bei der Lohngestaltung im System von Tarifautonomie und Privatautonomie, ZfA 1993, 257

Jülicher, Friedrich, Schadensersatzpflicht des Versicherten bei schuldhafter Nichterfüllung von Mitwirkungspflichten und anderen Nebenpflichten aus dem Sozialversicherungsverhältnis ?, SGb 1979, 445

Jürgens, Andreas, Das Rechtsverhältnis zwischen Behinderten und Werkstätten für Behinderten, RdA 1986, 349

Kärcher, Konrad, Anmerkung zu SG Magdeburg v. 24.3.1992-L 1 Ar 8/91, Sgb 1993, 494

Kaiser, Heinrich, Dunkl, Hans, Die Entgeltfortzahlung im Krankheitsfalle, Kommentar, 2.Auflage 1984

Kaskel, Walter, Dersch, Hermann, Arbeitsrecht, 5.Auflage 1957

Kasseler Kommentar, Sozialversicherungsrecht, Stand: Oktober 1993

Kehrmann, Karl, Pelikan, Wolfgang, Lohnfortzahlungsgesetz, Kommentar, 2.Auflage 1973

Kempff, Gilbert, "Treuepflicht" und Kündigungsschutz, Gemeinschafts- und Treuegedanken - eine Ideologie?, DB 1979, 790

Kesselheim, Harald, Medizinischer Dienst der Krankenversicherung, Chancen zur Verbesserung des Services, DOK 1990, 418

Keßler, Rainer, Anmerkung zu BAG v. 13.5.1992-7 ABR 72/91, ArbuR 1993, 342

Kirchhof, Paul, Allgemeines Verwaltungsrecht, in: Sozialrechtsprechung, FS zum 25jährigen Bestehen des BSG, 1979, S. 537

Kittner, Michael, Trittin, Wolfgang, Kündigungsschutzrecht, Kommentar für die Praxis zum Kündigungsschutzgesetz und zu den anderen Kündigungsvorschriften mit den Übergangsregelungen in den neuen Bundesländern, 1993

Klages, Werner, Personaleinsatz bei bedingter Arbeitsfähigkeit, BB 1983, 1223

Klatt, Wolfgang, Treuepflichten im Arbeitsverhältnis. Eine rechtshistorische Untersuchung, 1990

Knevels, Peter, Ortlepp, Hanns-Peter, Gratifikationen, Anwesenheits- und Treueprämien, Tantiemen, 2.Auflage 1979

Knieps, Franz, Strukturelle Veränderungen der gesetzlichen Krankenversicherung - Eine Zwischenbilanz des Gesundheits-Reformgesetzes (GRG) -, SozFort 1991, 212

Knoll, Ernst, Erwerbsfähigkeit, SGb 1957, 321

Knopp, Anton, Fichtner, Otto, Wienand, Manfred, Bundessozialhilfe-Gesetz, Kommentar, 7.Auflage 1992

Knorr, Gerhard, Bichlmeier, Gerd, Kremhelmer, Hans, Handbuch des Kündigungsrechts, 3.Auflage 1991

Koch, Hugo, Hartmann, Otto K., Casselmann, Karl-Heinz, Friederichs, Helmut, Kaltenbach, Helmut, Maier, Kurt, Die Rentenversicherung im Sozialgesetzbuch, Stand: Oktober 1993

Köhn, Manfred, Moch, Peter, Wiedereingliederung in den Erwerbsprozeß nach schwerer Krankheit, BKK 1990, 485

Köhn, Manfred, Müller, Ludwig, Wiedereingliederung in den Arbeitsprozeß nach schwerer Krankheit ("Siemens-Modell"), BKK 1990, 700

Kolb, Rudolf A., Seidel, Ehrentraud, Rehabilitationsrecht, Kommentar, 1985

Kopp, Ferdinand O., Verwaltungsverfahrensgesetz, 5.Auflage, 1991

Kraft, Alfons, Die betriebliche Lohngestaltung im Spannungsfeld von Tarifautonomie, betrieblicher Mitbestimmung und Vertragsfreiheit, in: Sozialpartnerschaft in der Bewährung, FS für Karl Molitor, 1988, S. 207

Kraft, Alfons, Mitbestimmungsrechte der Betriebsrates bei betrieblichen Berufsbildungs- und sonstigen Bildungsmaßnahmen nach § 98 BetrVG, NZA 1990, 457

Kramer, Ernst A., Vermögensrechtliche Aspekte der Treue- und Fürsorgepflicht, in: Tomandl, Theodor (Hg), Treue- und Fürsorgepflicht im Arbeitsrecht, 1975, S. 107

Kramer, Stefan, Probleme der Mitwirkungsrechte des Sprecherausschusses, NZA 1993, 1024

Krasney, Otto Ernst, Abgrenzung der Risiken in der gesetzlichen Unfallversicherung - Fragen und Vorschläge zu einem SGB VII -, VSSR 1993, 81

Krasney, Otto Ernst, Zum Krankheitsbegriff in der Entwicklung der gesetzlichen Krankenversicherung, ZSR 1976, 411

Krasney, Otto Ernst, Zur Mitwirkung des Betroffenen bei der Rehabilitation, DOK 1982, 705

Krause, Peter, von Maydell, Bernd, Merten, Detlev, Meydam, Jan, GK-SGB IV, 1978

Krause, Peter, Das öffentlich-rechtliche Schuldverhältnis in der Rechtsprechung des Bundessozialgerichts, BlStSozArbR 1979, 145

Krauskopf, Dieter, Schroeder-Printzen, Günter, Soziale Krankenversicherung, Kommentar, 2.Auflage, Stand: Mai 1988

Krauskopf, Dieter, Schroeder-Printzen, Günther, Baier, Gerhard, Soziale Krankenversicherung, SGB V und Nebengesetze, Kommentar, 3.Auflage, Stand: November 1993

Krejci, Heinz, Nebenpflichten der Sozialversicherungsträger gegenüber den Versicherten (unter besonderer Berücksichtigung der Betreuungspflichten), VSSR 1975, 212

Krejci, Heinz, Das Sozialversicherungsverhältnis, 1977

Kruck, Peter, Stufenweise Wiedereingliederung ins Erwerbsleben - "Teilarbeitsfähigkeit" - aus juristischer Sicht, MedSach 1989, 76

Kruse, Udo, Die Frage des Verschuldens beim Anspruch auf Entgeltfortzahlung im Krankheitsfall, BB 1976, 984

Küchenhoff, Günther, Gemeinsame Anmerkung zu BAG AP Nr. 25, 26 zu § 1 LohnFG

Künnell, Erich, Leistungsbeschränkung nach § 52 SGB V bei Selbstverschulden des Versicherten, DOK 1990, 333

Künzl, Reinhard, Begriff des Verschuldens bei der Entgeltfortzahlung, Verschuldete Arbeitsunfähigkeit eines alkoholkranken Arbeitnehmers bei Besitz eines Kraftfahrzeuges?, BB 1989, 62

Kunze, Thomas, Mißglückter Arbeitsversuch, Zu Sinn und Dogmatik, DOK 1981, 454

Lachwitz, Klaus, Lohn und Sozialhilfe in der Werkstatt für Behinderte (WfB) - Ein Spannungsverhältnis ?, SozSich 1987, 69

Lambeck, Rainer, Zum Beweiswert ärztlicher Arbeitsunfähigkeitsbescheinigungen im Entgeltfortzahlungsprozeß, NZA 1990, 88

Lange, Hermann, Schadensersatz, Handbuch des Schuldrechts, 1979

Larenz, Karl, Allgemeiner Teil des Deutschen Bürgerlichen Rechts, 7.Auflage 1989

Larenz, Karl, Lehrbuch des Schuldrechts I, Allgemeiner Teil, 14.Auflage 1987

Lauterbach, Herbert, Watermann, Friedrich, Gesetzliche Unfallversicherung, Kommentar, 3.Auflage, Stand: September 1993

Lehr- und Praxiskommentar zum Bundessozialhilfegesetz (LPK-BSHG)/Autorengruppe, 3.Auflage 1991

Leisten, Leonhard, Die rechtliche Stellung der Behinderten in der Werkstatt für Behinderte, 1989

Lepke, Achim, Kündigung bei Krankheit, 8.Auflage 1991

Lepke, Achim, Rechtsfolgen bei der Verletzung von Verhaltensobliegenheiten des Arbeitnehmers bei feststehender oder behaupteter, aber zweifelhafter krankheitsbedingter Arbeitsunfähigkeit (I) und (II), DB 1974, 430ff., 478ff.

Lieb, Manfred, Die Mitbestimmung beim Prämienlohn, ZfA 1988, 413

Liebig, Detlef, Die Krankheit des Arbeitnehmers als Kündigungsgrund, Diss., 1988

Liebold, Rolf, Zalewski, Thomas, Kassenarztrecht, dargestellt und erläutert auf Grund der gesetzlichen Bestimmungen, Verträge, Richtlinien, Satzungsnormen und der Rechtsprechung, 5.Auflage, Stand: September 1993

Lipke, Gert-Albert, Gratifikationen, Tantiemen, Sonderzulagen, 1982

Löwer, Wolfgang, Rechtsverhältnisse in der Leistungsverwaltung, NVwZ 1986, 793

Löwisch, Manfred, Anmerkung zu BAG, AR-Blattei, D, Betriebsverfassung XIV B, Entscheidung Nr. 91

Löwisch, Manfred, Anmerkung zu BAG AP Nr. 8 zu § 20 BetrVG

Löwisch, Manfred, Die Befristung einzelner Bedingungen des Arbeitsvertrages, ZfA 1986, 1

Löwisch, Manfred, Der Erlaß von Rauchverboten zum Schutz vor Passivrauchen am Arbeitsplatz, DB 1979, Beilage 1

Löwisch, Manfred, Gemeinschaftsarbeiten für Bezieher von Arbeitslosengeld und Arbeitslosenhilfe in rechtlicher Sicht, NZS 1993, 473

Löwisch, Manfred, Kommentar zum Sprecherausschußgesetz, 2.Auflage 1994, 1989

Löwisch, Manfred, Rechtswidrigkeit und Rechtfertigung von Forderungsverletzungen, AcP 165, 1965, 421

Löwisch, Manfred, Taschenkommentar zum Betriebsverfassungsgesetz, 2.Auflage 1989

Löwisch, Manfred, Was sagt der Professor zu "Lanzarote auf Krankenschein"? - Zur Rolle der Rechtswissenschaft in der Sendereihe "Wie würden Sie entscheiden?" -, in: FS für Gerd Jauch, 1990, 131

Löwisch, Manfred, Rieble, Volker, Anmerkung zu BAG, AR-Blattei, D, Betriebsverfassung XIV B, Entscheidung Nr. 91 und 102

Löwisch, Manfred, Rieble, Volker, Anmerkung zu BAG, AR-Blattei, Betriebsverfassung V, Entscheidung Nr. 23

Löwisch, Manfred, Rieble, Volker, Anmerkung zu BAG, Ar-Blattei, Betriebsverfassung IX B, Entscheidung Nr. 102

Löwisch, Manfred, Rieble, Volker, Tarifvertragsgesetz, Kommentar, 1992

Loritz, Karl-Georg, Betriebliche Arbeitnehmerbeteiligungen in Tarifverträgen und Betriebsvereinbarungen, DB 1985, 531

Lotmar, Philipp, Der Arbeitsvertrag nach dem Privatrecht des Deutschen Reichs, Band I, 1902

Lueg, Heinz-Werner, von Maydell, Bernd, Ruland, Franz (Hg), Gemeinschaftskommentar zum Sozialgesetzbuch - Gesetzliche Rentenversicherung, SGB VI, 1992

Luhmann, Ulrich, Zach, Georg M., Sämtliche Sonderzuwendungen an den Arbeitnehmer und ihre Auswirkungen auf das Unternehmen aus arbeitsrechtlicher, steuerlicher und betrieblicher Sicht, 1979

Lüth, Paul, Wörterbuch zur medizinischen Soziologie, 1980

Maaßen, Hans Joachim, Schermer, Joachim, Wiegand, Dietrich, Zipperer, Manfred, Sozialgesetzbuch Fünftes Buch - SGB V, Gesetzliche Krankenversicherung GKV, Kommentar, Stand: September 1993

Marburger, Horst, Zu den Auswirkungen der Lohn- und Gehaltsfortzahlung im Krankheitsfalle auf die Bereiche der sozialen Sicherung, BB 1973, 851

Marburger, Horst, Handbuch des Leistungswesens der Krankenversicherung, Stand: Juli 1988

Marburger, Horst, Zum Verschuldensbegriff im Bereich der Entgeltfortzahlung im Krankheitsfalle, DB 1980, 399

Marhold, Franz, Schadensteilung im Arbeitsverhältnis, Jus 1991, 921

Marienhagen, Rolf, Lohnfortzahlungsgesetz, Kommentar, 1990

Marschner, Andreas, Neue Entwicklung im Recht des Krankengeldes, SozVers 1992, 45

Matthes, Hans-Christoph, Die Rechtsprechung des Bundesarbeitsgerichts zur Mitbestimmung des Betriebsrates in Entgeltfragen, NZA 1987, 289

Maurer, Hartmut, Allgemeines Verwaltungsrecht, 8.Auflage 1992

Maus, Wilhelm, Tarifvertragsgesetz, Kommentar, 1956

May, Arthur, Die krankheitsbedingte Arbeitsunfähigkeit - Feststellung und Rechtsbegriff -, SGb 1988, 477

von Maydell, Bernd, Gemeinschaftskommentar zum Sozialgesetzbuch - Gesetzliche Krankenversicherung, GK-SGB V, 1992 von Maydell, Bernd, Der Begriff der Zumutbarkeit im Sozialrecht unter besonderer Berücksichtigung der §§ 62 bis 66 SGB-AT, in: Im Dienst des Sozialrechts, FS für Georg Wannagat, 1981, 271

von Maydell, Bernd, Eylert, Mario, Anmerkung zu BAG EzA § 1 KSchG Krankheit Nr.5

von Maydell, Bernd, Eylert, Mario, Zum Wahlrecht der Behinderten nach dem Betriebsverfassungsgesetz in den Werkstätten für Behinderte, RdA 1981, 148

von Maydell, Bernd, Schellhorn, Walter, Gemeinschaftskommentar zum Sozialgesetzbuch - Zusammenarbeit der Leistungsträger und ihre Beziehungen zu Dritten, GK-SGB X 3, 1984

Mayer-Maly, Theo, Arbeitsverhältnis und Privatsphäre, ArbuR 1968, 1

Mayer-Maly, Theo, Erwerbsabsicht und Arbeitnehmerbegriff, 1965

Mayer-Maly, Theo, Österreichisches Arbeitsrecht I Band 1 Individualarbeitsrecht, 1987

Mayer-Maly, Theo, Die Risikohaftung des Arbeitgebers für Eigenschäden des Arbeitnehmers, NZA 1991, Beilage 3, S. 5

Mayer-Maly, Theo, Treue- und Fürsorgepflicht in rechtstheoretischer und rechtsdogmatischer Sicht, in: Tomandl, Theodor (Hg), Treue- und Fürsorgepflicht im Arbeitsrecht, 1975, S. 71

Meisel, Peter G., Anmerkung zu BAG vom 19.5.1982-5 AZR 466/80, SAE 1983, 181

Mergler, Otto, Zink, Günther, Dahlinger, Erich, Zeitler, Helmut, Bundessozialhilfegesetz, Kommentar, 5.Auflage, Stand: Januar 1987

Merle, Günter, Der freiwillige soziale Aufwand in der Industrie und seine betriebswirtschaftliche Behandlung, 1963

Merten, Detlef, Zur Abgrenzung von öffentlich-rechtlichen und bürgerlich-rechtlichen Streitigkeiten im Sozialversicherungsrecht - Dargestellt am Beispiel des § 405 RVO -, VerwArch 1975, 387

Merten, Detlef, Die Rechtsnatur der Beziehungen zwischen dem versicherten Beschäftigten und seinem Arbeitgeber im Sozialversicherungsrecht, in: FS für Karl Sieg, 1976, 383

Meydam, Jan, Geringfügige Beschäftigung im sozialversicherungsrechtlichen Wandel, SGb 1983, 228

Meyer, Wolfgang, Behördliche Betreuungspflichten im Sozialverwaltungsrecht - Anmerkung zur Typik und zur rechtsdogmatischen Grundlegung -, SGb 1985, 57

Meyer-Ladewig, Jens, Sozialgerichtsgesetz, Kommentar, 5.Auflage 1993

Michaelis, Klaus, Die Rentenberechnung, Rentenzahlung, Rentenanpassung, in: Verband Deutscher Rentenversicherungsträger, Ruland, Franz (Hg), Handbuch der gesetzlichen Rentenversicherung, FS aus Anlaß des 100jährigen Bestehens der gesetzlichen Rentenversicherung, 1990. S. 695

Michels-Holl, Gisela, Die Rechtsprechung des Bundesarbeitsgerichts in Fragen der Arbeitnehmerhaftung, Das Arbeitsrecht der Gegenwart, 27, 1990, 253

Misera, Karlheinz, Anmerkung zu BAG vom 29.1.1992-5 AZR 37/91, SAE 1992, 355

Molitor, Erich, Sonderzuwendungen, RdA 1952, 124

Molitor, Erich, Das Wesen des Arbeitsvertrages, Eine Untersuchung über die Begriffe des Dienst- und Werkvertrags, sowie des Vertrags über abhängige Arbeit, 1925

Molkenbur, Josef, Roßmanith, Günther, Mitbestimmung des Betriebsrats und Betriebsvereinbarungen in der betrieblichen Altersversorgung, ArbuR 1990, 333

Moll, Wilhelm, AR-Blattei, D, Arbeitspflicht I, 1980

Moll, Wilhelm, Dienstvergütung bei persönlicher Verhinderung, Ein historisches Problem und seine heutige Bewältigung, RdA 1980, 138

Moll, Wilhelm, Die Mitbestimmung des Betriebsrats beim Entgelt, 1977

Moswald, Inge, Seminar zur stufenweisen Wiedereingliederung ins Erwerbsleben, AOK Heidelberg, unveröffentlichtes Manuskript, o.J. (1993)

Moswald, Inge, Stufenweise Wiedereingliederung von Langzeitkranken, DOK 1993, 567

Motzer, Stefan, Die "positive Vertragsverletzung" des Arbeitnehmers, Zugleich ein Beitrag zur Bestimmung von Inhalt und Rechtsnatur der Arbeitnehmerpflichten, 1982

Mrozynski, Peter, Rehabilitationsrecht, Eine Darstellung der sozialrechtlichen Grundlagen unter Berücksichtigung der Rechtsprechung, 3.Auflage 1992

Mrozynski, Peter, Sozialrechtliche Fragen der stufenweisen Eingliederung psychisch Behinderter in das Arbeitsleben, SGb 1985, 277

Müller, Joachim, Nick, Franz R., Ehreiser, Hans-Jörg, Sozialstaat und soziale Sicherung, 3.Auflage 1984

Müller, Wigo, Die Zuständigkeit der Arbeitsgerichte zur Entscheidung steuer- und sozialversicherungsrechtlicher Fragen, DB 1977, 997

Münchener Handbuch zum Arbeitsrecht, hg. von Richardi, Reinhard, Wlotzke, Otfried, Band 1 Individualarbeitsrecht I, 1992; Band 2, Individualarbeitsrecht II, 1993, Band 3 Kollektives Arbeitsrecht, 1993

Münchener Kommentar zum Bürgerlichen Gesetzbuch, Hg. von Rebmann, Kurt, Säcker, Franz Jürgen, Band I, 3.Auflage 1993; Band II, 3. Auflage 1994; Band III/1, 2.Auflage 1988; Band III/2, 2.Auflage 1986

Münnich, Frank E., Eigenverantwortung als gesellschaftliches Organisationsprinzip, - Alternativen und Modelle dargestellt am Beispiel der Gesetzlichen Krankenversicherung VSSR 1981, 197

Natzel, Benno, Bundesurlaubsrecht, Handkommentar des gesamten Urlaubsrechts des Bundes für die betriebliche Praxis, 4.Auflage 1988

Neseker, Herbert, Der geistig Behinderte in der beschützenden Werkstatt, ZfF 1970, 290

Neugebauer, Gabriele, Kritische Überlegungen zum Wirtschaftlichkeitsbegriff im GRG, in: von Maydell, Bernd (Hg), Probleme sozialpolitischer Gesetzgebung - Das Beispiel des Gesundheitsreformgesetzes, 1991, S. 117

Neumann, Dirk, Beschäftigung Behinderter in Werkstätten für Behinderte, RdA 1981, 143

Neumann, Dirk, Pahlen, Ronald, Schwerbehindertengesetz, Kommentar, 8.Auflage 1992

Nikisch, Arthur, Arbeitsrecht, Band I, 3.Auflage 1961 und Band II, 2.Auflage 1959

Nikisch, Arthur, Zur rechtlichen Stellung der Rote-Kreuz-Schwestern, Zugleich ein Beitrag zur Lehre vom Leiharbeitsverhältnis in: FS für Alfred Hueck, 1959, S. 1

Nöthlichs, Matthias, Arbeitssicherheitsgesetz, Kommentar zum Gesetz über Betriebsärzte, Sicherheitsingenieure und andere Fachkräfte für Arbeitssicherheit sowie einschlägige Unfallverhütungsvorschriften, Ländervorschriften und Vorschriften des materiellen Arbeitsschutzes, Stand: 1989

Öhlinger, Theo, Rechtsverhältnisse in der Leistungsverwaltung, VVDStRL 45, 1987, 182

Oesterreicher, Ernst, Schelter, Kurt, Kunz, Eduard, Bundessozialhilfegesetz mit Recht der Kriegsopferfürsorge, Kommentar, Stand: Januar 1990

Oetker, Hartmut, Das Arbeitsentgelt der leitenden Angestellten zwischen Individualautonomie und kollektiver Interessenvertretung, BB 1990, 2181

Oetker, Hartmut, Grundprobleme bei der Anwendung des Sprecherausschußgesetzes, ZfA 1990, 43

Oetker, Hartmut, Die Mitbestimmung der Betriebs- und Personalräte bei der Durchführung von Berufsbildungsmaßnahmen des Arbeitgebers, 1986

Olderog, Hans-Hermann, Rechtsfragen bei Krankheit im Arbeitsverhältnis, BB 1989, 1684

Ossenbühl, Fritz, Staatshaftungsrecht, 4.Auflage 1991

Otto, Hansjörg, Anmerkung zu BAG EzA § 1 KSchG Krankheit Nr.10

Palandt, Bürgerliches Gesetzbuch, 53.Auflage 1994

Papier, Hans-Jürgen, Die Forderungsverletzung im öffentlichen Recht, 1970

Pauly, Hans-Joachim, Kündigung wegen Nebenbeschäftigung während der Arbeitsunfähigkeit, Zum Urteil des Bundesarbeitsgerichts vom 13.11.1979=DB 80, S. 741 f., DB 1981, 1282

Pelz, Frank M., Direktionsrecht und arbeitsvertraglicher Versetzungsbegriff, in: Aktuelle Aspekte des Arbeitsrechts, FS der Arbeitsrechtlichen Arbeitskreise Dieter Gaul, 1987, S. 83

Peterek, Rainer, Fragen zur Regelungsabrede, in: FS für Dieter Gaul, 1992, S. 471

Peters, Horst, Handbuch der Krankenversicherung, 17.Auflage, Stand: Februar 1980

Peters, Horst, Hommel, Hubertus, Handbuch der Krankenversicherung. Ausführliche Erläuterungen zum Ersten Buche des Sozialgesetzbuches, Sozialgesetzbuch - Allgemeiner Teil - Stand: August 1986

Peters, Horst, Sautter, Theodor, Wolff, Richard, Kommentar zur Sozialgerichtsbarkeit. Ausführliche Erläuterungen zum Sozialgerichtsgesetz von Hommel, Hubertus, Bley, Helmar, Kummer, Peter, 4.Auflage, Stand: Februar 1993

Plagemann, Jochen, Plagemann, Hermann, Grenzen der Leistungspflicht der gesetzlichen Krankenversicherung in der neueren Rechtsprechung des Bundessozialgerichts, in: Im Dienst des Sozialrechts, FS für Georg Wannagat, 1981, S. 341

Pleiß, Ulrich, Freiwillige soziale Leistungen der industriellen Unternehmung. Versuch einer Wesenserfassung und systematischen Ordnung, 1960

Popp, Klaus, Materiell- und prozeßrechtliche Probleme der krankheitsbedingten Kündigung, DB 1981, 2611

Pünnel, Leo, Das Rechtsverhältnis der Behinderten zur "Werkstatt für Behinderte", ArbuR 1978, 44

Pünnel, Leo, Vater, Alexander, Rechtsbeziehungen in der Werkstatt für Behinderte nach der Werkstättenverordnung, ArbuR 1981, 230

Raatz, Günther, Entgeltfortzahlung im Krankheitsfalle. Die objektiven Anspruchsvoraussetzungen, 1963

Rebscher, Manfred, Ansätze zu einem Begründungs-, Ziel- und Organisationskonzept für den MDK - eine Thesenfolge-, BKK 1990, 122

Reyer, Rudolf, Gratifikationen, Tantiemen, Sonderzulagen, Betriebliche Zulagen im Arbeits-, Steuer- und Sozialversicherungsrecht, 1972

RGRK, Das Bürgerliche Gesetzbuch mit besonderer Berücksichtigung der Rechtsprechung des Reichsgerichts und des Bundesgerichtshofes, Kommentar, hg. von Mitgliedern des Bundesgerichtshofes, 12.Auflage 1976-1989

Richardi, Reinhard, Entwicklungstendenzen der Treue- und Fürsorgepflichr in Deutschland, in: Tomandl, Theodor (Hg), Treue- und Fürsorgepflicht im Arbeitsrecht, 1975, S. 541

Richardi, Reinhard, Die Mitbestimmnug des Betriebsrats bei der Regelung des Arbeitsentgelts, ZfA 1976, 1

Richardi, Reinhard, Mitbestimmung des Betriebsrats bei Sozialleistungen des Arbeitgebers, in: In memoriam Sir Otto Kahn-Freud, 1980, S. 247

Richter, Lutz, Arbeitsrecht als Rechtsbegriff, Eine systematologische Studie, 1923

Röder, Gerhard, Das betriebliche Wohnungswesen im Spannungsfeld von Betriebsverfassungsrecht und Wohnungsmietrecht, 1983

Röhsler,Waldemar, AR-Blattei, D, Gratifikation I, 1977

Röhsler, Waldemar, AR-Blattei, D, Krankheit des Arbeitnehmers I, 1975

Römer, Hubald, Teilarbeitsfähigkeit als Problem der Rehabilitation, Deutsches Ärzteblatt 1975, 2765

Rohlfing, Theodor, Rewolle, Hans-Dietrich, Bader, Peter, Kündigungsschutzgesetz, Kommentar, Stand: Juni 1991

Roost, Jakob, Freiwillige Sozialleistungen - Bedeutung, Arten und Ausgestaltung, 1979

Rüfner, Wolfgang, Die Mitwirkungspflichten des Leistungsberechtigten in der Solidargemeinschaft nach §§ 60ff. SGB-AT, VSSR 1977, 347

Rüthers, Bernd, Rechtsprobleme des Zeitlohns an taktgebundenen Produktionsanlagen, ZfA 1973, 399

Ryffel, Hans, Philosophisch-anthropologische Aspekte der Arbeit im Hinblick auf ein Menschenrecht auf Arbeit, in: Ryffel, Hans, Schwartländer, Johannes (Hg), Das Recht des Menschen auf Arbeit, 1983, S. 220

Sammet, Rolf, Leistungsstörungen im Sozialversicherungsverhältnis. Zur Begründung, Unterbrechung, Beendigung und Störung des Sozialversicherungsverhältnisses, 1980

Sandmann, Georg, Marschall, Dieter, Arbeitnehmerüberlassungsgesetz - AÜG -, Kommentar, 1990

Schaaf, Michael, Anspruch auf Arbeitsentgelt aus einem Wiedereingliederungsverhältnis - Das Urteil des Bandesarbeitsgerichts vom 29.1.1992 und die Folgen -, SGb 1993, 506

Schäfer, Horst, Pflicht zu gesundheitsförderndem Verhalten?, NZA 1992, 529

Schaub, Günther, Arbeitsrechts-Handbuch, 7.Auflage 1992

Schaub, Günter, Gleichbehandlung, Gleichberechtigung und Lohngleichheit, NZA 1984, 73

Schaub, Günter, Die Mitbestimmung des Betriebsrats in der betrieblichen Altersversorgung, ArbuR 1992, 193

Schelp, Günther, Trieschmann, Günther, Das Arbeitsverhältnis im Krankheitsfalle, Handbuch, 1958

Schewe, Dieter, Gesetzesziele und -tendenzen des Gesundheits-Reformgesetzes, SozFort 1989, 153

Schieckel, H., Grüner, H., Dalichau, Gerhard, Arbeitsförderungsgesetz (AFG), Kommentar, Stand: August 1991

Schlather, Christine, Das Gesundheitsreformgesetz in der betrieblichen Praxis, NZA 1989, 825

Schliephacke, Jürgen, Petermann, Olaf, Arbeitssicherheit für Mitarbeiter von Fremdfirmen und Leiharbeitnehmer, BG 1987, 188

Schlömp-Röder, Jürgen, Westermann, Bernd, Langfristige Krankheit. Aussteuerung - Was nun?, AiB 1988, 340

Schmatz, Hans, Fischwasser, Gerd, Geyer, Karl Heinrich, Knorr, Gerhard, Vergütung der Arbeitnehmer bei Krankheit und Mutterschaft, 6.Auflage, Stand: Oktober 1993

Schmidt, Detlef, Die Unterscheidung von privatem und öffentlichen Recht, 1985

Schmidt, Ferdinand, Weltgesundheitstag 1980 - Tag des Nichtrauchens, DOK 1980, 192

Schmidt, Verena, Nicht mit dem Marathonlauf anfangen, SiemensWelt 1993, 28

Schmitt, Jochem, Lohnfortzahlungsgesetz und Bestimmungen zur Gehaltsfortzahlung, Kommentar, 1992

Schnapp, Friedrich E., Rechtsverhältnisse in der Leistungsverwaltung, DÖV 1986, 811

Schnapp, Friedrich E., Sozialrecht und Verwaltungsrecht, SGb 1979, 200

Schnorr von Carolsfeld, Ludwig, Über das Sozialversicherungsverhältnis, in: Im Dienst des Sozialrechts, FS für Georg Wannagat, 1981, S. 473

Schnorr von Carolsfeld, Ludwig, Über die Verkürzung von Leistungsansprüchen aus der Sozialversicherung wegen des Verhaltens Versicherter (§§ 192, 553, 554, 1277 RVO), in: FS für Horst Schickel, 1978, S. 261

Schroeder-Printzen, Günter, Engelmann, Klaus, Schmalz, Ursula, Wiesner, Siegfried, von Wulffen, Matthias, Sozialgesetzbuch - SGB X, Zusammenarbeit der Leistungsträger und ihre Beziehungen zu Dritten - §§ 86 bis 119 SGB X - Kommentar und Ergänzungsband, 1984

Schulin, Bertram, Anfängliche Arbeitsunfähigkeit im Lohnfortzahlungsrecht, Ein Beitrag zur arbeitsrechtlichen Lehre vom Begriff der Arbeitsunfähigkeit unter besonderer Berücksichtigung des Rechts der sozialen Krankenversicherung, ZfA 1978, 215

Schulin, Bertram, Anmerkung zu BAG vom 6.8.1986-5 AZR 607/85, SAE 1987, 241

Schulin, Bertram, Zum Problem der Teilarbeitsunfähigkeit im Krankenversicherungs- und Entgeltfortzahlungsrecht, SGb 1984, 285

Schulin, Bertram, Solidarität und Subsidiarität, in: von Maydell, Bernd, Kannengießer, Walter (Hg), Handbuch Sozialpolitik, 1988, S. 85

Schulin, Bertram, Sozialrecht, Ein Studienbuch, 5.Auflage 1993

Schulte-Mimberg, Udo, Das Gedankengebäude der Krankenversicherung unter dem Einfluß des Gesundheits-Reformgesetzes, SozFort 1989, 148

Schulte-Mimberg, Udo, Zehn Jahre Lohnfortzahlungsgesetz, Erfahrungen, Auswirkungen, Wertungen, Erwartungen, DOK 1980, 57

Schulte-Mimberg, Udo, Sabel, Hans-Jürgen, Rechtsprechung zur Entgeltfortzahlung im Krankheitsfalle, Eine kommentierende Gesamtdarstellung, 3.Auflage 1991

Schwarz, Walter, Dauerschuldverhältnis und Dogmatik arbeitsvertraglicher Treuepflicht, in: FS für Walter Wilburg, 1975, S. 355

Schwarz, Walter, Holzer, Wolfgang, Die Treuepflicht des Arbeitnehmers und ihre künftige Gestaltung, 1975

Schwerdtner, Peter, Fürsorgetheorie und Entgelttheorie im Recht der Arbeitsbedingungen, - Ein Beitrag zum Gemeinschafts- und Vertragsdenken im Individualarbeitsrecht und allgemeinen Zivilrecht -, 1970

Segin, Claudia, Kemmerer, Wolfgang, Gesundheits-Reformgesetz : Neue Impulse für die Zusammenarbeit von Betriebsärzten und Betriebskrankenkassen, ASPmed 1989, 226

Siemens AG, 75 Jahre Sozialarbeit bei Siemens, Dokumentation der Tagung vom 12.-14. März 1986

Siewert, Joachim, Das Kassenarztrecht, 4.Auflage 1992

Simons, Lothar, Leistungsstörungen verwaltungsrechtlicher Schuldverhältnisse, 1967

Söllner, Alfred, Die Änderung von Arbeitsbedingungen durch Weisung, in: Hromadka, Wolfgang (Hg), Änderung von Arbeitsbedingungen, 1990, S. 13

Söllner, Alfred, Einseitige Leistungsbestimmung im Arbeitsverhältnis, 1966

Söllner, Alfred, Grundriß des Arbeitsrechts, 10.Auflage 1990

Söllner, Alfred, Der Umfang der Arbeitspflicht beim Zeitlohn, in: Tomandl, Theodor, Entgeltprobleme aus arbeitsrechtlicher Sicht, 1979, S. 93

Soergel, Hs. Th., Bürgerliches Gesetzbuch mit Einführungsgesetz und Nebengesetzen, Band I 12.Auflage 1987, Band II 1 12.Auflage 1990, Band III 2 11. Auflage 1980

Sozialrechtshandbuch (SRH), hg. von v. Maydell, Bernd, Ruland, Franz, 1988

Specht, Reinhold, Verletztengeld und Übergangsgeld während der berufsgenossenschaftlichen Rehabilitation, BG 1982, 696

Spinnarke, Jürgen, Schork, Gerhard, Arbeitssicherheitsrecht (ASiR), Kommentar zum Arbeitssicherheitsgesetz (ASiG) mit allen wichtigen sicherheitstechnischen und arbeitsmedizinischen Bestimmungen, Stand: Dezember 1993

Staatslexikon, hg. von der Görres-Gesellschaft, 7.Auflage 1985

Stahlhacke, Eugen, Bachmann, Bernward, Bleistein, Franzjosef, Berscheid, Ernst-Dieter, Gemeinschaftskommentar zum Bundesurlaubsgesetz (GK-BUrlG), 5.Auflage 1992

Stahlhacke, Eugen, Preis, Ulrich, Kündigung und Kündigungsschutz im Arbeitsverhältnis, 5.Auflage 1991

J. von Staudingers Kommentar zum Bürgerlichen Gesetzbuch, 12.Auflage 1979-1993

Steck, Joachim, Die juristische Bedeutung der Mitwirkungspflichten nach den §§ 60ff. SGB I, BKK 1992, 349

Stege, Dieter, Weinspach, F.K., Betriebsverfassungsgesetz, Handkommentar für die betriebliche Praxis, 6.Auflage 1990

Steinmeyer, Heinz-Dietrich, Betriebliche Altersversorgung und Arbeitsverhältnis - Das betriebliche Ruhegeld als Leistung im arbeitsvertraglichen Austauschverhältnis, 1991

Steinwedel, Ulrich, "Verweisung" bei Arbeitsunfähigkeit, SozVers 1988, 151

Stelkens, Paul, Bonk, Heinz Joachin, Sachs, Michael, Verwaltungsverfahrensgesetz, Kommentar, 3.Auflage 1990

Terwey, Franz-Josef, Die rechtliche Betreuung des Bürgers nach dem Sozialgesetzbuch, Zugleich eine Betrachtung der sozialrechtlichen Leistungsbeziehungen unter Obligationsgesichtspunkten, 1980

Thielmann, Zum Begriff der Arbeitsunfähigkeit in der Krankenversicherung, Die Arbeiter-Versorgung 1932, 529

Töns, Hans, Arbeitsunfähigkeit im Sinne der Krankenversicherung, DOK 1968, 347

Töns, Hans, Rechtsfragen zur Krankenversicherung der Rentner, SGb 1989, 322

Tschöpe, Ulrich, Die krankheitsbedingte Kündigung in der Rechtsprechung des BAG - Eine kritische Bestandsaufnahme -, DB 1987, 1042

Ulmer, H.-V., Ferrari, R., Zur beruflichen Wiedereingliederung Genesener nach dem sogenannten "kollegialen Systen", Zeitschrift für Arbeitswissenschaft 1980, 178

Urbatsch, Peter, Grundzüge der betrieblichen Altersversorgung und des Versorgungsausgleichs unter besonderer Berücksichtigung der neueren Änderungen im Recht der Scheidungsfolgen sowie der Reform der Hinterbliebenenversorgung in der gesetzlichen Rentenversicherung, 1991

Vetter, Lore, Stufenweise Wiedereingliederung - § 74 SGB V, BKK 1989, 676

Vetter, Lore, Zober, Andreas, Berufliche Rehabilitation nach Herzinfarkt, ASUmed 1993, 383

Volmer, Bernhard, Anmerkung zu LAG Niedersachsen vom 22.9.1976-8 (6) Sa 728/76, ZfS 1978, 298

Voß, Karl-Dieter, Wiedereingliederung in das Arbeitsleben. Problem der Teilarbeitsunfähigkeit, BKK-Service 3/1993, 99

Walter I, Bernhard, Die Rechtsprechung des Bundesarbeitsgerichts zum Lohnfortzahlungs-Gesetz, Arbeitsrecht der Gegenwart 10, 1973, 37

Wank, Rolf, Einvernehmliche Änderung von Arbeitsbedingungen, in: Hromadka, Wolfgang (Hg), Änderung von Arbeitsbedingungen, 1990, S. 35

Wannagat, Georg, Lehrbuch des Sozialversicherungsrechts, Band I, 1965

Wannagat, Georg, Sozialgesetzbuch, Kommentar zum gesamten Recht des Sozialgesetzbuchs, SGB I, Allgemeiner Teil, Stand: September 1989

Wannagat, Georg, Das Verschulden im Privat- und Sozialversicherungsrecht, ZfS 1970, 33ff., 65ff.

Wanner, Ernst, Arbeitsunfähigkeits-Richtlinien in Kraft - Konkretisierung der Regelung des Gesundheitsreformgesetzes zur Arbeitsunfähigkeit und zur stufenweisen Wiedereingliederung-, DB 1992, 93

Weber, Hansjörg, Die Nebenpflichten des Arbeitgebers, RdA 1980, 289

Werner, Bernd, Beratungstätigkeit des MDK - Qualitätssicherung - Grundlagen, Ziele und Probleme, dargestellt für den stationären Bereich, DOK 1991, 576

Werner, Bernd, Vom Vertrauensärztlichen zum Medizinischen Dienst, WzS 1990, 1

Widekamp, Peter, Medizinischer Dienst der Krankenversicherung (I) - Rahmen für die Weiterentwicklung abgesteckt, ErsK 1991, 305 und (II), ErsK 1991, 337

Wiedemann, Herbert, Stumpf, Hermann, Tarifvertragsgesetz mit Durchführungs- und Nebenvorschriften, Kommentar, 5.Auflage 1977

Wiegand, Dietrich, Kassenarztrecht, Kommentar zu den §§ 69-106 SGB V mit dem Zulassungs- und Vertragsrecht, 2.Auflage 1991

Wiese, Günther, Zur Mitbestimmung des Betriebsrats bei freiwilligen, jederzeit widerruflichen Zulagen und/oder auf diese anrechenbaren Tariflohnerhöhungen, NZA 1990, 793

Wilhelm, Georg, Entgeltliche und unentgeltliche Arbeitsverhältnisse, in: Tomandl, Theodor (Hg), Entgeltprobleme aus arbeitsrechtlicher Sicht, 1979, S. 1

Willemsen, Heinz Josef, "Anstandspflichten" des erkrankten Arbeitnehmers ?, DB 1981, 2619

Winderlich, Ute, Der Urlaubszweck, ArbuR 1989, 300

Witt, Carsten, Die betriebsverfassungsrechtliche Kooperationsmaxime und der Grundsatz von Treu und Glauben, 1987

Wlotzke, Otfried, Die Änderung des Betriebsverfassungsgesetzes und das Gesetz über Sprecherausschüsse der leitenden Angestellten (I) und (II), DB 1989, 111ff., 173ff.

Wlotzke, Otfried, Betriebsverfassungsgesetz, 2.Auflage 1992

Wlotzke, Otfried, Leistungspflicht und Person des Arbeitnehmers in der Dogmatik des Arbeitsvertrages, RdA 1965, 180

Wöhe, Günter, Döring, Ulrich, Einführung in die Allgemeine BWL, 17.Auflage 1990

Wohlgemuth, Hans H., Die Arbeitnehmerhaftung im Wandel, DB 1991, 910

Wolf, Annemarie, Sozialleistungen des Unternehmers. Möglichkeiten - Vorteile - Gefahren, 1962

Wolf, Ernst, Das Arbeitsverhältnis. Personenrechtliches Gemeinschaftsverhältnis oder Schuldverhältnis ?, 1970

Wolff, Gerhard, Der versicherte Personenkreis, in: Verband Deutscher Rentenversicherungsträger, Ruland, Franz (Hg), Handbuch der gesetzlichen Rentenversicherung, FS aus Anlaß des 100jährigen Bestehens der gesetzlichen Rentenversicherung, 1990, S. 525

Wolff, Hans J., Bachof, Otto, Verwaltungsrecht III., Ein Studienbuch, 4.Auflage 1978

Wolters, Josef, Problematik und Möglichkeiten der beruflichen Wiedereingliederung von CA-Patienten, LVA Rheinprovinz Mitteilungen 1992, 299

Wulfhorst, Traugott, Leistungssteuerndes Verhalten der Berechtigten im Sozialrecht, VSSR 1982, 1

Zacher, Hans F., Verschulden im Sozialrecht - Eine Skizze -, ZfS 1983, 171

Zeihe, Paul-Arthur, Zum Begriff "Sozialleistung" im Sozialgesetzbuch - Muß die Leistung der Erfüllung der sozialen Rechten dienen ? -, SGb 1984, 561

Zeuner, Albrecht, Anmerkung zu BAG AP Nr. 44 zu § 1 LohnFG

Zeuner, Albrecht, Begrenzung der Lohnfortzahlungspflicht als Problem der Risikotragung, ArbuR 1975, 300

Zipperer, Manfred, Ein wichtiger Schritt auf dem Wege zum Sozialgesetzbuch, BArbBl 1989, Heft 4, S. 4

Zöllner, Wolfgang, Arbeitsrecht und menschengerechte Arbeitsgestaltung, RdA 1973, 212

Zöllner, Wolfgang, Die vorvertragliche und die nachwirkende Treue- und Fürsorgepflicht im Arbeitsverhältnis, in: Tomandl, Theodor (Hg), Treue- und Fürsorgepflicht im Arbeitsrecht, 1975, S.91

Zöllner, Wolfgang, Loritz, Karl-Georg, Arbeitsrecht, Ein Studienbuch, 4.Auflage 1992

Zweng, Johann, Scheerer, Reinhard, Buschmann, Gerhard, Dörr, Gernot, Handbuch der Rentenversicherung, 3.Auflage, Stand: Juni 1993

Kolibri 360 GmbH
Ferdinand-Jühlke-Straße 7
99095 Erfurt, Deutschland
produktsicherheit@kolibri360.de